뉴스 작성의 기초

심 훈

파워북

여는 글

미디어는 넘쳐나고 정보는 범람한다. 디지털 매체가 20세기 말에 등장한 이래, 뉴스는 이제 핸드폰을 통해 우리의 손안에서 마르지 않는 샘물처럼 쉴 새 없이 공급되고 있다. 「개미」, 「뇌」 등으로 유명한 세계적 작가 베르나르 베르베르는 이러한 정보 유통이 '21세기형 검열'이라고 간주한다. 너무 많은 정보가 쇄도하면서 공중(公衆)이 어떤 것을 취해야 하고 무엇이 중요한지 제대로 인식할 수 없기에 그렇다는 것이다. 과거에는 특정 정보가 유통되지 못하도록 검열이 시행됐다면 이제는 정보를 무수히 내보냄으로써 우리의 인지 능력을 제한한다는 것이 그의 그럴듯한 주장이다.

하지만 정보의 홍수가 독자와 시청자들에게만 부정적으로 작용하는 것은 아니다. 뉴스를 만들고 전달하는 언론인들 또한 깊은 위기 의식을 느끼고 있다. 지난 수십 년간, 민주 사회의 시민들은 기본기도 갖춰지지 않은 오·탈자 투성이의 단독 기사와 속보에서부터 오보, 낚시성 뉴스 등에 이르기까지 언론의 온갖 실망스러운 행태에 진절머리를 쳐왔다. 이 때문에 저질 뉴스에 지친 시민들의 신뢰를 회복하고 건전한 공론장을 형성하기 위해서는 언론이 무엇보다 기본에 충실한 뉴스를 생산해야 한다. 더불어 기본기에 충실한 뉴스를 생산하기 위해서는 기사를 작성할 때 마땅히 갖춰야 할 기초부터 '제대로' 다져야 한다. 이상(理想)도 높고 포부도 좋지만, 기본기가 갖춰지지 않은 뉴스라면 공신력을 얻는 일은 요원할 수밖에 없다.

영어로 '스트레이트 뉴스'(straight news)라 일컬어지는 사건 기사는 언론의 뼈대이자 토대를 형성하는 장르이다. 사건 기사를 일정한 형식에 따라 작성하는 양식을 현대 저널리즘에서는 '역삼각형 뉴스 작성법'(inverted-pyramid news writing)이라고 일컫는데, 역삼각형 뉴스 작성법이란 제일 중요한 사실이 가장 먼저 제공되고 난 후, 다음으로 중요한 뉴스가 순차적으로 등장하는 양식을 의미한다. 이러한 뉴스 작성 기법은 이미 150여 년 전, 미국에서 발명돼 이제는 전 세계 저널리즘의 직업 규범으로 자리 잡았다. 이념과 종교, 인종과 문화를 막론하고 어느 지역, 어느 국가의 신문과 방송을 접해도 뉴스 첫머리에 가장 중요한 소식을 짧고 명료하게 제공하는 것은 21세기 지구촌의 공통적인 현상이 됐다.

그런데 역삼각형 기사를 작성한다는 것은 생각처럼 쉬운 일이 아니다. 거기에는 여러 사실들이 복합적으로 어우러진 사건에서 어느 사실이 가장 중요한지를 빠르게 파악한 후, 중요도에 따라 이들을 순차적으로 배열하며 사건을 차근차근 설명하는 요령이 필요하다. 일례로, 한낮에 어느 소방서에서 불이 났다고 가정해 보자. 이 경우, 뉴스의 첫머리는 어디에 초점을 맞춰 작성되어야 할까? 소방서에서 불이 난 희귀한 사례일까? 혹은 사람이 다쳤을 경우, 사람이 다친 상황을 먼저 전달해야 할까? 아니면 소방서에서 어쩌다 불이 났는지 그 원인을 제시해야 할까?

언론사에 입사해 수습 기간을 거치면서 배우게 되는 취재 및 기사 작성 방식은 이와 같은 사건에서 어떤 사실을 택해 어떻게 전달해야 하는지의 전개 방식에 초점이 맞춰져 있다. 더불어 이 책에서는 기사 작성에 관심을 가지고 있는 여러분들이 언론사에 입사하게 될 경우, 출근 첫날부터 하나하나씩 배워 나가야 하는 기사 작성법에 대해 단계별로 알려주고 있다.

1990년대 초반, 〈세계일보〉에서 기자로 재직한 경험이 있는 필자는 미국 저널리즘 대학원에 유학을 갔다가 해당 대학의 저널리즘 학부에서 행해지는 기사 작성 수업을 접하곤 신선한 충격을 받은 적이 있다. 당시, 미국 대학의 저널리즘 스쿨에서는 학생들에게 신문 기사의 인사, 부음, 동정 기사와 같은 단신(短信)에서부터 교통사고, 화재, 절도, 강도, 살인 등과 같은 사건·사고에 이르기까지 단계별로 기사 작성법을 가르치고 있었는데 이 같은 수업 방식은 필자가 한국 대학에서 신문방송학과를 다니던 시절, 결코 경험한 적이 없는 실용적인 수업 방식이었다. 이에 2000년대 초반 한림대학교에 부임한 이후, 약 20년간 '뉴스 작성의 기초'라는 수업을 가르치면서 필자 역시, 언론사에 재직했던 경험을 바탕으로 미국식 저널리즘 수업을 본떠 한국 언론사에 입사하게 되면 단계적으로 배워 나가야 하는 기사 작성법을 강의해 왔다. 큰 줄기에서는 대동소이하지만 한국적 상황에 맞는 교육을 접목한 가운데 말이다.

　참고로, 이 책은 뉴스 작성 수업을 통해 매년 조금씩 그 분량을 늘려온 유인물과 과제들을 한데 묶어서 펴낸 결과물이다. 이와 함께, 이 책에서는 예비 기자들이 언론사에 입사하기 위한 절차에서부터 언론사의 내부 조직, 사회부 경찰 기자의 취재 방식 및 취재 구역 등을 관련 도표와 그림, 사진 및 이미지와 함께 설명하고 있다. 물론, 이 또한 미국 저널리즘 교재의 실용적인 내용에서 영향받았음은 물론이다,

　책을 펴내면서 뉴스 작성법을 말이 아닌 글로 설명하는 것이 얼마나 힘든 작업인지 비로소 깨닫게 됐다. 더불어 여러 언론사의 다양한 기사들을 참조하는 과정에서 뉴스 작성법이 언론사에 따라, 또 교정을 하는 상사(上司)의 스타일에 따라, 그리고 기자 개개인의 개성에 따라 얼마나 다양하게 바

펼 수 있는지도 알게 됐다. 그럼에도 '뉴스'라는 구조물을 세우는 작업에서 토목과 건축은 항상 동일한 방식으로 진행될 수밖에 없다. 비록 외양과 내장은 언론사와 기자별로 제각각 다를 수 있겠지만 '뉴스'라는 구조물을 세우는 기본 방식은 같다는 것이다. 그런 의미에서 이 책은 '뉴스'라는 구조물의 '건축학 개론'에 해당한다 하겠다.

참고로, 이 책은 뉴스 가운데에서도 사건·사고 기사인 스트레이트 뉴스를 대상으로 그 작성 요령을 알려주고 있다. 사실, 뉴스는 스트레이트에서부터 르포[1], 인터뷰, 칼럼, 사설, 탐사[2], 피처[3] 등에 이르기까지 무척 다양한 장르를 지니고 있다. 하지만, 오랜 취재 경험과 글쓰기 훈련을 통해 작성되는 르포, 인터뷰, 칼럼, 사설, 탐사, 피처 등과 달리 역삼각형 형식의 스트레이트 기사는 모든 기자들이 반드시 익히고 다룰 줄 알아야 하는 필수 대상이다.

사건·사고 기사는 건조하고 담백한 동시에 짧게 작성된다. 사건·사고 기사를 읽고 듣노라면 독자와 시청자는 감상문이나 수필에서 얻는 인상과는 확연히 다른 느낌을 받게 마련이다. 긴 문장을 두서없이 나열하는 것은 어렵지 않다. 반면, 짧은 문장을 조리 있게 전개해 나가는 것은 생각만큼 쉽지 않다. 비록 사건·사고 기사 작성에 관한 교재이지만 여타 언론 글쓰기를 포함해 다른 글쓰기 장르에서도 간결하지만 조리 있게 전개되는 글을 만드는 데 이 책이 조금이라도 일조할 수 있기를 기대해 본다.

---

[1] '리포트'라는 용어의 프랑스어로 사건 현장에서 전해오는 현장 묘사 기록을 일컫는다. 가장 대표적인 '르포'로는 전쟁 참관기를 들 수 있다.
[2] 감춰진 사실이나 현상을 조사 발굴해 세상에 공개하는 기사를 말한다. TV 프로그램으로 예를 들자면, KBS의 '추적 60분'이나 MBC의 'PD 수첩,' SBS의 '그것이 알고 싶다'를 꼽아볼 수 있다.
[3] 사건, 사고, 인물과 관련된 다양한 이야기로 작성된 흥미 위주의 기사. 객관적으로 사실을 전달하기보다는 주로 어떤 사건이나 사람과 관련된 미담이나 사례, 가십거리 따위를 다룬다. 맛집 탐방이나 트렌드 안내, 여행기나 풍물 소개 등이 그 전형이다.

차례

01 오탈자 줄이기 ··· 9
02 인사, 부음 기사 작성하기 ································· 23
03 동정기사 작성하기 ··· 51
04 사건/사고 기사 작성하기 ································· 77
05 교통사고 기사 작성하기 ································· 89
06 화재기사 작성하기 ······································· 139
07 절도기사 작성하기 ······································· 161
08 강도기사 작성하기 ······································· 197
09 살인기사 작성하기 ······································· 221
10 법원기사 작성하기 ······································· 243

뉴스 작성의 기초

01
오탈자 줄이기

1. 언론사 근무 첫날의 임무: 오·탈자 찾기

I

 언론사에 입사하게 되면 가장 먼저 하게 되는 일은 무엇일까? 유력 일간지를 비롯해 지상파 TV와 종합편성채널 등 소위 메이저 언론사에 기자로서 입사하는 경우라면 첫 출근에서 지시받게 되는 업무 사항이 대략 정해져 있다. 더불어 이를 알아보기 위해서는 먼저, 언론사의 기자 채용 방식을 이해해야 한다. 이유는 언론사들의 전반적인 기자 채용 시스템이 입사 초기의 근무 내용과 연관이 있기 때문이다.

 한국의 경우, 기자가 되는 일반적인 방법은 입사 1차 관문에 해당하는 '서류 전형'을 거쳐 2차로는 필기시험을 치른 후, 3차에서 면접을 통과하는 것이다. 물론, 언론사에 따라서는 2차의 필기시험을 두 차례로 세분화해 먼저 '종합교양상식 시험'을 치른 다음, 이를 통과한 이들이 3차에서 '논술'과 '작문' 시험을 치르도록 유도하기도 한다(표 1 참조).

표 1 언론사 입사 절차

	A 타입	B 타입	C 타입
1차	서류 전형	서류 전형	서류 전형
2차	논술 + 작문	종합교양상식(상식, 영어, 한자)	종합교양상식(상식, 영어, 한자)
3차	면접	논술 + 작문	논술 + 작문
4차	-	면접	현장 실습 시험
5차	-	-	면접

※ 언론사들의 자사(自社) 입사 절차는 고정적인 것이 아니며 상황에 따라 조금씩 변하기도 한다.

'종합교양상식 시험'을 치르는 언론사에서는 전반적인 시사 상식과 함께 한자, 영어 등에 관한 문제들을 내놓게 된다.[1] 또 '논술'과 '작문'에서는 논리적인 글로서 사설에 가까운 주장 글(논술)과 함께, 칼럼에 해당하는 에세이(작문) 등, 두 종류의 글쓰기 테스트를 치른다. 물론, 언론사에 따라서는 이러한 필기시험 이후에 다시 취재를 바탕으로 한 현장 실습 시험을 치르는 곳도 있다. 실제로 경쟁률이 워낙 높아 2차나 3차를 통과한 응시자들이 여전히 많은 몇몇 인기 언론사의 경우에는 중간 합격자들을 무작위로 서울 또는 서울 인근의 특정 지역에 데려다 주고 정해진 시간까지 뉴스거리를 취재해서 기사로 작성하게 하는 시험을 치르게 하기도 한다.

하지만, 이러한 현장 실습 시험이 없는 언론사의 경우라면 절차상으로는 서류 전형과 필기시험을 거쳐 면접을 통과한 후 언론사 기자가 될 수 있다. 말하자면, 신문 기사나 방송용 뉴스 원고를 대학 재학 중은 물론, 언론사 시험 도중에 써 보지 않고도 기자가 될 수 있다는 것이다. 실제로 중앙 일간지는 물론, 지방의 유력 일간지 가운데에서도 2차 관문에서 '종합교양상식' 시험을 치르지 않고 바로 '논술'과 '작문' 시험을 치르는 곳이 있다. 참고로 〈동아일보〉는 몇 년 전 수습기자 채용에서 1차의 서류 전형을 통과한 이들을 대상으로 '종합교양상식' 시험 없이 바로 '논술'과 '작문' 시험을 치르도록 한 바 있다. 필자의 제자 가운데 한 명도 〈강원일보〉의 수습기자 모집 시

---

[1] 언론사의 '종합교양상식' 시험 문제와 관련해 시중에는 대단히 많은 교재들이 판매되고 있다. 참고로 언론사의 '종합교양상식' 시험에서는 '시사'와 관련해 최근 3개월 간의 주요 뉴스에 대한 문제들이 정치, 경제, 사회, 국제, 문화, 체육 등 다방면에 걸쳐 출제되고 있으며 '한자'는 시사 용어와 사자성어를 중심으로 한 한자어들이 자주 나온다. '영어'는 영문 뉴스를 한글로 번역하는 문제가 많이 나오기에 기자를 희망하는 이들은 일간지와 영자지를 대상으로 시험 준비를 한다. 한편 KBS의 경우에는 국어에 해당하는 '한국어능력시험'을 별도로 치르고 있다.

험에서 1차 서류 심사, 2차 '논술' 및 '작문,' 3차 임원 면접을 거쳐 곧바로 기사로 채용된 바 있다. 물론, 이 제자는 필자가 근무하는 한림대학교의 대학 신문인 〈한림학보〉에서 근무한 경험이 있기는 했지만.

사실, 대학에서 학보사나 영자 신문사를 다닌 경우에는 유력 일간지 등의 서류 전형에서 일정한 가산점을 얻을 수 있다. 그럼에도 언론사에서는 2차 및 3차 전형에서 우수한 성적을 거둔 이들을 면접 대상자로 선발하기에 최종 합격자들 가운데에서는 대학 학보사나 언론사 인턴 경력이 전무(全無)한 경우도 종종 목격된다. 이런 이유로 기사 작성에 있어 경험이 많지 않거나 경험이 아예 없는 이들도 얼마든지 언론사 기자로 입사할 수 있다. 방송사의 경우도 사정은 마찬가지이다. 대학 방송국에서 일한 경험이 있다면 가산점을 받을 수는 있겠지만 그렇다고 그 가산점이 당락을 좌우하지는 않는다.

그렇게 해서 언론사에 입사하게 된 새내기 신입 기자에게는 과연 어떤 임무가 주어질까? 회사마다 조금씩 다르겠지만 여러분들이 언론사에 입사하게 되면 보통 신문사의 '편집국'이나 방송사의 '보도본부' 내 사회부로 배치된다. '편집국'이란 신문사에서 기자들이 모여 일하는 곳이며 '보도본부'는 방송사에서 기자들이 모여 일하는 조직을 의미한다. '편집국'과 '보도본부'는 편집부를 비롯해 정치부, 경제부, 사회부, 전국부, 국제부, 문화부, 스포츠부, 사진부/영상부 등으로 구성된다. 참고로, 언론사에 따라서는 정치부, 경제부, 사회부 등과 같은 전통적인 명칭 대신 정치팀, 경제팀, 산업팀, 24시팀(경찰기자팀), 법조팀(법원, 검찰청 출입팀)과 같은 팀명을 사용하기도 한다. 이는 조직 체계를 부(部)보다 작은 단위인 팀으로 바꿈으로써 필요에 따라 사회정책팀, 디지털뉴스팀 등과 같은 이름의 소규모 조직을 창설해 빠르게 변하는 외부 환경에 보다 신속하고 유연하게 대처하기 위해서이다(그림 1 참조).

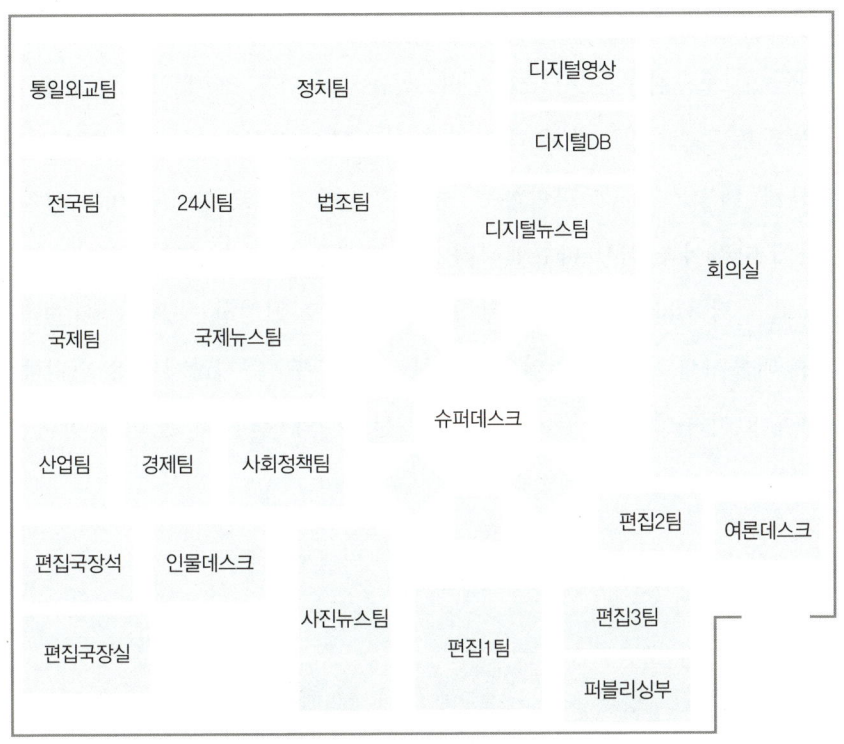

그림 1 한겨레 편집국의 배치도

덧붙이자면 신문사는 크게 '편집국,' '광고국,' '총무국'의 세 핵심 부서로 이뤄져 있으며 회사 내에서 편집국이 차지하는 비중은 인적, 물적, 재정적 차원에서 여타 조직을 압도한다. 〈조선일보〉, 〈중앙일보〉와 같은 국내 최대 규모의 일간지는 수십 명에 불과한 '광고국' 및 '총무국'에 비해 '편집국'의 기자 수만 300여 명에 이를 정도로 규모가 크며 다른 전국지들도 100~200명 안팎의 기자들이 '편집국'에 소속돼 근무하고 있다.

방송사의 경우도 KBS, MBC, SBS의 방송 3사는 대략 200~300명 정도의 기자들이 '보도본부'에서 근무한다. 신문사와 다른 점이 있다면 방송사의 경우는 프로그램 장르가 무척 다양한 까닭에 방송사 조직 내에 '보도본부'와 함께 '예능본부,' '드라마본부' 등이 포진해 있다는 것이다. 이와 함께 방송사에 따라서는 시사 다큐멘터리 프로그램을 취급하는 '시사교양본부'를 별도로 두거나(SBS) '시청자본부'를 부가적으로 편성하는 곳(KBS의 경우)도 있다. 더불어서 각 본부의 인원들 또한 '보도본부' 못지않게 많은 까닭에 방송사에 있어 뉴스 제작 부서의 비중은 신문사의 '편집국'에 비해 상대적으로 낮은 것이 사실이다(그림 2 참조).

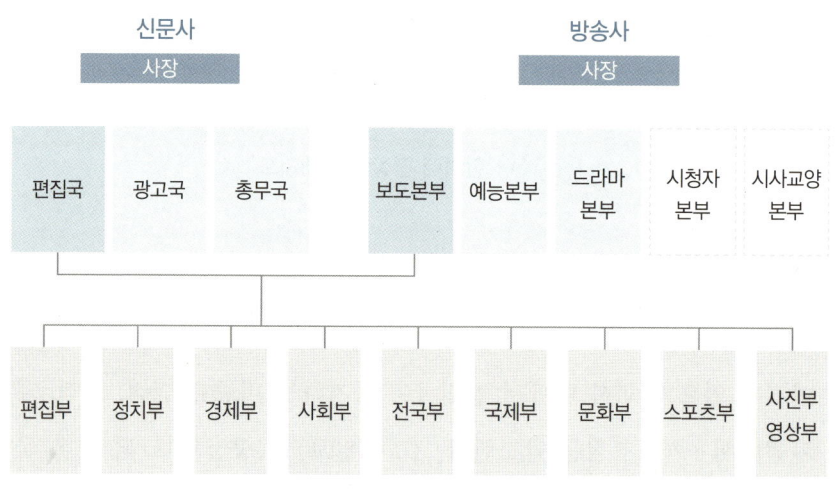

그림 2 신문사 및 방송사의 주요 조직도

※ 본 그림은 언론 매체의 개괄적인 조직도이며 회사 상황에 따라 부서 명칭이 다르거나 별도의 부서가 부가적으로 운용될 수 있다.

다시 원점으로 돌아와 신문사 '편집국' 또는 방송사 '보도본부'의 사회부에서 근무하게 될 여러분들은 회사 사정에 따라 짧게는 1개월에서부터 길게는 6개월에 이르기까지의 수습기자 과정을 거치게 된다. 쉽게 말해 이 기간 동안 여러 부서를 돌며 선배들의 얼굴을 익히고 각 부서 고유의 취재 및 기사 작성 방식을 포함해, 사진 촬영, 편집, 뉴미디어 활용 등 일련의 뉴스 제작 과정을 두루 배우는 것이다.

그리하여 수습 과정이 완료되면 비로소 한 명의 정식 기자가 탄생하게 되며 자신의 직위와 근무 부서 명칭이 들어간 명함을 회사로부터 지급받게 된다. 여러 동기들과 함께 언론사에 입사했다면 동기들 가운데 일부는 자신이 입사 초기에 희망했던 부서 등으로 이동 발령을 받고 일부는 사회부에 남게 된다. 이는 사회부의 경우, 취재해야 할 분야가 워낙 방대하고 사건, 사고는 항상 일어나기에 늘 일손이 부족하기 때문이다. 그러고 보면, 언론사에서 가장 큰 인력을 운용하는 부서도 사회부요, 인력이 늘 부족한 곳도 사회부이다. 일반적으로는 수습 기간 동안, 좋은 취재력을 선보인 이들이 사회부에 남게 되며 그 밖에 다른 이들은 각 부서의 인력 부족 상황에 따라 적절히 분산 배치된다. 물론, 개인적으로 사회부가 적성에 맞을 경우에는 자원을 해서 사회부에 남을 수도 있다. 필자의 경우는 9명의 동기들과 함께 입사해 사회부 내에서 1개월 간의 수습 기간을 거친 후, 국제부에 배치돼 5개월을 더 근무한 뒤 정식 기자로 임명됐으며, 수습기자의 딱지를 뗀 정기 인사 때에는 다시 경제부로 발령받았다.

덧붙이자면 필자가 언론사에 입사했던 1990년대 초에는 사회부에서 수습기자 생활을 6개월가량 하는 것이 상례(常例)였지만, 필자가 입사했던 언론사는 창간한 지 3년밖에 되지 않아 수습기자들을 6개월씩 사회부에 배

치해 둘 여유가 없었다. 결국, 필자와 동기들 가운데 7명은 운 좋게 다른 부서의 수습기자로 발령이 났고 맡은 바 일을 잘했던 3명은 사회부에서 나머지 5개월의 수습 과정을 마쳐야 했다. 운이 좋다고 말한 이유는 다른 부서로 배치됐던 수습기자들이 '사스마리'라고 불리는 담당 구역 내 순찰 업무에서 벗어날 수 있었기 때문이다. '사스마리'란 일본어 '사츠마와리'(察回り)에서 파생된 말로, '사츠(察)는 살필 '찰'의 일본식 발음이며 '마와리'는 돌 '회'(回)에서 나온 단어로 자신이 맡은 구역의 경찰서와 관공서, 대학과 병원 등 주요 시설물들을 '한 바퀴 순찰하는 것'을 의미한다.[2]

'사스마리'는 아침 일찍부터 밤 늦게까지 담당 구역을 돌며 사건들을 챙기거나 정보원들을 만나 인터뷰를 하며 기사를 작성해야 하기에 취재가 익숙하지 않은 수습기자들에게 있어 매우 고된 활동이다. 이는 수습기자가 자신이 맡아야 하는 3~4개의 대형 경찰서를 비롯해 대학과 병원까지 돌고 나면 결국 마지막에는 경찰서 숙직실에서 야근 형사들과 함께 잠을 청해야 할 정도로 시간이 많이 소요되기 때문이다. '사스마리'를 담당하는 수습기자는 자신의 상관인 1진 기자에게 자신이 맡은 구역에서의 사건, 사고에 대해 매일 오전과 오후에 수시로 보고하며 첫 번째 신문인 초판[3]이 나오는 저녁때 잠시 회사로 복귀해 신문을 살펴본 후, 다시 마지막 인쇄물인 서울판이 마감되는 새벽 1시까지 자신의 구역을 순찰해야 했다. 이에 따라 새벽 1시경에 순찰을 마치는 수습기자는 자신의 집에 되돌아갔다가 다시 담당 구역으로 출근해서 '사스마리'를 시작하느니, 그냥 마지막으로 도착한 경찰서의 숙직

---
2 이러한 취재 방식은 미국의 취재 시스템을 모방한 일본의 경우를 한국이 다시 좇으면서 형성된 것이다.
3 당일에 처음으로 인쇄된 신문을 초판(初版)이라고 한다. 초판은 운송 차량과 기차 등을 이용해 영호남 지역으로 배달되어야 하기에 일반적으로 저녁 7시경에 인쇄되며 초판의 기사 마감 시간은 중앙일간지의 경우, 대략 오후 5시, 편집 마감 시간은 오후 6시 안팎이다.

실에서 잠을 잔 후, 다음날의 일상을 그곳에서부터 시작하곤 했다.

하지만 각종 온라인 플랫폼의 등장으로 인터넷을 통해 수많은 사건, 사고 기사들이 손쉽게 전달되는 환경 속에서 경찰서 발(發) 기사의 중요성이 계속 낮아지는 가운데 언론사에도 주 52시간 근무 바람이 불면서 언론사의 '사스마리' 전통은 이제 시나브로 사라지고 있다. 실제로 지난 몇 년간 몇몇 유력 일간지와 방송사 보도본부에서는 '사스마리'를 대폭 줄이거나 아예 실시하지 않고 있어 수십 년간 관행으로 굳어져 온 한국 언론의 경찰서 취재 문화가 점차 사라지고 있다.

각설하고 다시, 입사 첫날로 돌아가 보자. 여러 단계를 거친 시험을 최종 통과한 후, 언론사에 처음으로 출근하게 된 여러분들은 '편집국/보도본부'의 사회부로 향해야 한다. 하지만, '편집국/보도본부'(으)로 출근하게 된 여러분들은 생각보다 다소 썰렁한 '편집국/보도본부'(을)를 접하고 당황할 수 있다. 언론사에 따라 규모는 다르지만 '편집국/보도본부'(은)는 보통 200평 이상의 대규모 공간에 마련돼 있는데 아침에 '편집국'이나 '보도본부'를 방문하게 되면 일반 회사와 달리, 기자들이 근무하는 모습을 찾아보기가 어렵기 때문이다. 이른 아침이기도 하지만 기자들 중 상당수는 출입처로 직접 출근을 하는 까닭에서다. 그래도 필자가 지난 2019년 초, 서울 마포에 있는 한겨레 신문사 '편집국'을 오전 10시에 방문했을 때에는 필자가 근무했던 1990년대 초의 언론사와 달리 상당히 많은 기자들이 분주히 일하고 있어 무척 놀랐던 기억이 난다.

돌이켜 보면, 1990년대 중반까지만 하더라도 언론사 편집국의 아침 풍경은 조용하다 못해 고즈넉하기까지 했다. 기억을 더듬어보자면 필자가 근무하던 오전 10시의 〈세계일보〉 편집국에는 당시 200여 명 이상의 기자들 가

사진 1 진보 일간지인 〈한겨레〉의 편집국 아침 10시 전경. 〈한겨레〉는 디지털 시대를 맞아 각 부서 간의 의사소통을 보다 빠르고 원활히 하기 위해 조직 개편을 단행하면서 정치, 경제, 사회, 국제, 문화, 스포츠부 등의 에디터(데스크 또는 부장)들을 한 곳에 모아놓는 '슈퍼데스크'를 만들어 편집국 한가운데에 설치했다. 참고로, 예전에는 여기저기 흩어져 있는 각 부서의 가장 안쪽 자리에 에디터석이 위치해 있었다. 사진은 원형으로 만들어진 '슈퍼데스크'에서 아침부터 열심히 기사들을 점검, 교정하고 정리하는 각 부서 에디터들의 모습. 동그랗게 둘러앉도록 설계한 배치가 인상적이다.

운데 국제부 정도의 내근(內勤) 부서 기자들 10여 명과 각 부서의 데스크[4]인 부장들 가운데 일찍 출근한 이들만이 썰렁한 편집국 안을 채우고 있었다. 더불어, 국제부와 함께 대표적 내근 부서인 편집부와 교열부[5]는 아침부터 기사가 쏟아져 들어올 리가 없기에 오전 11시가 넘어야 비로소 하나둘씩 출근을 시작했고. 참고로, 내근이란 출입처에 나가지 않고 언론사 편집국 안에서 근무하는 것을 의미한다.

하지만, 인터넷 사용이 보편화되고 무엇보다 스마트폰을 통한 콘텐츠와 뉴스 소비가 실시간으로 진행되면서 이제 언론사 편집국은 디지털 뉴스를 제작하고 편집하는 많은 이들의 출근으로 과거와는 사뭇 다른 풍경을 연출하고 있다(사진 1 참조).

II

자, 이제 언론사 건물 1층에 마련된 엘리베이터를 타고 건물 상층부에 위치한 편집국으로 올라가 보도록 하자. 수백 개의 책상들이 가득 차 있는 가운데 우리는 먼저 사회부를 찾아가야 한다. 언론사에 따라서는 예전의 명칭 그대로 사회부를 운영하는 곳도 있고, 사회부의 일부 조직을 떼어 내 정치부, 경제부 등과의 협업에 따라 정책사회부, 경제사회부 등으로 나눠서 운영

---

[4] 각 부서의 장(長). 정치부의 데스크는 정치부장이며 언론사에 따라서는 미국식 명칭을 그대로 적용해서 '데스크'나 '부장' 대신 '에디터'(editor)라고 부르기도 한다.
[5] 과거에는 오·탈자를 점검하는 교열부가 편집국과 보도본부 내에서 상당히 큰 규모로 운영됐지만, 매체 간의 경쟁 심화로 신문사와 방송사들의 수익성이 악화되면서 이제 교열부를 운영하는 언론 매체는 사실상 전무한 형편이다.

하는 곳도 있다. 또 〈한겨레〉처럼 사회부를 24시팀(경찰팀), 법조팀, 사회정책팀으로 분리해 운영하는 곳도 있다. 한편, 정치부장석, 경제부장석, 사회부장석 등과 같은 과거 명칭 대신 정치 에디터석, 경제 에디터석, 사회 에디터석 등으로 조직도를 새롭게 표기하는 언론사도 있다.

이제 편집국의 천장에 매달아 놓은 각 부서 안내판들을 살펴보며 사회부를 찾아 가노라면 조만간, 해당 부서를 발견할 수 있을 것이다. 그곳에서는 사회부장 또는 사회 에디터로 짐작되는 이가 여러분들을 반갑게 맞이할 것이다. 사회부에는 약 20~30여 개의 책상들이 놓여 있으며 여러분들은 그 가운데 원하는 곳에 앉아서 사회부장/사회 에디터의 인사말과 함께 부서에 관한 설명을 듣는 동시에 첫 지시도 받게 된다.

"오늘자 신문을 찾아서 1면부터 마지막 면까지 샅샅이 훑어보며 오·탈자를 찾아 놓도록."

그렇다. 아무것도 모르는 언론사 출근 첫날, 여러분들이 해야 할 일은 당일 발행된 신문을 찾아 1면부터 마지막 면까지 훑어가며 오·탈자를 찾는 것이다. 지금도 그렇게 하는지는 모르겠지만 적어도 필자가 수습기자로 근무를 하던 당시, 출근 첫날의 풍경은 이와 같았다. 저녁에 사회부의 경찰기자 선배들이 회사로 돌아와 여러분들과 한 명씩 짝이 되기 전까지 말이다. 다행히 언론사 편집국에는 신문들이 여기저기 널려 있어 금방 당일 아침의 신문을 찾을 수 있다.

그렇다면, 신문을 통해 오·탈자 찾는 것은 무슨 의미가 있을까? 여기에는 생각보다 깊은 뜻이 담겨 있다. 무엇보다 공적 매체인 신문에서도 오·탈자가 자주 등장한다는 사실을 몸소 일깨워 주는 동시에 자신의 글에서 오·탈자를 찾을 수 있는 능력도 키워주기 때문이다. 이는 자신의 글보다 타인의

사진 2~5 신문사 편집국 및 방송사 보도본부의 풍경은 예나 지금이나 대동소이하다. 사진들은 2019년 말과 2020년 초에 필자가 찍은 신문사 편집국과 방송사 보도본부의 풍경이다. 왼쪽 위부터 시계방향으로 〈한겨레〉, 〈연합뉴스〉, 〈MBC〉, 〈SBS〉의 순이다.

글에서 흠결을 더욱 잘 찾아내는 인간의 자연스러운 인지 속성에 기인한다. 그렇게 열심히 남의 글에서 오·탈자를 찾다 보면 자신의 글에서도 오·탈자를 한층 더 잘 찾아내는 능력을 키울 수 있다.

이와 함께, 오·탈자를 찾아내기 위해 신문 지상에 실린 글들을 1면부터 마지막 면까지 찬찬히 읽다 보면 당일에 발간된 주요 뉴스는 모두 섭렵할 수 있다. 물론, 기사들을 읽는 와중에 선배 기자들의 이름을 챙길 수 있는 것은 덤으로 얻게 되는 효과이다.[6] 더불어 전체 지면의 구조는 물론, 각 지면의 구성 방식도 살펴볼 수 있어 신문을 처음부터 끝까지 읽는 것은 생각보다 많은 것을 얻게 해준다. 마지막으로 학보사 경험이 없어 뉴스 작성이 익숙하지 않은 수습기자들에게는 신문을 정독해서 읽는 것이 조금이라도 빨리 해당 언론사의 뉴스 작성 양식을 익히는 데 도움을 줄 수 있다.

그렇다면, 여러분들도 앞으로 대학 학보사나 방송사, 대학 잡지 등에서 새내기들을 대상으로 교육을 실시할 경우, 여러분들이 발간하는 온라인, 오프라인 매체에서 오·탈자를 찾도록 교육 시켜보는 것은 어떨까?

그럼, 다음 장(章)에서는 언론사에서 두 번째로 마주하게 될 인사와 부음 기사 작성법에 대해 알아보기로 하자.

---

6 기사 작성자의 이름을 영어로는 '바이라인'(byline)이라고 일컫는다.

뉴스 작성의 기초

02
인사, 부음 기사 작성하기

2. 인사, 부음 기사 작성하기

I

 언론사 입사 첫날, 편집국의 사회부에서 아침부터 당일 신문의 오·탈자를 찾다 보면 저녁 무렵에 하나둘씩 회사로 복귀하는 선배들을 만나게 된다. 필자가 언론사에 재직하던 1990년대 초만 하더라도 외근 기자는 퇴근 전에 반드시 자사(自社)로 복귀해야 했다. 주요 일간지들의 초판(初版)이 나오는 저녁 7시쯤에 해당 부서의 부장(데스크 또는 에디터)을 포함해, 차장 및 선배 기자들과 함께 언론사로 배달되어 온 경쟁사의 초판들을 모두 훑어봐야 했기 때문이다. 이는 자신의 출입처와 관련해 낙종(落種)[1]하지 않은 사실을 부장으로부터 확인 받아야 비로소 온전히 퇴근할 수 있다는 것을 의미했다. 만일, 본인의 출입처와 관련해 당사자가 모르거나 설명할 수 없는 타사(他事)의 관련 기사가 초판에 게재됐을 경우에는 추가 취재를 통해 진위를 판별하고 사안의 중요도에 따라 다음 판에 자신이 새로 작성한 기사를 실어야 했다. 하지만 인터넷 세상이 도래한 21세기에는 그러한 풍경도 사라져서 기자들은 실시간으로 외부에서 뉴스를 점검하며 별다른 사건이 눈에 띄지 않는 한, 취재 현장에서 곧바로 퇴근하는 것이 상례가 되었다.
 언론사에서 수습기자들을 뽑게 되면 이들에 대한 교육은 사회부의 선배들이 담당한다. 그리하여 수습기자들의 출근 첫날에는 사회부 선배들이 회

---

1 특종(特種)의 반대말로 특종을 놓치는 것.

사로 복귀해 자신이 담당하게 된 수습기자들과 통성명을 한 후, 수습기간 동안 새내기들이 수행해야 할 업무를 지시하게 된다. 이에 따라 수습기자가 입사 당일에 자신의 교육을 담당할 선배를 배정받게 되면, 다음날부터 어디에서 어떻게 취재를 해야 할지에 대한 설명을 그로부터 듣게 된다. 필자의 경우에는 '동대문 라인'을 배정받아 이 지역의 취재를 맡았는데 이는 '동대문-청량리-중랑 경찰서'로 이어지는 동선(動線)을 의미했다. 경찰서를 중심으로 이뤄진 취재 구역이 곧 자신의 일터가 되는 셈이다. 물론, 사회부 경찰 기자는 이들 경찰서 이외에 해당 동선에 있는 주요 대학들과 대형 병원들까지 챙겨야 했다. '동대문 라인'의 경우에는 해당 구역 내에 경희대, 외국어대, 서울시립대가 있었으며 병원으로는 고려대병원, 경희대병원, 이화여대 부속병원, 그리고 원자력병원이 있었다.

필자가 근무하던 당시, 서울의 사회부 경찰기자 취재 권역은 대략 11개 경찰 라인으로 나뉘어 있었지만, 지금은 관공서와 공공기관 발(發) 사건·사고 기사가 과거만큼 주목받지 않게 되면서 그 숫자가 다소 줄어들었다. 더불어 예전에는 사건과 사고들이 경찰서와 대학, 병원을 통해 전달됐지만, 이제는 많은 경우 인터넷을 통해 알려지는 까닭에 온라인 플랫폼만 잘 주시해도 웬만한 사건들의 단서를 손쉽게 파악할 수 있다. 참고로 2022년 현재, 서울에 본사를 두고 있는 유력 언론 매체들은 강남, 관악, 광진, 마포, 영등포, 종로, 중부, 혜화, 그리고 경기북부 등 대략 9개 권역을 중심으로 서울 시내를 나누고 있다(그림 3 참조).

비록 과거에 비해 그 중요성이 줄어들었다고는 하지만 사회부 내에서의 경찰서 출입은 여전히 중요한 직업 의례에 속한다. 경찰서에 가면 단순 교통사고에서부터 폭행은 물론, 절도/강도와 살인 등에 이르기까지 온갖 종류의

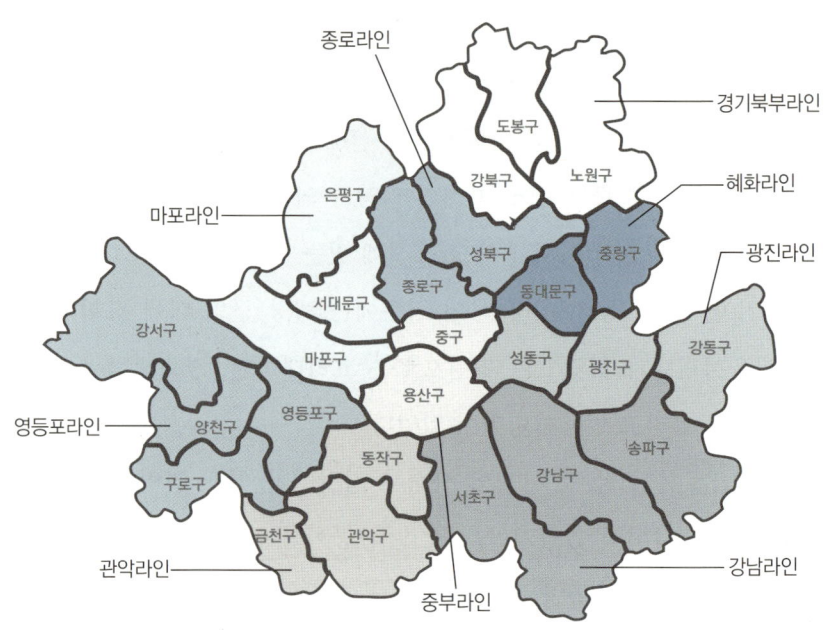

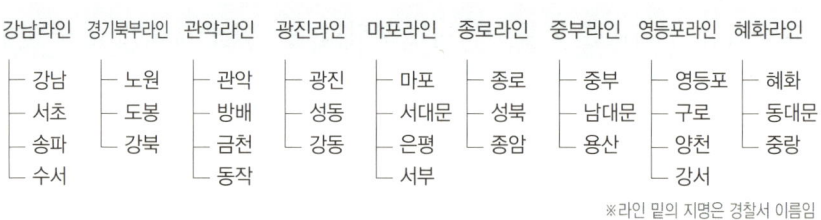

그림 3 서울 지역의 사회부 경찰기자 출입 라인

26 뉴스 작성의 기초

크고 작은 사건들을 접할 수 있기 때문이다. 뿐만 아니라 경찰서장을 비롯해 수사과, 형사과, 경비교통과, 여성청소년과 등 여러 부서의 과장과 계장, 팀장과 형사들을 두루 사귈 수 있어 유사시에 이들을 유용한 취재원으로 활용할 수도 있다.

그렇다면, 이번 장에서 여러분들이 작성해야 할 가장 기초적인 뉴스는 무엇일까? 이를 파악하기 위해서는 먼저, 여러분들이 수습기자로서 서울 시내의 여러 경찰 라인들에 배치를 받은 후, 순환 근무를 통해 주기적으로 편집국 사회부에서 내근(內勤)을 해야 되는 상황부터 설명하도록 하겠다.

II

외부에 나가서 뉴스거리를 취재하고 사진을 찍으며 기사를 작성해야 하는 기자가 언론사 편집국에서 내근을 해야 하는 이유는 무엇일까? 이유는 다양하다. 먼저, 가장 중요한 내근 업무는 사회부로 걸려온 전화를 받는 것이다. 회사 내부의 임직원에서부터 외부 관계자는 물론, 독자와 시청자 등에 이르기까지 사회부로 걸려오는 전화는 무척 다양하다. 그래서 내근 담당자의 가장 큰 업무는 전화를 성심껏 받는 것이라고 해도 무방할 정도로 그 비중이 크다.

내근을 해야 하는 두 번째 이유는 부장/에디터 또는 상사의 심부름에 응하거나 외근 중인 부서원들 간의 업무 조율을 중간에서 매개하기 위함에서다. 외부에서 취재 중인 선배를 찾아 데스크 업무를 보는 사회부장과 전화, 카톡, 텔레그램 등으로 연결시켜 주는 것은 물론, 팩스로 들어온 자료를 수

합(收合)하고 필요에 따라서는 외부로 전송도 해야 한다. 사건 현장에 있거나 마감 시간이 촉박한 사회부 선배들의 요청에 따라 기사와 관련된 과거의 자료 사진과 동영상, 그래픽과 일러스트레이션 등을 회사 자료실이나 데이터베이스에서 찾아 선배 또는 사회부장 등에게 건네는 것도 내근자의 몫이다.

더불어 세 번째가 바로 이번 장(章)과 다음 장(章)에서 연습하게 될 '인사'(人事), '부음'(訃音)/부고(訃告),[2] '동정'(動靜) 기사를 작성하는 것이다. 사실, 신문에서 가장 안 읽힐 것 같지만 그 중요도에 있어서는 1면 기사 못지않게 중요한 대상이 동정과 인사, 그리고 부음란이다.

먼저 인사(人事)는 많은 이들에게 자신의 직장 생활과 관련된 귀한 정보를 제공한다. 관공서, 기업, 대학, 연구소, 시민 단체 등의 인사 이동 현황을 사회적으로 공개함으로써 독자들에게 자신의 업무와 관련 있는 이들의 승진과 임용, 전보와 파견 소식을 꾸준히 알려주기 때문이다. 특히, 공무원 인사는 기업과 유관 단체들에 있어 결코 소홀히 할 수 없는 A급 정보이다. 예를 들어 당신의 부모님 가운데 한 분이 춘천 세무서에서 근무한다고 가정해 보자. 그러면 국세청은 당신의 아버지 또는 어머니에게 있어 주무부서인 본청(本廳)에 해당하기에 지청(支廳)에 속하는 춘천 세무서의 상급 기관인 국세청의 인사는 중요할 수밖에 없다.

기업의 경우도 마찬가지다. 삼성그룹과 같이 계열사를 많이 거느린 굴지의 대기업이 인사 이동을 시행하게 되면 삼성그룹 전체를 비롯해 삼성그룹의 경쟁사는 물론이거니와 삼성그룹과 직간접적으로 연결된 수많은 중소기

---

[2] 2023년 현재 '부음'(訃音)이라는 이름으로 관련 정보를 공지하는 신문사는 〈조선일보〉이다. 〈중앙일보〉와 〈동아일보〉, 〈서울신문〉, 〈한국일보〉 등은 '부고'(訃告)란 제목으로 관련 정보를 공지하고 있다.

업 및 하청 회사들도 촉각을 곤두세우게 된다. 비단, 삼성그룹의 인사만 그런 것이 아니다. 대기업을 포함해 세간에 이름이 널리 알려진 중견 기업의 경우에도 관련 인사 이동은 많은 이들의 주목을 끌 수밖에 없다. 그런 까닭에 홍보 부서가 있는 곳에서는 인사와 관련된 주요 기사들을 챙겨 매일 아침 '뉴스 클리핑'(news clipping)이나 '뉴스 브리핑'(news briefing)이라는 이름으로 상사와 회사 임직원에게 정리해서 보고하기 마련이다. 이러한 인사 기사는 또, 지인이나 유관 인사들로 하여금 직접 당사자에게 전화를 걸어 축하하게 해 주는 역할도 수행한다.

인사와 함께 지면을 매일 장식하는 또 하나의 중요 토막 정보는 '부음'(訃音)이다. 부음 역시, 누가 사망했는지를 널리 알리기에 언론사에서 응당 챙겨야 하는 조사(弔詞)이다. 특히 담당 관청이나 상급 기관, 또는 거래처의 중요 인물과 관련된 조사는 많은 공무원과 직장인, 그리고 사업자들에게 있어 반드시 챙겨야 하는 정보이다. 그런 이유로 인사와 부음 기사는 우리나라뿐 아니라 일본, 미국, 유럽 등에서도 매우 중요하게 대접받는 뉴스이다. 부음 기사의 사회적인 의미를 분석하기 위해 미국의 어느 언론학자는 신문의 부음란에 대한 연구를 유명 학술지에 실은 적이 있으며 〈뉴욕타임스〉는 세기의 인물들에 대한 부고를 모아 책으로 출판했을 정도니 더 이상 말해 무엇하겠는가!

한편, 내근자가 인사, 부음 기사와 함께 작성해야 할 마지막 토막 기사는 바로 '동정'(動靜)이다. '동정'이란 한자어로는 '움직임과 정적임'을 의미하는 것으로 국어사전에서는 '일이나 현상이 벌어지고 있는 낌새'로 풀이하고 있다. 쉽게 말하자면 공인(公人)이나 유명인들의 당일 행적에 대한 공지(公知)가 곧 동정인 셈이다. 동정 기사는 중요 기관에 근무하거나 사회적으로 영향력이 큰 인사들의 움직임에 관한 정보를 대중들에게 전달함으로써 역시 관련 인사를 둘러싼 유관 정보를 제공한다. 그렇다면, 동정은 왜 중요한 것일까?

만일, 문화체육관광부 장관이 한류 열풍의 지속적인 발전과 번영을 위해 남아메리카를 순방한다고 가정해 보자. 이 경우, 당사자의 행보는 여러 기관과 단체, 사업체와 엔터테인먼트 회사들에 있어 매우 중요한 정보가 된다. 아니 꼭 장관이 아니라 차관이나 문화체육관광부 내의 담당 국장이 남아메리카를 순방한다 하더라도 이 사실이 보도되면 해당 행정 기관과 유관 단체 그리고 산하 기관 등에서는 해당 공직자의 근황과 관련된 귀한 정보를 얻을 수 있다. 더불어서 동정의 주체들 역시, 자신들의 행보와 업적을 대외적으로 널리 홍보하기 위해 언론사의 동정란을 적극 활용한다.

이 같은 이유로 언론사에는 대단히 많은 분량의 인사와 부음, 동정 기사들이 외부로부터 쏟아져 들어온다. 물론, 정치, 경제, 문화, 국제, 체육부 등에는 각각의 출입처와 관련된 인사와 부음, 동정 기사들이 담당 기자의 이메일 등을 통해 들어오고. 마찬가지로 사회부에는 국방부, 고용노동부, 보건복지부, 여성가족부, 환경부, 교육부 등의 소관 부처를 비롯해 법원과 검찰청, 경찰청 등에서 보내온 관련 정보들이 출입처 기자들을 통해 언론사로 전달된다. 따라서, 당일 내근을 하게 되는 담당 기자는 외근 중인 선후배들이 시간 관계상 처리하지 못하는 인사나 부음, 동정 기사들을 받아서 작성하고 부장의 승인을 거쳐 편집부에 넘겨주어야 한다. 그렇다고 미리 겁먹을 필요는 없다. 처음으로 내근을 하게 되면 아무것도 모르는 여러분을 위해 사회부 부장이나 차장이 중요한 정보들을 골라주며 해당 정보들을 자사(自社)의 인사, 부음, 동정 스타일에 맞게 작성해서 편집부에 전하라고 알려줄 테니. 더불어, 편집부에서는 각 부서에서 보내온 인사와 부음, 동정들을 중요도에 따라 다시 한번 걸러서 내보낼 테고.

그렇다면, 이 장(章)에서는 인사, 부음, 동정 가운데에서 우선 그 길이가 가장 짧은 '인사'와 '부음' 기사 작성 요령에 대해 익혀 보도록 하자.

III

1) 인사 기사 작성하기

언론사들마다 인사 기사를 작성하는 방식은 조금씩 다르다. 예를 들어, A사는 인사를 시행한 조직 앞에 ▶를, B사는 ▷를 첨부해 구별하는 식이다. 직급과 관련해서는 괄호 안에 해당 정보를 표시하는 곳도 있고 꺾쇠 안에 직급을 표시하는 곳도 있다. 그래도 인사 기사를 둘러싼 작성 규칙은 대동소이하기에 큰 흐름만 알면 큰 문제는 없다. 참고로 '직급'이란 직무의 등급을 의미하며 공공기관의 경우, 위에서부터 관리관(1급), 이사관(2급), 부이사관(3급), 서기관(4급), 사무관(5급)과 같이, 일반 회사는 사장, 이사, 부장, 차장, 과장, 대리와 같이 내림차순으로 전개된다.

그렇다면, '직함'이란 무엇일까? '직함'이란 직무의 이름을 일컫는 것으로, 공무원 직급이 1급 관리관에 해당하는 서울지방국세청장의 경우, 서울지방국세청장이 곧 그의 직함이 된다. 쉽게 말해, 명함의 이름 앞에 나와 있는 조직 내의 직급이 곧 직함이 되는 셈이다.

인사 이동은 보통 연말과 연초에 많이 발생한다. 이 시즌이 되면 기자들은 쏟아져 들어오는 인사 자료를 정리하느라 무척 바빠진다. 오랜만에 내근하는 기자는 자사(自社)의 인사 보도 양식을 잊어버리기 일쑤여서 지난 신문들을 뒤적이며 인사 기사를 작성해야 한다. 인사 보도 양식은 언론사 편집부에 의해 간간이 조금씩 바뀌지만 바뀐 양식을 외근 기자들이 일일이 익히지는 않기에, 개정된 양식은 자신의 내근 차례가 되면 최근에 발행된 신문을 참조해서 익혀야 한다.

그런 와중에 바뀐 양식을 제대로 파악하지 못해 실수를 저지르기도 하고, 또 다른 이가 실수로 작성한 이전의 양식을 참조하는 바람에 이를 베껴 쓰는 재실수를 범하기도 한다. 편집부에서 이를 바로 잡으면 다행이지만 이들 부서에서조차 바로 잡지 못하면 실수는 그대로 인쇄되고, 다음날에 내근을 하는 동료는 똑같은 실수를 반복할 수 있다.

각설하고, 모든 언론사의 인사 보도를 크게 관통하는 작성 규칙은 대략 다음과 같다.

① 기관 기호

먼저 인사 발령 주체 앞에 '기관 기호'를 붙인 후, 기관 이름을 단다. '기관 기호'와 기관 이름 사이의 띄어쓰기는 실시하지 않는다. 대학의 경우에는 'XX대학교'라고 쓰지 않고 'XX대'라고만 표기한다. 한 글자라도 절약해야 인사 기사를 하나라도 더 넣을 수 있기 때문이다.

🅔 ◆삼성그룹 ◆산업통상자원부 ◆한림대 ◆금융투자협회 ◆한국저작권위원회 ◆서울신문 등

2023년 현재, 주요 신문사별 '기관 기호'는 다음과 같다.

▲: 〈조선일보〉; 🅔 ▲여성가족부

◆ : 〈중앙일보〉, 〈한국일보〉; ㉠ ◆ 여성가족부

◇ : 〈동아일보〉; ㉠ ◇ 여성가족부

■ : 〈서울신문〉; ㉠ ■ 여성가족부

② 인사 종류 기호 ㅣ

인사 발령 기관 뒤에는 '인사 종류 기호'를 붙인 후, 기호 뒤 또는 기호 안(기호가 꺾쇠일 경우)에 인사 종류를 써 넣는다. 더불어, 인사 발령 기관과 '인사 종류 기호' 사이에도 띄어쓰기를 실시하지 않는다. 주요 신문사들의 '인사 종류 기호'는 다음과 같다.

◇ : 〈조선일보〉; ㉠ ▲여성가족부◇승진

〈〉: 〈중앙일보〉, 〈동아일보〉, 〈한국일보〉:

    ㉠ 〈중앙일보〉: ◆ 여성가족부〈승진〉

    ㉠ 〈동아일보〉: ◇ 여성가족부〈승진〉

    ㉠ 〈한국일보〉: ◆ 여성가족부〈승진〉

◇ ; 〈서울신문〉; 예) ■ 여성가족부◇승진

③ 인명 기호

인사와 관련된 기호는 총 세 가지이다. 첫 번째와 두 번째는 앞서 말한 '기관 명 기호'와 '인사 종류 기호'이다. 그리고 마지막 기호가 이름 앞에 붙어 사람들을 구별해 주는 '인명 기호'이다. 역시, 기호와 기호 사이의 띄어쓰기는 없다. 다음은 주요 일간지들의 인명 기호들이다.

▷ : 〈조선일보〉; ㉠ ▲여성가족부◇승진▷홍길동

▶ : 〈중앙일보〉; ㉠ ◆ 여성가족부〈승진〉▶홍길동

△: 〈동아일보〉, 〈한국일보〉, 〈서울신문〉;

　(예) 〈동아일보〉: ◇여성가족부〈승진〉△홍길동
　(예) 〈한국일보〉: ◆여성가족부〈승진〉△홍길동
　(예) 〈서울신문〉: ■여성가족부◇승진△홍길동

④ 인사 종류 기호 Ⅱ

인사의 종류는 무척 다양하지만 언론에 보도되는 인사는 대략 '승진,' '임용,' '전보,' '전직,' '파견' 정도를 들 수 있다. 더불어 '승진 및 파견'이나 '승진 전보'처럼 인사가 복합적으로 어우러지는 경우도 종종 공지된다.

'승진'이란 직급이 올라감을, '임용'이란 직무를 맡기는 것을, '전보'란 같은 직급 안에서 다른 업무를 맡도록 임명하는 것을, '전직'이란 직급의 변동 없이 직무 자체를 바꾸는 것을, '파견'이란 일정한 임무를 주어 사람을 보내는 것을 각각 의미한다. 예를 들어, 일반 회사의 차장에서 한 단계 높은 직급인 부장으로 이동하는 것은 '승진'에 해당하며 교사나 경찰과 같은 공무원을 채용하는 것은 '임용'이 된다.

이와 함께 단순히 근무지만 바꾸는 것은 '전보'에 해당하며 양성 체계와 선발 방식 자체가 다른 기관으로 옮기는 것은 '전직'에 속한다. 만일, 교육부의 장학사가 연구사로 발령을 받게 되면 장학사와 연구사는 선발 시험이 다르기 때문에 '전직'이 된다. '전직'의 경우는 직장의 성격 자체가 완전히 바뀐다고 보면 된다.

한편, '파견'이란 사업 수행과 관련된 행정 지원이나 연수, 그 밖의 능력 개발 등을 위해 소속 공무원 또는 임직원 등을 다른 국내외 기관으로 보내는 것을 의미한다. 만일, 기획재정부에서 삼성그룹의 선진적인 경영 기법을 배우기 위해 삼성그룹의 허락 아래 공무원을 일정 기간 동안 삼성그룹으로 보낸다면 이는 '파견'이 되는 셈이다(표 2 참조).

한 기관 내에서 여러 직급에 대한 인사 이동이 동시에 행해질 때는 인사 종류의 기호 안에 인사의 종류뿐 아니라 직급 정보도 넣어야 한다. 이 경우에는 직급을 먼저 쓰고 난 후에 인사 종류를 적는다. 예를 들어, 사장과 이사에 대한 승진이 동시에 났다면 '사장 승진,' '이사 승진'과 같이 직급을 인사 종류 앞에 표기해야 한다는 것이다. 물론, 인사 이동의 표기 순서는 1) 높은 직급에서부터 출발하며 2) 직급이 같을 때는 '승진'을 앞세운 후, '전보,' '파견' 등의 순으로 내보낸다. 만일, 사장 승진과 이사 승진, 사장 전보와 이사 전보가 동시에 났다면, 사장 승진을 먼저 알린 다음, 사장 전보를 알린 후에 이사 승진과 이사 전보를 알리게 된다.

표 2   인사의 종류 및 정의와 예시

인사 종류	정의 (예)
승진	직급이 오르는 것 (평사원 →대리; 대리 → 과장; 과장 → 차장; 차장 → 부장)
임용	직무를 새롭게 맡는 것 (교사, 경찰관, 소방관, 교수 채용 등)
전보	직급의 변화 없이 업무만 바뀌는 것 (A 중학교 근무 → B 중학교 근무)
전직	양성 체계와 선발 방식 자체가 다른 기관으로 옮기는 것 (장학사 → 연구사)
파견	행정지원이나 연수, 능력 개발을 위해 다른 국내외 기관으로 보내는 것 (공무원 해외 연수)

인사 종류 기호 뒤에는 인사 대상자의 직함을 이름 앞에 적어 넣는다. 이때 직함과 이름 사이에는 띄어쓰기를 실시한다. 하지만 직함 내에서는 띄어쓰기를 잘 시행하지 않는다. 이와 함께 '전략부 부장'처럼 부서명과 직함이 중복될 경우에는 '전략부장'처럼 '부'라는 글자를 중복적으로 쓰지 않음

으로써 글자 수를 줄여야 하는 것도 알아두어야 한다. 이는 '인사팀 팀장'과 같은 경우도 마찬가지여서 '인사팀상'으로 작성해야 한다. 그럼, 기관 기호를 포함해 인사 종류 기호 및 인명 기호가 어떻게 어우러지는지 알아보도록 하자. 여기에서는 〈중앙일보〉의 예를 들어 보도록 하겠다.

> 예 ◆한국그룹〈사장 승진〉▶기획조정실장 홍길동▶미래전략실장 임꺽정〈사장 전보〉▶반도체사업국장 장길산〈이사 승진〉▶기획조정실부장 전우치〈이사 전보〉반도체사업부장 일지매

한편, 직급 및 인사 종류를 별도로 고지하지 않은 채, 인사 정보를 내보내고 싶어하는 기관도 있을 수 있다. 그럴 때는 인사 종류 기호를 붙이지 않고 기관 명 뒤에 곧바로 인명 기호를 붙인 후, 해당 인사의 직함과 이름을 내보낸다.

> 예 ◆한림대▶융복합대학원장 홍길동

이와 함께 직함과 직급의 구분 없이 인사 상황을 공지하고 싶은 곳도 있을 수 있다. 다음처럼 말이다.

> 예 ◆제주그룹〈승진〉▶제주제과사장 홍길동▶제주음료부사장 전우치

참고로, 전국지에서는 3급 부이사관 또는 본부장 이하의 공무원 승진을 잘 다루지 않는다. 기업의 경우에도 일반적으로는 대기업의 부장 이상부터 취급한다.

한편, 국장급, 이사급, 실장급, 부장급 등과 같이 '급'이 붙는 인사가 발생하기도 한다. 이 경우에는 반드시 '급'이라는 단어를 넣어야 한다. 이는 해

당 조직에서 일반적인 직함을 사용하지 않는 경우, 자기 조직 또는 외부 유사 조직의 통상적인 직함을 소개함으로써 독자에게 자기 조직의 인사 현황을 이해하기 쉽게 알리는 것을 의미한다. 다음을 보자.

◆ 국무조정실·국무총리비서실〈국장급 승진〉▶ 총무기획관 홍길동

중앙부처의 국장은 2급(이사관)인 경우가 많다. 이는 행정고시에 합격해 5급 사무관부터 봉직한다면 15~20년 정도를 근무해야 다다를 수 있는 직위이다. 한편, 국무조정실·국무총리비서실의 총무기획관이라는 직함은 이름에 걸맞지 않게 매우 높은 공무원 직급에 속한다. 하지만 이러한 사실이 제대로 알려지지 않는 경우, 일반인뿐만 아니라 공무원들조차 국무조정실·국무총리비서실의 인사 이동이 의미하는 바를 제대로 인식하지 못할 수 있다. 그런 까닭에 '국장급'이라는 설명을 붙임으로써 2급인 이사관에 해당하는 공무원 인사가 국무조정실·국무총리비서실에서 이뤄졌다는 사실과 함께, 국무조정실·국무총리비서실의 총무기획관은 여타 부처의 국장급에 해당하는 높은 직급이라는 사실을 독자들에게 알려줄 수 있다.

인사 기사는 해당 기관에 있어 대단히 민감한 소식인 까닭에 정확하게 작성하는 것이 매우 중요하다. 자신의 언론사로 전달된 인사 이동 자료를 본사 양식에 맞게 고치는 과정에서 실수로 오보를 낼 경우, 그 파장은 상당히 크다. 온라인 상에서는 정정이 쉽지만 일단 인쇄돼서 나온 초판(初版)[3]의 경우에는 정정이 불가능하다. 해당 기관의 정정 보도 요청 등을 통해 자신의 오

---

3 당일 저녁에 인쇄돼서 나오는 다음날 신문의 첫판. 초판은 서울역에서 수송 기차에 실려 밤새 영남과 호남 지역으로 배달되기에 지방판에 속한다.

보를 알게 된다면 재판(再版),⁴ 삼판(三版) 인쇄 때 이를 바로 잡고, 다음날 신문에서도 잘못된 초판 오보에 대한 정정 보도를 초판에 내보내야 한다. 만일, 마감판이 인쇄될 때까지 오보를 바로 잡지 못했다면, 다음날 신문에서는 초판부터 마감판까지 계속 정정 보도를 내보내야 한다. 물론, 이로써 담당 기자의 위신은 회사 내부에서 크게 떨어지고 담당 언론사 역시, 인사에서 오보를 냈다는 오명을 뒤집어 쓸 수밖에 없을 터이지만.

⑤ 인사 종류 기호 Ⅲ

언론사에 따라서는 인사 종류를 다시 나눠서 두 가지의 기호로 구분하는 곳도 있다.

예 ▲국무조정실·국무총리비서실 ◇국장급〈승진〉▶총무기획관 홍길동

하지만 이럴 때는 기호를 동반한 규칙이 많아져서 원활한 인사 작성이 쉽지 않기에 대부분의 언론사에서는 세 가지 정도의 기호로 인사 기사를 작성한다.

종합하자면, 인사 기사는 자료를 보내주는 곳의 인사 정보를 1) 기관 명과 2) 인사 종류 및 직급 명, 3) 직급 순서대로 작성하는 것이 가장 무난하다.

---

4 가장 먼저 인쇄하는 지방판을 초판(初版)이라고 한다면, 두 번째로 인쇄하는 지방판은 재판(再版)이라고 한다. 일반적으로는 서울과 수도권에서 가장 멀리 떨어진 영호남 지역 신문이 초판이 되며 충청도, 강원도처럼 다음으로 멀리 떨어진 곳에 보내는 신문이 재판이 된다. 하지만 언론사들은 자사(自社)의 재판을 5판, 10판처럼 제각기 다른 기준에 따라 자의적으로 부른다. 예전에는 신문 인쇄 상황이 초판인지 5판인지를 신문의 맨 위에 조그맣게 적어 넣었지만, 요즘에는 이러한 인쇄 상황을 알리지 않고 있다. 한편, 가장 늦게 인쇄되는 신문은 대개 오전 1시가 마감인 서울판이며, 서울판 직전에는 수도권판이 인쇄된다. 언론사에서 이처럼 다양한 시간대에 신문을 인쇄하는 이유는 서울에서 인쇄된 신문을 전국 곳곳에 분산돼 있는 지국과 보급소까지 기차와 운송 차량 등으로 배달해야 하기 때문이다.

하지만, 인사가 발생한 기관에서는 각 언론사의 양식에 맞춰서 인사 자료를 별도로 보내주는 것이 아니라 자신들의 기준에 따라 만든 보도 자료를 통해 보내기에 각각의 언론사에서는 누군가가 이를 자사(自社) 고유의 인사 표기 양식에 따라 작성해서 편집부의 인사 담당자에게 건네야 한다.

IV

2) 부음 기사 작성하기

① 부음 인명 기호

부음 기사 작성에도 규칙이 있다. 먼저, 돌아가신 분의 성함에 앞서 '부음 인명 기호'를 붙여야 한다. 이 역시, 언론사에 따라 조금씩 다르다. 이후에는 고인(故人)의 성함을 적고 '별세'라는 낱말을 덧붙인다. 대부분의 언론사에서는 고인의 성함 뒤에 '씨'를 붙이지만 〈조선일보〉에서는 '씨'를 붙이지 않고 있다. 주요 신문사별 '부음 인명 기호'는 다음과 같다.

- ▲ : 〈조선일보〉; 예 ▲김AA 별세
- ▶ : 〈중앙일보〉; 예 ▶김AA씨 별세
- ◇ : 〈동아일보〉; 예 ◇김AA씨 별세
- ● : 〈서울신문〉; 예 ●김AA씨 별세
- ▲ : 〈한국일보〉; 예 ▲김AA씨 별세

② 별세 인사 직함

부음 기사에서는 돌아가신 분의 성함을 적은 후, 고인의 생전 직함이 있을 경우에는 고인의 성함 뒤에 띄어쓰기 없이 괄호를 삽입하고 괄호 안에 직함을 병기(倂記)한 다음에 부음 기사를 작성한다. 여기에서 주의할 점은 고인의 이름 다음에 붙이는 존칭인 '씨'의 위치가 언론사에 따라 조금씩 다르다는 것. 다음은 〈중앙일보〉의 예.

> 예 ▶김AA씨(전 ○○전자 대표) 별세

만일, 고인이 특별한 직함 없이 예전에 특정 직장에서 근무했다면 다음과 같이 내보낸다.

> 예 ▶김AA씨(전 ○○전자 근무) 별세

재직 중에 돌아가셨다면 직함의 유무에 따라 다음처럼 작성한다.

> 예 ▶김AA씨(○○전자 대표) 별세/또는 ▶김AA씨(○○전자 근무) 별세

③ 상(喪) 종류 나열

돌아가신 분의 부고(訃告)를 알린 후, 가족의 상 종류를 순서대로 적는다. 상 종류는 배우자, 부모, 처가, 시부모, 조부모의 순으로 나열한다. 배우자상은 '남편상,' '아내상'으로 표기한다. 가족들의 이름 뒤에는 일반적으로 '씨'를 붙인다. 〈조선일보〉는 돌아가신 분과 마찬가지로 가족 이름 뒤에도 '씨'를 붙이지 않는다.

> 일반적인 예 ▶김AA씨(전 ○○전자 대표) 별세, 고BB씨 남편상

부모상의 경우에는 '부친상,' '모친상'으로 표기한다. 직함이 있는 경우에는 이름 뒤의 괄호 안에 직함을 넣는다. 만일 평사원 등인 까닭에 직함이 없

다면, '사원' 또는 '근무'로 표기한다.

> (예) 1) ▶김AA씨(전 ○○전자 대표) 별세, 고BB씨 남편상, 김CC씨(XX신문 편집국장) 부친상
>
> (예) 2) 김AA씨(전 ○○전자 대표) 별세, 고BB씨 남편상, 김CC씨(XX신문 근무) 부친상

처가, 시부모 상의 경우에는 '장인상,' '장모상,' '시부상/시아버지상,' '시모상/시어머니상'으로 표기한다.

> (예) ▶김AA씨(전 ○○전자 대표) 별세, 고BB씨 남편상, 김CC씨(XX신문 편집국장) 부친상, 남DD씨(○○대 의류학과 교수) 장인상, 장EE씨(XX통상 근무) 시부상

조부모상의 경우에는 '조부상,' '조모상'으로 표기한다.

> (예) ▶김AA씨(전 ○○전자 대표) 별세, 고BB씨 남편상, 김CC씨(XX신문 편집국장) 부친상, 남DD씨(○○대 의류학과 교수) 장인상, 장EE씨(XX통상 근무) 시부상, 김FF씨(CCTV 광주전남취재본부 기자) 조부상

④ 직계 가족의 자녀 순서 및 성(姓)의 생략, 가운뎃점 삽입, 그리고 '씨' 사용의 최소화

직계 가족들의 경우에는 연장자 순으로 자녀들의 이름을 나열하며 두 명 이상일 경우에는 언론사에 따라 처음에 등장하는 이의 성(姓)만 표기하거나 처음부터 아예 표기하지 않는다. 더불어 '씨'의 첨부 역시, 맨 마지막에 오는 자녀의 이름 뒤에만 붙인다. 이는 글자 수를 한 개라도 줄임으로써 부고 기사를 하나라도 더 추가하기 위해서이다. 실제로 하나의 부고 기사에서

'성'과 '씨'를 생략함으로써 글자를 10자 정도 줄일 수 있다면 4~5개의 부고 기사를 통해서는 대략 1개 정도의 부고 기사를 추가할 수 있는 공간을 마련할 수 있다.

한편, 자녀들의 이름 사이에는 가운뎃점을 넣는다. 만일, 사업을 하는 가족이 있다면, 괄호 안 직업란에 '사업'이라고 적는다. 다음은 자녀 가운데 FF씨만 직업이 없으며 처음에만 성을 표기하는 〈중앙일보〉의 부고 기사 예이다.

> 예 ▶김AA씨(전 ○○전자 대표) 별세, 고BB씨 남편상, 김CC(사업)·DD(사업)·EE(XX신문 편집국장)·FF씨 부친상

⑤ 장례 정보 기호

상(喪)의 종류를 다 나열한 이후에는 한 칸을 띄거나 띄어쓰기 없이 곧바로 등호(=) 표시를 한 후, 별세 날짜를 명시한다. 아래는 주요 언론사들의 장례 정보 기호이다.

=: 〈조선일보〉, 〈중앙일보〉, 〈동아일보〉, 〈한국일보〉
예 …씨 모친상=10일

한 칸 띄기: 〈서울신문〉
예 …씨 모친상 10일

⑥ 별세 시간 공지

'별세 시간'은 날짜로만 공지하는 경우와 시(時) 및 분(分)까지 세세하게 공

지하는 경우의 두 가지로 나눠볼 수 있다. 시간을 공지하는 언론사에서는 오전 10시를 10시로, 오후 10시를 22시로 표기한다. 대부분의 언론사들은 별세 시간을 날짜로만 공지하고 있으며 〈조선일보〉는 시와 분까지 표기한다.

별세 시간을 별도로 표기하지 않는 신문사들의 **예**
▶김AA씨(전 ○○전자 대표) 별세, 고BB씨 남편상, 김CC(사업)·DD(사업)·EE(XX신문 편집국장)·FF씨 부친상=22일

별세 시간을 구체적으로 표기하는 〈조선일보〉의 **예**
▶김AA씨(전 ○○전자 대표) 별세, 고BB씨 남편상, 김CC(사업)·DD(사업)·EE(XX신문 편집국장)·FF씨 부친상=22일16시50분

주의할 점은 〈조선일보〉의 경우, 날짜와 시간, 분 사이에 띄어쓰기가 없다는 점이다.

⑦ 장례식장 정보 |

별세 시간 다음으로는 장례식장 정보를 제공한다. 병원 내의 장례식장인 경우, 일반적으로 도시 명과 함께 병원 이름만 제공하며 '장례식장'이라는 단어는 생략한다. 물론, 이 역시 글자 수를 절약하기 위해서이다. 그 외의 장례전문식장들은 이름을 도시 명과 함께 구체적으로 알려준다. 그렇지 않을 경우에는 같은 이름의 장례식장들이 전국 곳곳에 존재할 수 있어 혼란을 야기하기 때문이다.

병원 장례식장의 일반적인 예

▶ 김AA씨(전 ㅇㅇ전자 대표) 별세, 고BB씨 남편상, 김CC(사업)·DD(사업)·EE(XX신문 편집국장)·XX씨 부친상=22일 광주 조선대병원

장례전문식장의 일반적인 예

▶ 김AA씨(전 ㅇㅇ전자 대표) 별세, 고BB씨 남편상, 김CC(사업)·DD(사업)·EE(XX신문 편집국장)·FF씨 부친상=22일 전주 뉴타운장례식장

⑧ 장례식장 정보 II

병원 장례식장이 서울에 소재한 경우에는 '서울'이라는 단어를 사용하지 않는다. 하지만 지방의 경우에는 도시명을 제공한다. 이는 대학병원의 경우도 마찬가지이다. 즉 서울에 소재한 대학병원에는 '서울'이라는 도시명을 넣지 않지만, 그 밖의 지방 대학병원에는 반드시 도시명을 붙인다. 더불어서 지방의 대도시가 아닌 까닭에 소재(所在)가 분명하지 않은 곳은 도(道) 이름을 약칭(예, 경상북도 → 경북)으로 함께 제공함으로써 독자들의 혼란을 최소화한다.

서울 소재 병원 장례식장의 경우)

▶ 김AA씨(전 ㅇㅇ전자 대표) 별세, 고BB씨 남편상, 김CC(사업)·DD(사업)·EE(FF신문 편집국장)·GG씨 부친상=22일 신촌 세브란스병원

대도시가 아닌 지방 소재 장례전문식장의 경우)

▶ 김AA씨(전 ㅇㅇ전자 대표) 별세, 고BB씨 남편상, 김CC(사업)·DD(사

업)·EE(XX신문 편집국장)·XX씨 부친상=22일 충남 옥천 효사랑장례식장

⑨ 발인(發靷) 정보

먼저, 장례식장 정보와 발인 정보 사이에는 쉼표를 첨가한다. 이는 신문사들의 공통된 부음 작성 양식이다. 발인 정보는 1) 날짜, 2) 시간 순으로 전개한다. 날짜의 경우는 삼일장(三日葬)이 일반적인 까닭에 별세일로부터 이틀이 지난 이후, 발인이 실시된다. 만일 발인 날짜가 별세일로부터 이틀 이상의 차이가 나는 부고를 접할 때는 해당 정보를 보낸 당사자에게서 발인 날짜를 다시 한번 확인하는 것이 좋다. 이와 함께 시간의 경우에는 언론사들마다 양식이 천차만별이다. 〈조선일보〉는 '발인'과 '날짜' 사이에만 띄어쓰기를 시행할 뿐, 이후에는 날짜와 시간을 띄어쓰기 없이 바로 쓰고 있으며 '오전'이라는 표기도 넣지 않고 있다. 반면, 〈중앙일보〉와 〈동아일보〉, 〈서울신문〉은 '발인'과 '날짜' 사이에 한 칸 띄어쓰기를 실시한 후, '오전'이라는 표기를 넣은 다음에 다시 띄어쓰기를 진행하며 이후에도 계속해서 오전과 시간, 그리고 분 사이에 띄어쓰기를 실시하고 있다. 정확한 발인 시각과 관련해서는 분(分) 단위의 시간이 발인 시각에 따라 들어가는 경우와 들어가지 않는 경우가 있어 이 역시, 세심한 주의가 필요하다.

한편, 언론사에 따라서는 날짜와 시간, 분 사이에 띄어쓰기를 하는 곳도 있고 하지 않는 곳도 있어 이를 확실히 점검하고 기사를 작성하는 것이 좋다.

발인 시간에 '오전'이라는 단어를 첨부하는 일반적인 신문사의 예

▶ 김AA씨(전 ○○전자 대표) 별세, 고BB씨 남편상, 김CC(사업)·DD(사업)·EE(XX신문 편집국장)·FF씨 부친상=22일 신촌 세브란스병원, 발인 24

일 오전 8시 30분

발인 시간에 '오전'이라는 단어를 첨부하지 않으며 띄어쓰기도 없는 〈조선일보〉의 예

▶ 김AA씨(전 ○○전자 대표) 별세, 고BB씨 남편상, 김CC(사업)·DD(사업)·EE(XX신문 편집국장)·FF씨 부친상=22일 신촌 세브란스병원, 발인 24일 8시30분

⑩ 연락처

발인 정보와 연락처 사이에도 쉼표를 넣는 언론사와 넣지 않는 언론사가 있다. 전화번호와 관련해서는 전국의 지역 번호를 다 넣어주면서 서울의 경우에만 '02'라는 지역 번호를 제공하지 않는 언론사(〈중앙일보〉)가 있다. 대부분의 신문사에서는 서울 지역의 경우에도 지역 번호를 제공하고 있다. 지역 번호는 괄호를 사용해 그 안에 넣는 것이 일반적이며, 전화번호 사이에는 띄어쓰기를 실시하지 않는다.

비록 부고를 알리는 보도 자료에서 핸드폰 전화번호를 함께 게재하고 있다 하더라도 신문에 내보낼 때는 사생활 보호 차원에서 장례식장의 대표 전화번호만 공지해야 한다. 덧붙이자면 장례식장의 대표 전화번호가 다소 미심쩍을 때는 직접 확인해 보는 것이 필요하다. 만일, 부고를 알리는 상주 측에서 전화번호 표기를 잘못했을 경우에는 표기된 전화번호의 당사자가 잇따른 문의 전화로 큰 불편을 겪을 수 있다. 물론, 이에 대해서는 추후에 언론사가 반드시 사과문과 함께 정정 보도를 내보내야 하고,

〈중앙일보〉와 〈조선일보〉를 제외한 일반적인 신문사의 예

▶ 김AA씨(전 ○○전자 대표) 별세, 고BB씨 남편상, 김CC(사업)·DD(사업)·EE(XX신문 편집국장)·FF씨 부친상=22일 신촌 세브란스병원, 발인 24일 오전 8시 30분, (02)2227-7594

〈중앙일보〉의 예

▶ 김AA씨(전 ○○전자 대표) 별세, 고BB씨 남편상, 김CC(사업)·DD(사업)·EE(XX신문 편집국장)·FF씨 부친상=22일 신촌 세브란스병원, 발인 24일 오전 8시 30분, 2227-7594

〈조선일보〉의 예

▶ 김AA씨(전 ○○전자 대표) 별세, 고BB씨 남편상, 김CC(사업)·DD(사업)·EE(XX신문 편집국장)·FF씨 부친상=22일 신촌 세브란스병원, 발인 24일 8시30분, (02)2227-7594

어떤가? 간단해 보이지만 생각보다 신경 써야 할 것이 많지 않은가? 쉬운 듯하지만 결코 쉽지 않은 것이 인사와 부음 기사 작성이다.

마지막으로 복습을 한다는 의미에서 이제껏 배운 바를 토대로 연습문제를 풀어본 후, 다음 장(章)에서는 사실상의 기사쓰기에 해당하는 동정(動靜) 기사 작성법에 대해 알아보도록 하자. 비록 한두 문장짜리 단신(短信)이기는 하지만, 인사, 부음과 달리 동정 기사는 '언제,' '어디서,' '누가,' '무엇을,' '어떻게,' '왜'라는 6하원칙에 의거해 작성해야 하는 진짜 기사이다.

V

인사와 부음 기사 작성을 연습하는 의미에서 각각의 연습문제를 제시해 보았다. 본문에서 설명한 규칙에 따라 〈중앙일보〉의 양식으로 작성해 보기 바란다. (정답은 뒤에)

인사 1
방송통신위원회
전보: (이용자정책총괄과 과장) 김승범
승진: 부이사관 (방송기반총괄과 과장) 오중선; 이사관 (방송정책기획부 부장) 박일건

인사 2
한림대학교
전보: 박보배 (시설과 과장)
승진: 김시종 대리 (총무부); 박상면 부장 (국제협력부); 김종훈 실장 (총장 비서실)
임용: 미디어스쿨 학부장 김재훈 언론방송융합 미디어 교수; 대외협력처장 양순기 정치외교학과 교수; 부총장 장덕규 바이오엔지니어링 교수; 교무처장 박한수 영문학과 교수; 학생처장 한필모 기초교양대학 교수

부음 1
언제: 오늘 새벽 1시
빈소: 수서삼성의료원 장례식장 1103호
발인: 모레 아침 08시
누가: 김수남 사망
가족: 이지원 - 개인 사업, 이주화 - 개인 사업, 이주택 - 한국무역보험공사 호놀룰루 지사장 (모친상)
장지: 대전 중구 천주교 묘지
전화번호: 02-2368-5940; 010-2341-2287

부음 2
언제: 어제 낮 12시
빈소: 대구 대구의료원 213호
발인: 글피 아침 8시
누가: 박상규 - 전 재무부 근무 - 사망
가족: 김연구 - 전도 E&P 전무, 김상구 - 대한투자증권 방배중앙 지점장, 김명희 - 이매중학교 영어 교사 부친상, 정경삼 - 한국전자통신연구소 근무자 장인상, 권재경 - 과천시 보건소 근무 시아버지상
장지: 경기도 과천 청계산 선영 전화번호: 053-560

정답

인사 1

◆방송통신위원회〈이사관 승진〉▶방송정책기획부장 박일건〈부이사관 승진〉▶방송기반총괄과장 오중선〈전보〉▶이용자정책총괄과장 김승범

※ 가장 높은 직급의 인사 이동부터 전하는 것이 요령이다. 여기에서는 가장 높은 직급의 인사 이동 대상자가 '이사관'(2급)이기에 이사관 승진부터 써 준다. 이와 함께 '방송정책기획부 부장'이라고 '부'라는 글자를 중복적으로 쓰지 않음으로써 글자 수를 줄여야 하는 것도 알아두어야 한다.

인사 2

◆한림대〈임용〉▶부총장 장덕규▶교무처장 박한수▶대외협력처장 양순기▶학생처장 한필모▶미디어스쿨 학부장 김재훈〈승진〉▶총장비서실장 김종훈▶국제협력부장 박상면

※ 대학교는 정부나 공공기관, 또는 기업과 달리 교원이 중심적인 조직이다. 따라서 교원 임용 정보부터 기술한 다음, 직원 인사 이동 상황을 알리는 것이 요령이다. 중요한 것은 대학본부에서 보직을 맡은 이들 대다수가 교수이기에 굳이 학과, 전공명과 함께 교수라는 직함을 밝힐 필요가 없다는 것이다. 한편, 대학본부의 인사 이동에서는 일반적으로 총장〉부총장〉기획처장〉교무처장〉대외협력처장〉학생처장 순으로 이동하며 이후, 대학원장, 단과대학장/스쿨 학부장 등으로 전개된다. 마지막으로 앞서 기술한 대로, 대기업과 중견 기업의 인사 이동은 부장까지만 다루는 것이 상례이기에 여기에서도 과장과 대리의 승진 및 전보 소식은 제외했다.

부음 1

▶김수남씨 별세, 이지원(사업)·주화(사업)·주택씨(한국무역보험공사 호놀룰루 지사장) 모친상=5일 수서삼성의료원, 발인 7일 오전 8시, 2368-5940

※ 중앙일보의 경우는 서울 지역에 02라는 지역 전화번호를 넣지 않는다. 더불어 개인 사업자의 경우에는 그냥 '사업'으로 표시한다. 이와 함께 형제, 자매들을 나열할 때는 각각의 정보 사이에

가운뎃점을 사용한다. 마지막으로 정답에서 사망과 발인 날짜를 각각 5일과 7일로 굳이 기재한 것은 하나의 보기를 든 것이기에, 연습문제를 작성하는 날짜의 이틀 뒤로 적으면 된다.

부음 2

▶박상규씨(전 재무부 근무) 별세, 김연구(정도 E&P 전무)·상구(대한투자증권 방배중앙 지점장), 명희씨(이매중 교사) 부친상, 정경삼씨(한국전자통신연구소 근무) 장인상, 권재경씨(과천시보건소 근무) 시아버지상=4일 대구의료원, 발인 8일 오전 8시, 053-560-9552

※ 대구의료원의 경우에는 병원 이름에 이미 도시명이 들어가 있기에 굳이 중복적으로 '대구 대구의료원'이라고 표기할 필요가 없다. 더불어서 보도 자료를 관성적으로 베껴 쓰는지를 점검하기 위해 연습문제에서는 일부러 전화번호의 가장 마지막 4자리를 빼 보았다. 이와 함께 전화번호가 이상한 것을 알아차렸으되, 대구의료원 대표 전화인 053-560-7575를 제공해도 옳지 않은 것으로 간주하고자 한다. 만일 대구의료원의 대표 전화를 제공하면 독자들이 이곳으로 전화를 걺으로써 독자들의 전화가 한 번에 장례식장으로 연결되지 못하는 번거로움이 발생하기 때문이다. 한편, '이매중학교 영어 교사'는 '이매중 교사'라고 줄여서 표기한다. 날짜는 이번에도 임의적으로 작성해봤으며 사망일과 발인 사이에 4일의 간격이 있어야 하는 점에 주의하도록 하자. 돌아가신 분의 성과 자녀들의 성이 다른 것은 박상규씨가 재혼을 한 경우이기 때문이며, 이에 대해 합리적으로 의심해 보라는 의미에서 함정아닌 함정을 마련해 보았다.

뉴 스 작 성 의 기 초

03
동정기사 작성하기

3. 동정기사 작성하기

I

　동정 기사는 여러분들이 언론사에 들어와서 실질적으로 작성하는 첫 번째 기사라고 할 수 있다. 경찰 기자로 외근(外勤)을 돌면서 매일 기사를 쓸 수도 있지만, 수습기자 시절에는 사건 기사를 제대로 작성하는 일이 쉽지 않기에 자신의 이름으로 기사가 나가기까지 상당한 시일이 걸릴 수 있다. 무엇보다 탄탄한 취재력을 기반으로 하는 가운데 기사 작성 능력도 어우러져야 비로소 자신의 이름을 내세운 기사가 탄생하기에 아직 담당 취재 구역조차 제대로 파악하지 못하고 있는 수습기자에게 기명 기사를 쓸 수 있는 기회는 좀처럼 오지 않는다.

　반면, 동정 기사는 순서대로 내근(內勤)을 하게 되면 누구나 반드시 써야 하는 대상이다. 사회부의 지휘관에 해당하며 규모에 따라 적게는 수 명에서부터 많게는 20여 명의 사회부 기자들을 지휘하는 사회부장/에디터(은)는 동정 기사를 쓰지 않는다. 그런 까닭에 돌아가며 내근을 하게 되는 수습기자는 동정 기사를 통해 뉴스 작성의 기초적인 원칙들을 하나둘씩 배워 나가게 된다. 불행인지 다행인지 모르지만, 세 문장 이하의 동정 기사에는 일반적으로 '크레딧'(credit)이 들어가지 않는다. '크레딧'은 신용을 의미하는 영어 단어이지만 언론사에서는 기자의 이름을 의미하는 한국형 속어로 종종 쓰인다. 반면, 미국에서는 기사 작성자를 '바이라인'(byline)이라 일컫는다.

　앞서 언급한 대로, 동정(動靜) 기사란 고위 공직자나 사회 유명, 지도층 인사들의 행보(行步)를 보도하는 것이다. 대한민국의 언론사에는 매일 수많은 인사들의 동정 홍보 자료가 쏟아져 들어온다. 그리하여 일간 신문들은 '피플'(〈조선일보〉), '사랑방'(〈중앙일보〉), '사람속으로'(〈동아일보〉) 등의 이름으로 해당 지면을 발행하는 가운데 회사에 따라서는 소수의 기자들로 이뤄진 별도의 미니 부서를 운용하며 정치, 경제, 사회, 문화, 체육부 등에서 제공하는 인사와 부음, 동정 기사를 일괄적으로 처리하기도 한다. 물론, 해당 언론사 편집국의 이 같은 별도 조직을 인지하고 있는 관공서와 기업, 대학과 시민단체 등에서는 이곳으로 직접 보도자료를 보낸다.

참고로 사회부는 언론사 편집국의 여러 부서 가운데 출입처가 가장 많은 곳에 속한다. 경찰서와 병원, 대학은 둘째 치더라도 정부 기관으로는 국방부, 교육부, 보건복지부, 고용노동부, 환경부, 여성가족부 등이 있으며 이들의 하급기관으로도 수많은 처(處)와 청(廳), 공단(公團)과 연구원(研究院)들이 존재한다. 따라서 이들 기관으로부터 전달된 수많은 동정 관련 자료 가운데 중요한 것들을 선별하는 작업이 필요하다. 하지만, 여러분들은 걱정할 필요가 없다. 여러분들의 외근 선배들이 자신에게 들어온 동정 자료 가운데 기사 가치가 있다고 판단되는 것들을 내근자인 여러분에게 전달해 이를 기사화하라고 지시할 것이기 때문이다.

동정 기사 선택에 있어 가장 중요한 기준은 첫 번째가 동정 관련 인물 또는 기관의 중요도, 두 번째가 동정 관련 기관 또는 인물의 상징성/희소성이며 마지막은 해당 기관 또는 해당 인물의 언론 노출 빈도이다. 만일, 최근의 동정 기사에서 보도된 적이 있다면 해당 기관이나 해당 인물은 재차 기사화되는 대상에서 배제되어야 한다. 그렇지 않으면 언론사의 동정란은 특정 기관이나 특정 개인에 대한 홍보의 장(場)으로 전락할 수 있다. 이 때문에 언론사에서는 특정 기관이나 특정 인물에 대한 동정 기사가 너무 자주 보도되지 않도록 주의를 기울인다.

언론에 보도된 동정 기사는 자료를 제공한 해당 기관에서 기록으로 보관하기 위해 별도로 스크랩을 하는 동시에 조직 상부에 '뉴스 클리핑,' '뉴스 브리핑' 등으로 이름으로 보고한다. 언론사의 동정난은 해당 기관과 기관장에 대한 홍보와 PR을 위해 매우 중요하다. 이에 보도자료를 보냈음에도 불구하고 관련 기관이나 인물의 동정 기사가 누락되면 해당 기관의 홍보 부서 등에서는 그에 따른 향후 대책을 세워 언론 로비를 강화하게 된다. 그런 까닭에 언론사는 동정과 관련한 외부 청탁을 지속적으로 받는다.

사실, 관공서와 대기업의 홍보 부서는 출입 기자들이 자신들에 대해 부정적인 기사를 보도하는 경우가 많기에 기자들을 부담스러워 한다. 그럼에도 홍보 부서의 임원과 직원들이 언론사와의 관계를 소원하게 유지할 수만은 없다. 동정 기사의 예에서 보듯, 자신들이 소속돼 있는 기관의 장(長)이나 CEO 등의 행보를 대중들에게 널리 알리기 위해서는 언론사의 협조가 필요하다. 특히, 보도자료와 관련해 언론사에서 다뤄주는 경우와 다뤄주지 않는 경우는 그 효과가 천양지차이기에 언론에 보도자료를 뿌리는 기관은 언론사와의 관계를 우호적으로 지속시키고자 노력한다. 그런 의미에서 홍보 담당자와 언론 기자는 악어와 악어새의 공생적인 관계를 유지한다 하겠다.

그럼, 이제부터 동정 기사의 작성 요령에 대해 알아보도록 하자.

II

1) 동정 기사의 문장 길이와 시제

동정 기사는 한 문장, 또는 두 문장으로 구성되는 경우가 대부분이며 세 문장까지 작성되는 경우도 더러 있다. 만일, 동정 당사자의 기사 가치가 높을 때는 해당 글이 동정란으로부터 떨어져 나와 별도의 기사로 작성된다. 이때, 관련 기사는 같은 면에서 '박스 기사' 형태로 편집되며 문장 수는 더욱 늘어난다. '박스 기사'란 텍스트 주변에 사각형 테두리를 두르는 것을 의미하며 가독성이 높아 기사를 작성한 기자가 선호하는 편집 방식이다. 물론, 박스 기사의 경우에는 일반적으로 작성 기자의 이름이 들어간다.

한편, 행위가 발생하는 시간에 따라 동정 기사의 시제(時制)는 과거 또는 미래 가운데 하나로 작성된다. 예를 들어, 내일 아침에 발간되는 일간 신문의 동정에서는 보도 대상자의 내일 행사 일정에 관한 동정이 오늘 언론사 편집국으로 전송될 수 있다. 그럴 경우의 동정 내용은 "며칠(내일 날짜) 누구는 어디에서 무엇을 주제로 강연을 실시한다"와 같이 작성된다. 반면, 동정이 당일 이뤄진 경우에는 내일 신문에 "며칠(오늘 날짜) 누구는 어디에서 무엇을 주제로 강연을 실시했다"와 같은 과거형 시제로 작성되어야 한다. 따라서 동정 자료를 접할 때는 날짜를 제대로 확인해서 적절한 시제를 구사해야 한다. 만일 그렇지 않으면 오보(誤報)가 될 수 있다.

명심하자. 오보는 멀리 있는 것이 아니다. 강연을 아직 하지도 않았는데 이미 했다고 보도한다면 이것이야말로 잘못된 보도, 즉 오보이다.

2) 동정 기사의 사진

동정 기사와 관련된 보도자료를 이메일로 보내는 출입처에서는 동정 기사에 대한 자료와 함께 동정 대상자의 사진도 첨부 파일로 보낸다. 이에 따라 동정 기사를 작성한 후, 사진도 사회부장에게 전송하면 이후부터는 상부에서 관련 기사를 처리한다. 하지만, 출입처에서 사진을 보내지 않거나 보내온 사진이 그다지 적합하지 않을 수도 있다. 그럴 때는 언론사 자료실이나 언론사 데이터베이스에 보관돼 있는 동정 대상자의 사진을 찾아 이를 자신이 작성한 동정 기사와 함께 데스크로 전송해야 한다. 참고로 언론사 자료실에는 언론사가 창립된 이후부터 지금까지 저장해온 수많은 종류의 자료 사진과 영상, 그래픽과 일러스트레이션 등이 신문 기사와 함께 보관돼 있다. 특히 영상 이미지들은 해외 유수의 통신사를 포함해, 자사의 사진 기자와 그래픽 기자들이 제작한 것으로서 그 분량이 매우 방대하다.

신생 언론사가 출범할 경우에 가장 애를 먹는 것 가운데 하나는 바로 자사(自社)의 데이터베이스에서 활용할 수 있는 이미지 자료가 제한적이라는 점이다. 예를 들어, 특정인의 행적과 관련해 과거의 연관 이미지를 구하고자 한다면 해당 사진이나 동영상이 없는 신생 언론사로서는 돈을 주고 이를 여타 언론사로부터 구입해야 한다. 만일, 구입 비용이 만만치 않으면 아예 이미지 없이 텍스트로만 기사를 작성해야 하고. 이 때문에 신생 언론사가 창립되면 한동안 제한된 이미지만 반복적으로 사용하게 마련이어서 해당 매체에서는 빠른 시간 안에 많은 양의 사진과 동영상을 구축하고자 노력하게 된다.

필자가 언론사에 근무했던 1990년대 초에는 정부의 언론 자유화 조치가 시행된 덕택에 수많은 신생 언론사들이 대거 문을 열었다. 당시, 〈한겨레〉 신문을 비롯해, 〈국민일보〉, 〈세계일보〉, 〈문화일보〉, SBS가 줄줄이 창간/

창립되었는데 이들 언론사는 모두 이미지 자료가 턱없이 부족해 초기에 신문과 방송을 만드는 데 무척 애를 먹었다.

각설하고, 언론사의 자료실이나 데이터베이스에서 관련 당사자의 이미지를 찾을 때 주의해야 할 점은 동명이인(同名異人)을 혼동하지 말아야 한다는 것이다. 동정 대상자가 정계 인사인데 경제계 인사의 사진이 실린다면 대형까지는 아니더라도 중형 정도의 오보가 된다. 이 같은 일은 필자가 언론사에 재직하던 시절에 실제로 발생한 바 있다. 당시 청와대 대변인으로 임명된 정치인이 Y대학교 신문방송학과의 교수와 동명이인이었던 관계로 모 신문사의 인사 담당 기자가 제대로 확인하지 않고 Y대 교수의 이름과 사진을 동정란에 실었던 것이다. 이에 해당 교수는 갑작스레 많은 곳에서 축하 전화를 받아 이를 해명하느라 한동안 진땀을 흘려야 했다. 해당 신문사는 다음날 정정 보도를 통해 오보를 바로잡긴 했지만, 언론사로서는 결코 있을 수 없는 오보를 냈기에 체면을 크게 구기고 말았다.

현재, 프로 야구 소식과 주식 시황 등 몇몇 분야에서는 알고리즘에 따라 컴퓨터가 기사를 작성하고 있지만 아직도 대부분의 뉴스는 기자들에 의해 작성되고 있다. 따라서, 내근 기자 → 사회부장 → 편집부의 촘촘한 필터링을 거쳐 출고되는 것이 뉴스라고는 하지만 이를 수행하는 이들 모두 인간인지라 실수는 생기게 마련이고 각 단계에서 실수가 바로 잡히지 못하면 귀신에 홀린 것처럼 오보가 발생하게 된다. 하지만, 최종 책임은 결국 처음에 잘못된 사진을 사회부장에게 건넨 당사자에게 있으므로 오보를 내지 않도록 주의에 주의를 기울여 해당 인물의 프로필과 사진을 확인해야 한다.

관련 사진을 데이터베이스에서 찾아 첨부할 때는 해당 기사의 내용과 적합한 분위기의 사진을 찾는 것이 또 하나의 요령이다. 만일 동정 당사자가 기관장으로 취임했거나 상을 받게 되었을 경우에는 표정이 밝은 사진을 찾는 것이 좋다. 이와 관련해 경험이 전무했던 필자는 내근 당시, 취임 동정 기사를 작성하면서 어두운 표정의 사진을 관련 기사에 첨부했다가 사회부장으로부터 지적당한 기억이 있다. 필자가 가져온 사진이 동정 기사의 분위기와 어울리지 않는다는 이유에서였다.

동정 사진을 찾을 때 유념해야 할 또 하나의 사실은 테두리가 사각형으로 이뤄진 얼굴 사진이 첨부 대상으로 고려되어야 한다는 것이다. 이는 얼굴 사진들 가운데 종종 원형(圓形)이 있을 수 있는데, 원형 사진은 신문사의 동정란에서 더 이상 사용되지 않고 있다. 과거에는 고인(故人)임을 상징하기 위해 테두리를 원형으로 편집한 사진이 '마루 사진'이라는 이름 아래 사용되었다. '마루'란 '둥글다'라는 의미의 일본어인 '마루이'(まるい)에서 온 용어이며 '이'(い)를 떼어내고 약어(略語)로 사용한 명칭이 이른바 '마루 사진'이라는 신문사 용어이다. 하지만 이제는 대부분의 언론사에서 사진의 용도와 관계없이 부음의 경우마저 테두리가 사각형으로 편집된 동정 사진을 사용하고 있다.

동정 사진을 첨부하게 되면 해당 인물의 이름을 제시한 다음, 괄호를 열고 '사진'이라는 단어를 첨부하는 곳이 있는가 하면, 해당 인물의 사진을 제시하지만 이름 다음에 괄호를 통해 '사진'이라는 설명 대신 '나이'를 제시하는 곳도 있으니 해당 신문사의 양식을 잘 살펴보아야 한다.

3) 동정 기사의 소제목, '굵은 글씨체'와 동정 기호

신문사에서는 중요한 동정 기사에 소제목을 닮으로써 해당 인물의 동정에 대한 가독성(可讀性)을 높이고자 한다. 이럴 때는 인물 사진도 동반되므로 동정 기사의 뉴스 가치 또한 한층 높아진다.

  당일에 다뤄야 할 동정 기사가 많을 때는 주요 동정의 경우에만 소제목과 사진을 곁들여 동정란 앞쪽에 배치하고 나머지 동정 기사들은 인사·부음과 마찬가지로 '동정 기호'를 붙인 다음, 소제목이나 사진 없이 한 문장으로 작성한다. 이때 신문사에서는 동정 대상자의 이름을 '굵은 글씨체'로 표시함으로써 독자들의 시선을 끌고자 최선을 다한다. 사실, 동정란에서 인물을 배치하는 순서는 해당 인물, 해당 기관들에 있어 상당히 민감한 문제이다. 따라서, 언론사에는 기사의 경중(輕重)에 따라 동정을 신중하게 배치하는 가운데 동정 기호와 함께 한 문장으로 나가게 되는 동정 뉴스에 대해서는 당사자 이름에 굵은 글씨체를 사용함으로써 상대적으로 뒤로 밀리게 된 상황에 대해 조금이라도 더 배려하고자 애를 쓴다.

III

  동정(動靜)에는 무척 많은 종류의 기사가 있다. 고위 공직자나 사회 저명 인사들의 행보가 워낙 다양한 까닭에서다. 그 가운데에서 언론에 보도되는 대표적인 동정 기사들로는 1) 선출/선임/임명/취임, 2) 수상(受賞), 3) 기부에 관한 것들을 꼽아 볼 수 있다.

  '선출'은 여러 명 가운데에서 뽑는 것으로 해당 기관의 회원들이 투표 등의 방식을 통해 대표자를 가리는 것을 의미하며, '선임'은 이사회 등에서 회의를 거쳐 대표자를 뽑아 임무를 맡기는 것을 뜻하기에 두 용어가 오용(誤用)되지 않도록 사안을 구별해 동정을 작성하는 것이 필요하다. '임명'은 임명권자가 임무를 맡기도록 피임명자에게 명령을 내리는 것으로써 배타적이고 독단적인 성격이 가미돼 있다. 임명이 이뤄지는 기관에서는 조직법상 임명권자가 임명의 절대적인 권한을 지니고 있다는 점에서 선출이나 선임과는 상당히 다른 인사 방식이 임명이다.

'취임'은 새로운 직무를 수행하기 위해 맡은 자리에 처음으로 나아가는 것을 뜻하며 선출, 선임, 또는 임명된 이후에 일정 기간이 경과해야 비로소 행해지는 것이다. 오늘 날짜로 선출, 선임 또는 임명됐다고 해서 바로 취임하는 것이 아니며 현재 직무 수행 중인 대표자의 임기가 정식으로 끝나는 날에 취임식이 거행됨으로써 비로소 취임이 이뤄진다. 이 또한, 선출, 선임, 임명과 혼용돼 쓰이지 않도록 주의를 기울여야 한다.(표 3 참조)

수상(受賞)은 많은 경우, 학계를 중심으로 이뤄지며 정치인, 경제인, 사회인, 문화인 등도 수상의 기사 가치만 높다면 얼마든지 보도될 수 있다. 이와 함께 기부 역시, 공익성이 높은 기사이기에 언론사에서는 동정란에서 기부 기사를 빈틈없이 다루고자 노력한다.

표 3   선출/선임/임명/취임의 정의 및 예

동정 종류	정의 (예)
선출	여러 명 중에서 뽑는 것 (초등학교 반장 선거)
선임	이사회 등에서 대표자를 뽑는 것 (방송사와 신문사의 사장)
임명	임명권자가 대상자에게 임무를 맡기는 것 (대통령의 고위공직자 임명)
취임	새로운 직무를 수행하기 위해 맡은 자리에 처음으로 나가는 것 (대통령 취임)

그럼, 이제부터 주제를 중심으로 하나의 동정 문장, 두 개의 동정 문장, 그리고 세 개의 동정 문장을 작성하는 법에 대해 알아보도록 하자.

① 선출/선임/임명/취임 기사

동정(動靜)에서 가장 많은 비중을 차지하고 있는 기사들이다. 선출/선임/임명/취임 기사는 누가 언제 어떤 자리에 선출/선임/임명됐거나 취임했는지에 관한 정보를 전달하는 것이 가장 중요하다. 한 줄로 이뤄진 선출/선임/임명/취임 기사라면 이 모든 정보들을 지니고 있어야 한다.

선출/선임/임명 기관의 지명도가 높거나 뉴스 가치가 높을 때는 해당 기관을 주어로 작성하는 것이 요령이다. 하지만, 선출/선임/임명 기관이 명확하지 않거나 해당 기관의 뉴스 가치가 높지 않을 때, 아니면 선출/선임/임명된 인물의 뉴스 가치가 상대적으로 높을 때는 선출/선임/임명된 당사자를 주어로 작성할 수 있다.

먼저, 다음의 선출 정보를 한 문장, 두 문장, 그리고 세 문장의 동정 기사로 작성해 보자. 한 문장 동정을 제공할 때에는 일반적으로 동정 기호를 붙인 다음, 곧바로 기사를 게재하며 동정 기사의 중요도에 따라 동정 기호 대신 굵은 글씨체로 제목을 별도로 단 편집과 함께 사진까지 곁들이는 경우도 있다. 이 경우, 동정 기호는 첨부되지 않는다.

그럼, 다음의 가상적인 예를 살펴보도록 하자.

가. 선출 기사 (언론사의 보도자료 수신 날짜: 3일)

언제: 3일 오전 10시
누가: 야마네 마사히로 일본 〈마이니치신문〉 지국장
한자 이름: 山根正弘
나이: 48
어디에: 한국외신기자클럽 제39대 회장에
어떻게: 총회를 통해 선출됐다.
임기: 1년
이력: 도쿄 게이오대 사회학과 졸업. 2000년 〈마이니치신문〉 입사. 2023년 서울 특파원 부임
사진: 첨부됨

한 문장 동정

☞ 〈조선일보〉의 **예**: 소제목과 사진을 첨부한 경우의 양식

야마네 마사히로 한국외신기자클럽 회장

한국외신기자클럽은 3일 총회에서 **야마네 마사히로**(山根正弘·48) 일본 〈마이니치신문〉 지국장을 제39대 회장으로 선출했다.

☞ 〈중앙일보〉의 **예**: 소제목과 사진을 첨부한 경우의 양식

야마네 마사히로 한국외신기자클럽 회장

한국외신기자클럽은 3일 총회에서 야마네 마사히로(山根正弘·사진) 일본 〈마이니치신문〉 지국장을 제39대 회장으로 선출했다.

※ 눈치가 빠른 이들이라면 두 신문사의 양식 차이를 발견할 수 있을 것이다. 〈조선일보〉는 인물의 이름에 대해 제목뿐 아니라 동정 기사 내에서도 굵은 글씨체를 사용한 반면, 〈중앙일보〉는 제목에서 굵은 글씨체를 선보였다면 동정 기사 내에서는 동정 당사자의 이름에 굵은 글씨체를 사용하지 않고 있다. 이와 함께 괄호 안의 정보에 있어 〈조선일보〉는 한자 이름과 나이를, 〈중앙일보〉는 한자 이름과 '사진'이라는 문구를 첨가하고 있다.

통상적으로 괄호 안에는 나이와 함께 '사진'이라는 문구를 넣지만, 이 경우 보도 당사자가 한자 이름을 지닌 일본인이어서 괄호 안에 한자 이름, 나이와 함께 '사진'이라는 문구까지 넣기에는 그 분량이 많으므로 〈중앙일보〉에서는 나이 대신 한자 이름을 넣었다. 하지만 이는 예외적인 경우이며 한국인이 동정 대상일 경우 〈중앙일보〉를 위시해 대부분의 언론사에서는 괄호 안에 나이와 '사진'이라는 문구의 두 가지 정보만 제공한다.

두 문장 동정

☞ 〈중앙일보〉의 **예**: 소제목과 사진을 첨부한 경우의 양식

야마네 마사히로 한국외신기자클럽 회장

한국외신기자클럽은 3일 총회에서 야마네 마사히로(山根正弘·사진) 일본 〈마이니치신문〉 지국장을 제39대 회장으로 선출했다. 야마네 회장은 도쿄 게이오대 사회학과를 졸업, 2000년 〈마이니치신문〉에 입사했으며 2023년에 서울 특파원으로 부임했다.

세 문장 동정

☞ 〈중앙일보〉의 **예**: 소제목과 사진을 첨부한 경우의 양식

야마네 마사히로 한국외신기자클럽 회장

한국외신기자클럽은 3일 총회에서 야마네 마사히로(山根正弘·사진) 일본 〈마이니치신문〉 지국장을 제39대 회장으로 선출했다. 야마네 회장은 도쿄 게이오대 사회학과를 졸업, 2000년 〈마이니치신문〉에 입사했으며 2023년에 서울 특파원으로 부임했다. (야마네 회장의) 임기는 1년(이다).

※ 괄호 안의 정보는 동정란의 공간을 절약하기 위해 생략해도 되는 문구이다.

나. 선임 기사 (언론사의 보도자료 수신 날짜: 27일)

언제: 27일 오전 9시
누가: 전우치 전 산업통상자원부 제2차관
나이: 57
어디에: 대한상공회의소 상근부회장에
어떻게: 선임됐다.
임기: 3년
이력: 서울 배문고, 연세대 행정학과 졸업. 1985년 29회 행정고시 합격. 노무현 정부 시절 청와대 산업비서관실 선임행정관 역임.
사진: 첨부됨
그 외: 대한상공회의소 현재 회장은 김선달임.

한 문장 동정

☞ 〈조선일보〉의 **예**: 제목과 사진 없이 게재될 경우

◆ 대한상공회의소는 27일 상근부회장에 **전우치**(57) 전 산업통상자원부 제2차관을 선임했다.

☞ 〈중앙일보〉의 **예**: 제목과 사진 없이 게재될 경우

◆ 대한상공회의소(회장 김선달)는 27일 상근부회장에 **전우치**(57) 전 산업

통상자원부 제2차관을 선임했다.

※ 제목과 사진 없이 게재되는 동정 기사는 반드시 동정 기호를 앞세워야 한다. 한편, 제목과 사진 없이 게재되는 동정 기사에서 〈중앙일보〉는 〈조선일보〉와 달리 기관명 뒤에 괄호를 넣은 후, 직함과 기관장 이름을 함께 제공하고 있다는 것을 알 수 있다. 더불어서 동정 기호와 동정 기사 사이에는 띄어쓰기를 하지 않는다. 이와 함께 제목이 있을 때와 달리, 제목이 없을 경우, 〈중앙일보〉의 동정 기사에서는 동정 주체의 이름을 굵게 표시한다.

두 문장 동정

☞ 〈조선일보〉의 **예**: 제목과 사진을 첨부할 경우

전우치 대한상공회의소 상근부회장

대한상공회의소는 27일 상근부회장에 **전우치**(57·사진) 전 산업통상자원부 제2차관을 선임했다. 서울 배문고, 연세대 행정학과를 졸업한 전 차관은 1985년 29회 행정고시에 합격하며 공직에 입문했고 노무현 정부 시절 청와대 산업비서관실 선임행정관을 역임했다.

세 문장 동정

☞ 〈조선일보〉의 **예**: 제목과 사진을 첨부할 경우

전우치 대한상공회의소 상근부회장

대한상공회의소는 27일 상근부회장에 **전우치**(57·사진) 전 산업통상자원부 제2차관을 선임했다. 서울 배문고, 연세대 행정학과를 졸업한 전 차관은 1985년 29회 행정고시에 합격하며 공직에 입문했고 노무현 정부 시절 청와대 산업비서관실 선임행정관을 역임했다. 임기는 3년(이다).

다. 임명 기사 (언론사의 보도자료 수신 날짜: 14일)

언제: 14일 오전 11시
누가: 장길산 대한과학대 행정학과 교수
나이: 64
어디에: 대한과학대 제8대 총장에
어떻게: 임명됐다.
임기: 4년
이력: 대한과학대 행정학과 졸, 미국 아이오와 주립대 정치학 석사, 시카고 대 행정학 박사, 2007년 대한과학대 부임, 교무처장, 기획실장, 부총장 역임

한 문장 동정

☞ 〈중앙일보〉의 ⓒ : 제목과 사진 없이 나갈 경우

◆ 대한과학대 제8대 총장에 **장길산**(64) 대한과학대 행정학과 교수가 14일 임명됐다.

※ 대학의 경우는 일반적으로 해당 대학을 소유하고 운영하는 재단의 이사회에서 총장을 임명한다. 하지만 대학을 소유한 재단의 이름이 대학명과 다른 경우가 많아 관련 정보를 제공하면 독자들이 오히려 혼동할 수도 있다. 이런 경우에는 위의 예에서처럼 임명 기관명을 명시하지 않고 "어느 기관의 어떤 자리에 누가 며칠 임명됐다"와 같이 기술한다. 더불어서 임명 기사는 대학을 포함해 많은 경우, 임명 주체보다 임명 기관이 먼저 나오며 피임명자인 동정 대상자가 주어로 작성된다.

두 문장 동정

☞ 〈중앙일보〉의 ⓒ : 제목과 사진 없이 나갈 경우

◆ 대한과학대 제8대 총장에 **장길산**(64) 대한과학대 행정학과 교수가 14일 임명됐다. 장 신임 총장은 대한과학대 행정학과를 졸업하고 미국 아이오와 주립대에서 정치학 석사, 시카고대에서 행정학 박사 학위를 취득했다.

세 문장 동정

☞ 〈중앙일보〉의 ⓒ : 제목과 사진 없이 나갈 경우

◆ 대한과학대 제8대 총장에 **장길산**(64) 대한과학대 행정학과 교수가 14

일 임명됐다. 장 신임 총장은 대한과학대 행정학과를 졸업하고 미국 아이오와 주립대에서 정치학 석사, 시카고대에서 행정학 박사 학위를 취득했다. (장 신임 총장은) 2007년 대한과학대에 임용돼 교무처장·기획실장·부총장 등을 역임했다.

※ 임기 4년의 대학 총장처럼 근무 기간이 널리 알려진 경우에는 해당 정보를 잘 제공하지 않는다.

라. 취임 기사 (언론사의 보도자료 수신 날짜: 6일 금요일/동정 발행일자 9일 월요일)

언제: 6일
누가: 임꺽정 서민경제학과 교수
나이: 61
어디에: 한국대 제16대 총장에
어떻게: 취임했다.
이력: 한국대 정경대학장, 대외협력부총장, 한국서민경제학회장
임기: 4년

한 문장 동정

☞ 〈중앙일보〉의 예: 제목과 사진 없이 나갈 경우

◆ 한국대 16대 총장으로 **임꺽정**(61) 서민경제학과 교수가 지난 6일 취임했다.

※ 지난주 금요일에 취임했는데 토요일과 일요일 자 신문이 발행되지 않았다면 며칠이 지나 발행된 이 기사에서는 취임 날짜 앞에 '지난'이라는 단어를 붙여야 한다.

두 문장 동정

☞ 〈중앙일보〉의 예: 제목과 사진 없이 나갈 경우

◆ 한국대 16대 총장으로 **임꺽정**(61) 서민경제학과 교수가 지난 6일 취임했다. (임꺽정 교수는) 한국대 정경대학장, 대외협력부총장, 한국서민경제학회장 등을 지냈다.

※ 취임 기사는 취임 기관을 앞세워 능동형으로 써야 한다. 따라서 첫 문장은 반드시 "어느 기관의 어떤 지위로 누가 언제 취임했다"와 같은 형식으로 작성되어야 한다. 더불어서, 앞서 설명한 바와 마찬가지로 취임 당사자의 이름이 기관명보다 앞서 나오면 곤란하다. 예를 들어 "임꺽정(61) 서민경제학과 교수가 한국대 16대 총장으로 지난 6일 취임했다"와 같이 동정을 작성한다면, 해당 언론사에서 한국대학교라는 기관/조직보다 임꺽정 교수라는 개인에 더욱 많은 비중을 두고 있는 것으로 해석될 수 있기에 한국대학교를 소유한 재단 및 한국대학교 교직원, 학생 등에게 상당한 거부감을 불러 일으킬 수 있다.

② 수상(受賞) 기사

수상 기사는 당사자나 해당 기관이 수상자로 선정됐다는 뉴스에서부터 당사자나 해당 기관이 수상을 했다는 내용에 이르기까지 정보가 조금씩 다를 수 있다. 만일 수상자로 선정됐다는 사실이 수상했다는 사실로 보도되면 이는 명백한 오보가 된다. 예를 들면, 노벨상은 매년 10월 초에 수상자를 발표하지만 시상식은 그해 12월 10일에 거행한다. 따라서 노벨상 수상자를 발표하는 것과 노벨상 수상은 엄연히 다른 사실이기에 동정 기사에서도 수상 소식은 정확한 사실을 확인한 다음에 작성해야 한다. 그럼, 수상 기사의 예를 살펴보도록 하자.

누가: 한국제약바이오협회 (회장 홍길동)
언제: 11일 낮 1시
어디에서: 서울 서초구 서초3동 대한약사회 빌딩
누구를: 신사임당(73) 율곡제약 명예회장
어느 부문에: 제1회 대한민국 약업대상 제약바이오 부문 수상자로
어떻게: 선정했다.

한 문장 동정 (능동형)

☞ 〈중앙일보〉의 ⓒ : 제목과 사진 없이 나갈 경우

◆ **한국제약바이오협회**(회장 홍길동)는 11일 제1회 대한민국 약업대상 제약바이오 부문 수상자로 **신사임당**(73) 율곡제약 명예회장을 선정했다.

한 문장 동정 (수동형)

☞ 〈중앙일보〉의 예:

◆ 한국제약바이오협회(회장 홍길동)의 제1회 대한민국 약업대상 제약바이오 부문 수상자로 11일 **신사임당**(73) 율곡제약 명예회장이 선정됐다.

때로는 인물이나 기관이 아니라 저서 등이 수상작으로 선정되기도 한다. 그럴 때는 동정에서 수상작이 수동형으로 표기된다. 다음의 예를 보자.

누구의: 허균의
무엇이: 홍길동전이
언제: 23일 오전 10시
누구로부터: 한국학중앙연구원(원장 전우치)
왜: 한국 최초의 국문 소설인 점을 높이 평가받아
무엇으로: 제1회 한국학 저술상으로
어떻게: 선정됐다.
시상식: 24일 오후 1시 한국학중앙연구원 소강당

한 문장 동정

☞ 〈중앙일보〉의 예: 제목과 사진 없이 나갈 경우

◆ 한국학중앙연구원(원장 전우치)의 제1회 한국학 저술상 수상작으로 한국 최초의 국문 소설인 허균의 홍길동전이 23일 선정됐다.

※ 날짜 정보의 배치는 문맥을 고려해서 신중히 이뤄져야 한다. 날짜 정보가 날짜에 뒤따르는 텍스트와 연결되며 다른 맥락으로 해석될 여지를 불러일으킬 수도 있기 때문이다. 위의 경우, 만일 날짜를 "한국 최초의 국문 소설~" 앞에 배치하면 "한국학중앙연구원(원장 전우치)의 제1회 한국학 저술상 수상작으로 23일 한국 최초의 국문 소설인~"과 같은 문장이 되는데 이럴 때에는 이 문장이 23일에 작성된 한국 최초의 국문 소설로 해석될 소지도 안게 된다. 물론, 홍길동전은 조선 시대의 작품이라는 사실이 널리 알려져 있기에 별 문제가 없지만 만일 수상 대상작이 최근에 발간된 경우라면 독자들로서는 충분히 문맥을 오해할 수도 있다. 따라서 날짜는 "선정됐다"는 동사의 바로 앞에 배치함으로써 보다 정확하고 깔끔하게 사실을 전달하는 것이 올바르다. 이와 함께 수상작이 동정으로 작성되는 경우에는 저자의 이름에 굵은 표시를 하지 않으니 주의하도록 하자.

☞ 날짜 정보의 배치가 적절하게 이뤄지지 않은 부적절한 **예**:

◆ 한국학중앙연구원(원장 전우치)의 제1회 한국학 저술상 수상작으로 23일 한국 최초의 한글 소설인 허균의 홍길동전이 선정됐다. (X)

③ 기부(寄付)·지원(支援) 기사

기부·지원 기사도 동정란에 종종 실리는 대상이다. 기부 액수와 상관없이 기부·지원자들의 온정을 사회에 널리 알리기 위함에서다. 그러면 다음의 동정을 한 문장으로 작성해 보자.

가. 기부 기사 (언론사의 보도자료 수신 날짜: 8일)

누가: 초록사회복지재단
왜: '코로나19' 극복 지원을 위해
무엇을: 재단 10억원, 홍길동 이사장 개인 10억원 등 모두 20억원
어디에: 보건복지부에
어떻게: 기부한다고 밝혔다.

한 문장 동정

☞ 〈중앙일보〉의 **예**:

◆ 초록사회복지재단(이사장 홍길동)은 '코로나19' 극복 지원을 위해 재단 10억원, 홍길동 이사장 개인 10억원 등 모두 20억원을 보건복지부에 기부한다고 8일 밝혔다.

※ 국문법상 단위 명사 앞의 띄어쓰기를 시행한다. 예를 들어, 금액을 나타내는 원의 경우에는 100만 원, 1000만 원, 1억 원처럼 수 명사와 단위 명사 사이에 간격을 두어야 한다. 하지만 언론사에서는 관행적으로 수 명사와 단위 명사 사이에 띄어쓰기를 시행하지 않는다. 이 책에서도 언론사들의 일반적인 관행을 좇아 수 명사와 단위 명사 사이에 띄어쓰기를 시행하지 않았다. 이와 함께, 기관명이 수상 주체인 경우에는 기관명을 굵은 글씨로 표시하지 않으며 기관명 뒤에 괄호와 함께 기관장 이름이 제공된다 하더라도 역시, 기관장 이름에는 굵은 글씨체를 사용하지 않는다.

이번에는 다음 동정을 한 문장, 두 문장, 세 문장의 기사로 각각 작성해 보자.

나. 지원 기사 (언론사의 보도자료 수신 날짜: 30일)

누가: 글로벌영재재단 (이사장 전우치)
왜: 어려운 환경 속에서도 우수한 학업 성적을 내고 있는 인재들을 육성하기 위해
누구에게: 초·중·고·대학생
어떻게: 올해 장학금 20억원을 지원한다고 밝혔다.
유관 정보 1: 이 가운데 10억원은 대학생 158명에게 30일 전달했다.
유관 정보 2: 글로벌영재재단은 지난 10년간 200억원의 장학금을 지원했다.

한 문장 동정

☞ 〈중앙일보〉의 예:

◆ 글로벌영재재단(이사장 전우치)은 올해 초·중·고·대학생에게 장학금 20억원을 지원한다고 30일 밝혔다.

두 문장 동정

☞ 〈중앙일보〉의 예:

◆ 글로벌영재재단(이사장 전우치)은 올해 초·중·고·대학생에게 장학금 20억원을 지원한다고 30일 밝혔다. 이 중 10억원은 대학생 158명에게 30일 전달됐다.

세 문장 동정

☞ 〈중앙일보〉의 예:

◆ 글로벌영재재단(이사장 전우치)은 올해 초·중·고·대학생에게 장학금 20억원을 지원한다고 30일 밝혔다. 이 중 10억원은 대학생 158명에게 30일 전달했다. 글로벌영재재단은 10년간 200억원을 지원했다.

여기서 잠깐: 언론사 조사부 이야기

　디지털화가 이뤄지기 이전의 언론사에서는 데이터베이스를 어떻게 구축했을까? 다시 말해 컴퓨터로 기사를 작성하지 않던 시절, 종이 매체에 인쇄된 기사와 사진, 그래프와 도표들은 어떻게 데이터베이스화가 되어서 자료로 활용되었을까?

　답은 조사부의 존재에 있다. 정치부, 경제부, 사회부, 문화부, 국제부, 편집부, 체육부, 사진부, 교열부 등과 함께 편집국 구성 조직으로 존재했던 조사부는 방대한 자료를 취급해야 했기에 일반적으로 편집국과 별도로 분리된 넓은 장소에서 운용되었다. 이에 따라 필자가 근무했던 〈세계일보〉는 5층 건물의 5층에 편집국이 위치해 있었으며 4층에는 신문의 조판(組版)[1]을 담당하는 조판부, 3층에는 조사부가 자리하고 있었다.

　조사부의 기자들은 주요 일간지들과 주간지, 월간지들을 훑으며 가치가 높은 기사와 이미지들을 주제별로 자르고 분류한 후, 스크랩북 안의 종이에 붙이거나 폴더에 넣어서 서가와 파일함에 보관하는 작업을 수행했다. 예를 들어, 삼성 그룹의 이건희 전 회장과 관련된 기사가 모 일간지에 게재됐다면 해당 기사를 오려, '이건희'라는 스크랩북이나 폴더에 언론사 명, 날짜, 발행 면에 대한 정보와 함께 넣었다. 그런 까닭에 조사부의 공간 대부분에는 수많은 서가와 파일함들이 흡사 도서관처럼 반복적으로 진열돼 있었다. 따라서, 필자가 이건희 전 회장에 대한 기사를 작성하려면, 조사부로 내려가서 해당 스크랩북이나 폴더를 찾아 여러 기사들을 훑어보며 필요한 정보를 추리는 과정이 요구됐다. 만일 스크랩북 자체를 편집부로 가져오려면 도서관과 마찬가지로 조사부에 대출 정보를 남겨야 했으며 개별적인 정보가 필요하다면 현장에 마련된 복사기로 관련 정보들을 복사했다. 해서, 부지런한 기자들은 자신의 출입처와 관련된 중요 정보를 조사실에서 미리 복사해 자신만의 파일이나 스크랩북을 만들어 자신의 책상에 비치해 놓곤 했다. 언론사의 데이터베이스에 접속하거나 네이버, 구글 등의 사이트를 통해 수많은 정보들을 손쉽게 얻을 수 있는 지금과는 달라도 너무 다른 아날로그 시대의 풍경이 아닐 수 없었다.

　사진부가 매일 촬영하고 현상했던 사진들도 조사부로 내려와 분류되고 정리되었다. 이 때문에 내근 기자가 사진이 첨부된 동정 기사를 작성하려면 조사부에서 적절한 사진을 찾아 동정, 인사, 부음 기사 등과 함께 편집부에 건넸다. 하지만 인터넷이 등장하면서 취재 기자는 외부에서도 자사(自社)의 전산망에 접속해 디지털화된 자사(自社) 자료를 쉽게 불러올 수 있게 됐다.

---
[1] 원고에 따라서 골라 뽑은 활자를 원고의 지시대로 순서, 행수, 자간, 행간, 위치 따위를 맞추어 짜는 일.

IV

그럼, 마지막으로 앞 장(章)에서 행한 것처럼 연습문제를 통해 동정 기사 작성법을 보다 확실하게 익혀보도록 하자. 역시, 〈중앙일보〉 양식에 따라 써보기 바란다. (정답은 뒤에)

동정 1 (각각 한 문장과 두 문장, 세 문장으로 써 볼 것)
언제: 오늘(15일) 오전 10시
누가: 홍길동 KBS 기자협회장
나이: 48
어디에: 한국방송기자연합회 제13대 회장
어떻게: 총회를 통해 선출됐다.
임기: 2년 이력: 한국대 정치학과 졸업. 1998년 KBS 입사. 2020년 정치부장 역임
사진: 있음 (제공되는 것으로 가정해서 쓸 것)

동정 2 (각각 한 문장과 두 문장으로 쓸 것)
언제: 오늘(15일) 오전 11시
누가: 장길산(64) 한국공업대 물리학과 교수
나이: 64
어디에: 제주기술대 제1대 총장
어떻게: 임명됐다.
임기: 4년
사진: 있음 (제공되는 것으로 가정해서 쓸 것)
이력: 미국 텍사스 주립대 물리학 석사, 시카고 대 물리학 박사, 한국대(2007) 교무부처장, 연구처장, 부총장 역임

동정 3 (각각 한 문장과 두 문장으로 쓸 것)
언제: 오늘(4일) 오후 1시
누가: 소방청
누구를: 홍길동(34) 아나운서와 주몽(28) 양궁 선수
무엇으로: 명예소방관
어떻게: 위촉했다.
임기: 없음
사진: 없음
기타: 소방청은 이들에게 위촉장을 오는 8일 '제60주년 소방의 날 기념식'에 수여한다.

동정 4 (각각 한 문장과 두 문장으로 쓸 것)
언제: 오늘(22일) 오후 3시
누가: 전우치(51) 도술학원 대표
어디에: 한국 도술대학교
무엇을: 20억원의 기부금을
어떻게: 기부했다.
사진: 없음
기타: 전우치 도술학원 대표는 2020년에도 한국 도술대학교에 20억원을 기부한 바 있다.

정답

동정 1

(한 문장)

한국방송기자연합회는 15일 총회에서 **홍길동**(48·사진) KBS 기자협회장을 제13대 회장으로 선출했다.

(두 문장)

한국방송기자연합회는 15일 총회에서 **홍길동**(48·사진) KBS 기자협회장을 제13대 회장으로 선출했다. 홍길동 기자협회장은 한국대 정치학과를 졸업했으며 1998년 KBS에 입사해 2020년 정치부장을 역임했다.

(세 문장)

한국방송기자연합회는 15일 총회에서 **홍길동**(48·사진) KBS 기자협회장을 제13대 회장으로 선출했다. 홍길동 기자협회장은 한국대 정치학과를 졸업했으며 1998년 KBS에 입사해 2020년 정치부장을 역임했다. 임기는 2년.

동정 2

(한 문장)

　제주기술대 초대 총장에 **장길산**(64·사진) 한국공업대 물리학과 교수가 15일 임명됐다.

※ '제1대 총장'이라고 써도 되지만 관행상 '초대 총장'이라고 표현하기에 보도자료를 그대로 베껴 쓰지 말라는 의미에서 낸 문제이다.

(두 문장)

　제주기술대 초대 총장에 **장길산**(64·사진) 한국공업대 물리학과 교수가 15일 임명됐다. 장길산 초대 총장은 미 텍사스 주립대 물리학 석사, 시카고 대 물리학 박사 출신이며 한국대에 2007년 임용돼 교무부처장, 연구처장, 부총장을 역임했다.

동정 3

(한 문장)

　소방청은 **홍길동**(34) 아나운서와 양궁의 **주몽**(28) 선수를 명예소방관으로 4일 위촉했다.

(두 문장)

　소방청은 **홍길동**(34) 아나운서와 양궁의 **주몽**(28) 선수를 명예소방관으로 4일 위촉했다. 위촉장은 오는 8일 '제59주년 소방의 날 기념식'에 수여된다.

※ 첫 번째 문장에서는 소방청이 주어로 등장했지만 두 번째 문장에서는 위촉장이 주어로 등장했

다. 이는 반복에 의한 지루함을 더는 동시에, 글자 수도 줄이기 위함에서다. 만일 두 번째 문장도 소방청을 주어로 작성한다면 아래와 같이 될 것이기에 정답과 글맛을 비교해 보기 바란다.

소방청은 **홍길동**(34) 아나운서와 양궁의 **주몽**(28) 선수를 명예소방관으로 4일 위촉했다. 소방청은 이들에게 위촉장을 오는 8일 '제59주년 소방의 날 기념식'에 수여할 예정이다.

동정 4

(한 문장)

전우치(51) 도술학원 대표가 22일 한국 도술대학교에 20억원을 기부했다.

(두 문장)

전우치(51) 도술학원 대표가 22일 한국 도술대학교에 20억원을 기부했다. 전우치 대표는 2020년에도 한국 도술대학교에 20억원을 기부해 총 40억원을 기부했다.

뉴 스 작 성 의 기 초

04
사건/사고 기사 작성하기

4. 사건/사고 기사 작성하기

I

드디어 사건/사고 기사 작성이다. 사회부 경찰 기자의 핵심 업무라 할 수 있는 사건/사고 기사 작성은 말 그대로 사건과 사고에 관한 원고 작성을 의미한다. 사건/사고 기사의 대척점에 위치한 해설 기사가 사건/사고의 배경과 맥락, 그리고 전망 등을 다루고 있다면, 사건/사고 기사는 새롭게 발생한 사회적 현상이나 재난, 재해 등에 관해 신속하고 정확하게 보도하는 것을 의미한다. 사건/사고 기사는 영어로 '스트레이트 뉴스'(straight news)라 부르는데, 이는 '곧게'라는 의미의 영어 단어 '스트레이트'처럼 기자의 주관적인 개입 없이 3인칭 관찰자 시점에서 사건을 중립적으로 기술한다는 의미를 담고 있다.

사건/사고 기사는 사건의 '개요'와 함께 사건이 일어나게 된 '경위'를 설명하는 것이 핵심이다. 하지만 촌각을 다투는 상황에서는 사건의 경위를 파악하는 데는 일정 시간이 필요하기에 먼저 사건의 개요를 취재해 기사로 작성하는 것이 가장 중요하다. 여기에서 개요란 사건에서 간결하게 추려낸 주요 내용을 뜻하며 사건의 '정황' 또는 '윤곽'을 의미한다고 보면 된다.

언론사 내에서 사건/사고 기사가 가장 많이 발생하는 부서는 사회부인데 사회부는 우리의 일상생활과 가장 밀접한 정부 기관들을 출입처로 두고 있는 곳이다. 예를 들면 사회부 담당 부처인 행정안전부에는 경찰청과 소방청이 소속돼 있어 절도, 강도, 폭행, 살인, 화재 등을 다루고 있으며 보건복지부에는 코로나, 메르스, 사스 등과 같은 전염병을 담당하는 질병관리청이

속해 있다. 이와 함께 법무부에는 검찰국, 범죄예방정책국, 교정본부, 출입국·외국인정책 본부 등이 있어 소속 기관으로 검찰과 교도소, 소년원, 출입국 관리 사무소 등이 있으며 국방부에는 병무청, 환경부에는 기상청 등이 소속돼 있어 군 징집과 날씨 예보 등에 관한 업무를 취급한다. 이와 함께 사회부에는 시청 출입 기자도 따로 있기에 서로 다른 성격의 뉴스들을 출입처 별로 분류해 시청팀, 법조팀, 사건팀과 같은 이름으로 구분하기도 한다.

사건팀이 다루는 뉴스는 일반적으로 범위가 무척 광범위하고 성격도 천차만별이기에 일이 힘들기로 유명한 사회부 내에서도 '더럽고'(Dirty) '위험하며'(Dangerous) '힘든'(Difficult) 3D 부서로 알려져 있다. 그럼에도 기자라면 모름지기 사회부 '사건팀'을 거치며 사건 기사 작성 능력을 키워야 이를 바탕으로 정치부, 경제부, 국제부 등에서 더욱 규모가 크고 복잡한 사건들을 능히 다룰 수 있다.

그럼, 사건 기사를 작성하기에 앞서 먼저 사건 기사의 종류부터 차근차근 알아보도록 하자.

II

1) 사건 기사의 종류

앞서 설명한 대로 워낙 광범위한 출입처를 두고 있다 보니, 사회부에서는 소속 기자들을 출입처의 특성에 따라 부처 출입 기자와 시청팀, 법조팀과 사건팀 같은 이름으로 구분한다(표 4). 이 가운데 부처 출입 기자들은 교육부, 행정안전부, 국방부, 환경부, 보건복지부, 해양수산부 등을 출입처로 두고 있으며[1] 시청팀은 서울 시청, 법조팀은 검찰청과 법원, 사건팀은 경찰서와 소방서를 담당한다. 사건팀은 또한 대학교와 병원도 자신의 담당 구역에 포함시키고 있으며 이용자가 많은 포털 사이트와 온라인 플랫폼도 중요도에 따라 연차 순으로 분담해서 인터넷 상황을 지속적으로 모니터링한다.

사건팀이 다루는 기사의 대표적인 경우로는 교통사고, 화재, 절도, 강도, 살인을 꼽아볼 수 있는데 이들은 모두 '역삼각형 기사 양식'이라 불리는 스트레이트 기사 작성법에 따라 작성된다. 참고로 언론사 편집국에는 사회부와 함께 '전국부'라는 부서도 있는데 사회부가 서울을 포함한 수도권의 뉴스를 다루는 데 반해, 전국부는 서울과 수도권을 제외한 전국의 모든 사회 뉴스를 취급한다. 전국부는 사회부와 긴밀히 협조하기 위해 대개 사회부 옆에 배치돼 있으며(그림 1. 한겨레 편집국 배치도 참조, 13쪽) 소속 기자 대부분이 부산과 대구, 광주와 대전 등의 광역시에서 해당 지역의 도청과 시청, 경찰서와 소방서, 대학과 병원 등을 출입하며 지역 사회의 뉴스를 취재해 보도한다. 전국부에서 취재한 사회 뉴스는 사안이 중대할 경우, 수도권판에도 보도가 되며 그렇지 않을 때는 해당 지역판-예를 들면, 경남판, 경북판, 전남판, 전북판, 충청판, 강원판-의 사회면에 국한돼 보도된다.

그럼, 이제부터 사건, 사고 뉴스의 문법적 보도 양식인 역삼각형 기사 작

---

[1] 부처 출입 기자가 정부 부처별로 반드시 한 명씩 출입하는 것은 아니며 상황에 따라 한 명이 여러 부처를 동시에 담당하기도 한다. 이는 사회부에서 담당해야 할 정부 부처가 워낙 많아 모든 정부 부처를 출입할 인력을 충분히 확보할 수 없는 까닭에서다. 이와 함께 최근 들어서는 젠더, 세대 갈등, 빈부 격차 등과 같은 범사회적 이슈들이 정부 부처 간의 전담 영역을 교차하는 경우도 많기에 언론사에 따라서는 주제별로 별도의 팀을 꾸려 운용하기도 한다. 이는 기존의 부처별 출입 기자 시스템만으로는 빠르게 변화하는 사회적 제문제들을 입체적이고 심층적으로 파헤칠 수 없기 때문이다. 현재 몇몇 언론사에서는 '젠더팀'이나 '사회/경제 정책팀'과 같은 조직들을 상시/비상시적으로 운용하고 있다. 이에 따라 사회 정책팀과 같은 곳은 사회부와 정치부, 경제부 소속의 (부처 출입) 기자들이 정기적 또는 비정기적으로 모여 기획과 아이템 회의, 취재와 기사 작성 작업 등을 공동으로 수행한다.

성법에 대해 알아보도록 하자.

표 4   중앙 일간지 사회부 내의 업무 분류 예시

	담당 부서 또는 업무
부처 출입 기자	교육부, 행정안전부, 국방부, 환경부, 보건복지부, 해양수산부, 고용노동부, 여성가족부
법조팀	법원과 검찰
시청팀	서울 시청 (전국부의 경우는 도청과 시청)
사건/경찰팀	경찰서와 소방서, 주요 대학과 대형 병원, 주요 포털 사이트와 커뮤니티 포털사이트 등

2) 역삼각형 기사 양식

역삼각형 기사 양식이란 가장 중요한 사실부터 순차적으로 배치하는 것을 뜻하며 역삼각형을 의미하는 영어 '인버티드 피라미드'(inverted pyramid)를 덧붙여 '인버티드 피라미드 뉴스 라이팅'(inverted pyramid news writing)이라 칭한다. 역삼각형 기사 양식은 뉴스 제작의 핵심 규격인데 혹자는 역삼각형 기사 작성 양식을 저널리즘의 '인증 마크'라 부르기도 한다. 현대 언론의 직업 규범으로 일컬어지는 객관 보도가 역삼각형 기사로 제유(提喩)되는 까닭에서다. 제유란 '빵 아니면 죽음을 달라'라는 말에서 빵이 식량을 대표하는 것처럼 사물이나 사실의 일부분으로 전체를 나타내는 방법이다.

역삼각형 기사 양식이 탄생하기 이전에는 뉴스가 소설이나 수필처럼 산문 형식으로 작성됐다. 그런 이유로 과거에는 글 잘 쓰는 문필가나 문필가 지망생들이 기자로 많이 활동했다. 미국의 경우에는 국가적 시인으로 추앙받는 월트 휘트먼이 기자였으며 소설 「분노의 포도」로 유명한 존 스타인벡이나 「노인과 바다」의 헤밍웨이, 「오 헨리 단편집」의 시드니 포터 모두 기자로 활약했다. 영국에서는 「로빈슨 크루소」를 쓴 다니엘 디포가, 프랑스에서는 「개미」, 「뇌」 등으로 유명한 베르나르 베르베르가, 독일에서는 공산주의의 창시자인 마르크스가 기자로 필명을 날렸다. 우리나라에서는 현진건, 염상섭, 박종화, 이광수, 이육사, 백석 같은 문인들이 기자로 활약했다. 이러한 면면은 최근까지도 이어져 「칼의 노래」로 유명한 소설가 김훈은 〈한국일보〉 문화부에서 오랫동안 기자 생활을 한 바 있다.

역사적으로 볼 때, 산문적인 뉴스가 지면을 장식하던 전통 속에서 미국 기자들의 뉴스 작성 양식에 일대 혁명을 불러일으키는 사건이 1865년 4월 14일, 워싱턴에서 발생하게 된다. 미국의 제16대 대통령인 에이브러햄 링컨이 암살된 것이다. 로버트 리 장군이 버지니아에서 남부 연방의 항복을 선언한 지 닷새 만의 일이었다. 당시, 링컨 대통령은 워싱턴의 포드 극장에서 연극을 관람하던 도중, 존 윌크스 부스라는 이름의 연극배우가 쏜 총에 맞아 사망했는데 부스는 남부 연방의 지지자로서 연극을 관람하러 온 링컨 대통령의 머리를 뒤에서 저격했으며 현장에서 치명상을 입은 링컨은 다음날 운명하고 만다.

링컨 대통령의 암살은 미국사에서 매우 중요한 사건이었다. 미국 대통령 가운데 처음으로 암살당한 비극의 주인공이었기 때문이다. 마찬가지로 미국 언론사에 있어서도 링컨 대통령의 죽음은 상당한 의미를 지닌다. 미국을 비롯해 유럽과 한국에 이르기까지 뉴스 작성의 문법으로 통하는 역삼각형 기사 양식이 링컨의 암살 뉴스에서 처음으로 나타난 까닭에서다.

미 언론학자인 데이비드 민디치[2]에 따르면 미국 역사상 처음으로 작성된

---

2 Mindich, D. T. Z. (1998). Just the facts: How "objectivity" came to define American Journalism. New York, NY: New York University Press.

역삼각형 기사는 링컨 대통령이 암살당한 1865년 4월 14일 밤, 미국 전 지역으로 타전된 아래의 AP 통신사의 뉴스이다.

"대통령이 오늘 밤 극장에서 저격당했으며 치명상을 입은 것으로 추정된다."

물론, 민디치의 주장에 대해 모든 언론학자들이 동의하는 것은 아니다. 그럼에도 불구하고 대다수의 미 언론학자들은 무선 전신이 역삼각형 기사의 확산에 크게 기여했다는 점에 대해서는 대체로 동의하고 있다. 당시, 최첨단 정보통신 기술이었던 무선 전신은 이용료가 무척 비쌌기에 수사적인 어구들이 배제된 채, 사실 위주의 객관적인 보도만 짧게 전송되어야 했다. 역삼각형 기사 양식이 대표적으로 상징하고 있는 객관 보도란 어느 한 편에 치우치지 않고 중립적인 시각에서 기사를 작성하는 행위이다. 이념과 편견, 주관과 이해를 배제한 채 있는 제3자의 입장에서 있는 그대로의 사실만 가감 없이 보도한다는 것이다. 만일 AP 통신이 링컨의 암살을 다음과 같이 타전했더라면 객관 보도라고 보기 힘들었을 것이다.

"미국 역사에 그 오명을 영원히 남길 이름 가운데 하나가 오늘 밤 추가되었다. 존 윌크스 부스라는 이름이다. 존 윌크스 부스는 연극을 관람하던 링컨 대통령을 뒤에서 비열하게 저격했다. 리 장군이 항복 문서에 서명한 잉크가 마르기도 전에 발생한 전대미문(前代未聞)의 폭거로 링컨 대통령은 치명상을 입은 채, 지금 생사의 갈림길을 오르내리고 있다."

링컨 대통령의 암살을 계기로 나타나기 시작한 역삼각형 기사 양식은 독자층 확대를 위해 미 언론이 주관적인 견해나 이념적인 시각을 점차 배제하면서 시나브로 미 언론의 기사 작성 문법으로 자리하게 된다. 이에 따라 20세기 초반에 등장하기 시작한 미 저널리즘 스쿨에서는 역삼각형 기사 작성 방법을 정식 교과 과정에 채택하기에 이른다. 현재는 우리나라를 포함해, 세계 대부분의 언론들이 역삼각형 기사 양식을 사건 기사의 보도 문법으로 채택해 활용하고 있다. 그렇다면 역삼각형 기사는 어떻게 작성하는 것일까?

3) 역삼각형 기사 작성 방법

역삼각형 기사 양식의 핵심은 가장 중요한 사실을 기사 도입부에 배치하는 것이다. 더불어 기사 전개부에서는 다음으로 중요한 사안들을 차례대로 나열한 후, 마지막에는 중요도가 가장 낮은 정보를 제공하는 것이다.

사실, 설명을 들으면 쉽게 이해되는 것이 역삼각형 기사 양식이다. 하지만, 역삼각형 기사를 제대로 작성하는 것은 생각처럼 그리 간단치 않다. 이는 기사 작성 시, 생각보다 많은 것을 고려해야 하기 때문이다. 그렇다면 역삼각형 기사를 작성하는 데 있어 가장 어려운 점은 무엇일까? 답은 가장 중요한 사실이 무엇인지를 파악하는 것이다.

예를 들어 보자. 만일, 충남 모 공업단지에서 오늘 낮에 대규모 폭발과 함께 화재가 발생해 10여 명의 인부들이 중경상을 입었으며 인근 주민 500여 명이 긴급히 대피한 가운데 현장에서는 대규모 진화 작업이 진행되고 있다고 가정해 보자. 그렇다면 여러분들이 사건 기사 첫머리에 내보내야 할 가장 중요한 뉴스는 무엇이 될까? 다음의 경우는 이 뉴스를 활용해 작성할 수 있는 첫 번째 문장의 예들이다.

1) 충남 모 공업단지에서 한낮에 폭발과 함께 화재가 발생했다.
2) 충남 모 공업단지에서 폭발과 함께 화재가 발생해 현재 진화 작업이 진행되고 있다.
3) 충남 모 공업단지에서 폭발과 함께 화재가 발생해 인부 10여 명이 중경상을 입었다.
4) 충남 모 공업단지에서 폭발과 함께 화재가 발생해 주민 500여 명이 대피하는 소동이 벌어졌다.

어떤가? 네 가지 문장 모두 그럴듯하지 않은가? 언론 용어로는 뉴스의 첫머리에 해당하는 문장을 '리드'(lead)라고 하는데 위의 네 리드는 모두 일장일단(一長一短)을 지니고 있다. 만일, 발생 사건이 단순하다면 가장 좋겠지만 사건은 많은 경우, 여러 사실들이 중층적으로 어우러져 발생한다. 따라서 많은 사람들이 사건에 연루된 가운데 다수의 정황들이 얽히고 설키게 되면 기자는 그 가운데에서 가장 중요한 사실을 직관적으로 파악해 이를 '리드'로 내보내는 순발력을 발휘해야 한다. 하지만, 이러한 직관은 저절로 생기는 것이 아니며 끊임없는 훈련과 경험 속에서 시나브로 습득된다.

결국, 역삼각형 기사 작성 양식에서 제일 먼저 보도해야 하는 '가장 중요한 사실'은 모든 언론사들이 동일하게 인식하는 공통분모로서의 '가장 중요한 사실'이라는 점을 인식하고 유력 일간지와 주요 방송에서 보도하는 각종 사건 기사들을 유심히 살피면서 자신의 기사 감각을 날카롭게 벼려야 한다. 그렇다면 여러분들은 위의 예 중에서는 가장 잘 된 '리드'로 몇 번을 꼽아 보겠는가? 이와 관련해 필자는 인간의 원초적인 호기심이 사건 속에서 가장 중요한 사실을 직관적으로 파악하는 데 큰 도움을 준다고 인식한다.

만일, 여러분들이 동네 친구로부터 "우리 동네에서 불이 났대!"라는 말을 전해 들었다고 가정해 보자. 여러분들은 그 말을 전해준 친구에서 제일 먼저 무엇을 물어볼 것인가? 일반적으로 가장 먼저 던지는 질문은 "언제?"가 될 것이다. 만일 친구가 "지금!"이라고 답한다면, "지금? 우리 동네 어디에서?"라고 재차 물어볼 것이다. 이에 친구가 "어린이집에서 불났대!"라고 한다면 여러분들은 다음으로는 무엇을 물어볼 것인가? 십중팔구 "맙소사, 어린이들은 괜찮대? 다른 사람은 없대? 모두들 무사한가?" 등과 같이 안전에 관한 질문들을 던질 것이다. 연이어 "응, 천만다행으로 다친 사람은 없다나 봐!"라는 말을 듣게 되었다면 여러분들은 다음으로 무엇을 물어볼까? 아마, "휴, 다행이네. 그런데 어쩌다가 불이 났대?"가 자연스럽게 뒤따라 올 질문일 것이다.

가장 중요한 사실을 순서대로 나열해 역삼각형 기사 양식을 쓰는 것은 이와 같은 것이다. 다시 말해, 독자와 시청자들이 가장 궁금해하는 사항부터 차례대로 쓰는 것이 역삼각형 기사 양식의 작성 요령이라는 것이다. 그리하여 화재 사건과 관련해서는 먼저, "언제 어디에서 불이 났다"라는 사건의 핵심 개요를 설명한 다음, 순차적으로 인명 피해의 유무와 함께 화재 발생의 원인을 기술하는 것이 모범적인 기사 작성법이다.

다시 원래의 질문으로 돌아가 보자. 앞서 제시했던 네 개의 리드 문장 가운데 화재 기사의 첫 번째 문장으로서 가장 무난한 것은 무엇일까? 정답은 발생한 사건의 정황을 개괄적으로 알려주는 (1)번이다. 이 장(章)의 서두에서 설명했던 '사건의 경위'를 제일 먼저 설명하는 문장이 (1)번이기 때문이다. 하지만 뉴스를 빠르고 신속하게 전달하고자 하는 언론의 특성상, 사건 기사 리드는 경위와 함께 인명 피해까지 축약적으로 전달할 수 있도록 십중

팔구 (1)번에 (3)번을 합쳐서

"충남 모 공업단지에서 한낮에 폭발과 함께 화재가 발생해 인부 10여 명이 중경상을 입었다."

와 같이 기술된다. 앞서 예를 들었던 바에 비춰본다면, "지금 우리 동네 어린이집에서 불이 나고 있지만 아무도 안 다쳤대!"라고 말하는 것과 마찬가지라는 것이다. 그럼, 이제부터는 본인이 자주 접하는 매체의 여러 사건 기사들을 읽어보면서 해당 매체에서는 사건 경위와 인명 피해의 유무를 두 문장으로 나눠서 차례대로 작성하고 있는지, 아니면 '리드' 문장에 두 가지 사실을 한꺼번에 넣고 있는지를 파악해 보도록 하자. 물론, 매체의 종류와 상관없이 기자의 성향이나 사건의 종류에 따라 사건 경위와 인명 피해 유무를 '리드'에 다 넣기도 하고 두 문장으로 나누어서 제공하기도 한다.

그럼, 다음 장(章)에서는 본격적으로 사건/사고 뉴스를 역삼각형 기사 양식으로 작성해 보도록 하자. 먼저, 사회부 사건팀이 가장 많이 다루는 교통사고에 관한 기사 작성 요령에 대해 알아보도록 하겠다.

뉴스 작성의 기초

05
교통사고 기사 작성하기

5. 교통사고 기사 작성하기

I

　우리가 언론을 통해 접하는 교통사고는 기자가 어떻게 취재하는 것일까? 일단 교통사고가 발생하면 현장에 가장 먼저 도착하는 사람은 경찰이다. 현장에 출동한 경찰은 교통을 통제하고 사고 차량의 블랙박스를 확보하는 동시에 사고 당사자와 목격자의 증언을 청취한다.
　사고 현장을 수습하고 경찰서로 돌아온 경찰은 그날의 상황을 교통사고 일지에 기록하는데 필자가 언론사에 재직하던 시절에는 양식에 맞춰 손으로 작성한 교통사고 일지를 사건 기자들이 확인할 수 있도록 복사해서 해당 지역 경찰서의 경비교통과 입구에 비치했다. 이에 기자들은 수시로 경찰서의 경비교통과를 드나들며 경비교통과 입구에 비치된 교통사고 일지를 확인한 후, 기사 가치가 높다고 판단되거나 미심쩍은 교통사고를 발견하면 담당 경찰관을 찾아가 추가로 취재를 시행했다. 이는 신문과 방송, 잡지 등에서 워낙 많은 수의 기자들이 경찰서 경비교통과를 방문하며 취재를 하는 통에 경찰들이 업무 수행에 큰 지장을 받았기에 서로의 편의를 위해 고안된 방식이었다. 하지만, 개인 정보에 대한 관리가 무척 엄격해진 요즘에는 경찰이 좀처럼 교통사고 일지를 공개하지 않고 있으며 사고 일지 또한 컴퓨터에 입력되어 있기에 기자가 이를 들여다보는 것은 불법 여부를 떠나 불가능에 가깝다.
　그렇다면, 21세기의 언론사 기자들은 교통사고 소식을 어떻게 접하고 또 어떻게 취재할까? 이와 관련해서는 현장을 목격한 시민들의 제보가 지대한 역할을 수행한다. 더불어 목격자들이 언론에 제보하지 않더라도 현장 사고 사진을 인터넷에 올리면 수시로 인터넷을 점검하는 기자들이 곧바로 사건을 인지하게 된다. 물론, SNS에서 이뤄지는 소식 전파도 사건을 인지하는 데 큰 몫을 한다. 그런 까닭에 사회부 사건 기자들은 다양한 SNS을 검색하고 주요 인터넷 커뮤니티를 수시로 드나들면서 사건, 사고들을 실시간으로 확인해야 한다. 만일, 대낮에 서울 광진구에서 고가의 외제 자동차가 가로수를 들이받는 사고가 일어나면 이와 관련된 사진이나 영상이 인터넷에 곧바로 올라오게 되고 인터넷을 열심히 검색하는 사건팀 기자가 이를 재빨리 파악하면 즉시 현장 취재에 나서게 된다. 물론, 사회부의 다른 동료가 SNS와 인터넷 커뮤니티를 드나들다 이 같은 사실을 인지하면 서울 광진 라인을 담당하고 있는 사건팀의 기자에게 알려줘서 그가 현장 취재를 하도록 도와주기도 한다. 그렇게 여러 경로를 통해 사고 소식을 접하고 현장에 도착하는 경찰 기자는 사고 현장의 사진과 동영상을 촬영하고 사고 현장을 정리한 경찰과 사고 당사자를 포함해 목격자들을 찾아다니며 관련 정보를 수집한다.

만일 교통사고 현장이 이미 수습됐다면 담당 기자는 해당 경찰서 경비교통과의 교통사고 조사계로 전화를 걸어 추가 취재를 하거나 직접 경찰서를 방문해 담당 경찰관과 인터뷰를 실시하기도 한다. 이러한 추가 취재나 인터뷰가 없다면 교통사고 기사를 통해서 접할 수 있는 "경찰은 사고 차량 운전자의 음주/마약 복용 여부를 조사 중이다"와 같은 추가 정보를 얻을 수 없다.

교통사고 기사는 현장에 기자를 파견해야 하는 까닭에 품이 많이 드는 기사이다. 이와 함께 차량 통행이 과거와는 비교할 수 없을 정도로 증가함에 따라 사고 또한 빈번하게 발생하면서 교통사고의 뉴스 가치는 과거에 비해 상당히 낮아졌다. 그리하여 대규모 인명 피해나 다량의 연쇄 충돌 사고가 아니라면 교통사고 기사는 예전처럼 곧잘 보도되지 않는다. 오히려 최근에는 주차 면적을 여럿 차지함으로써 이웃에 민폐를 끼치는 이른바 '황제 주차'나 자신에게 불쾌한 행동을 했다고 여겨 상대방을 공격적으로 위협하는 '보복 주행' 같은 행위들이 사회적으로 더 큰 주목을 끌고 있다.

일반적으로 교통사고 기사는 언론사들의 언론사인 통신사에서 가장 빨리 취재해 '전재'(轉載) 계약을 맺은 수많은 신문사와 방송사, 인터넷 언론사 등에 전송한다. '전재'란 A 언론사의 기사를 B 언론사가 그대로 싣는 것을 의미하며 이 경우, B 언론사는 A 언론사에 전재료를 지불해야 한다. 전재 계약은 통신사와 언론사 간에 맺어지며 우리나라의 통신사로는 국가기간 통신사인 '연합뉴스'를 비롯해, 사기업인 '뉴시스'와 '뉴스 1' 등이 있다. 그런 까닭에 기자 수가 적은 중소 규모의 언론사에서는 통신사를 통해 교통사고 소식을 접하고 통신사의 이름으로 뉴스를 내보내거나 사안이 중대하다고 판단할 경우, 자체적으로 경찰 기자를 현장에 파견해 추가 취재에 나선다.

기사 가치가 낮아졌다고는 하지만, 사회부의 사건팀 기자가 교통사고 기사 작성 능력을 소홀히 해서는 안 된다. 대형교통 사고가 자신의 관할 구역에서 터지면 이를 취재하고 기사화하는 것은 본인의 몫이기 때문이다. 그럼, 이제부터 교통사고 기사에 대한 연습해 보기로 하자.

II

교통사고 기사는 충돌, 추돌, 연쇄 추돌, 음주운전, 역주행, 뺑소니, 급발진, 전복 등 그 종류가 대단히 다양하다. 하지만, 언론에 자주 보도되는 교통사고의 유형은 대부분 차량 간의 충돌이나 추돌에 관한 것이다.

차량 간의 교통사고 기사는 크게 사망이 연루된 기사와 인명 피해는 있지만 사망이 발생하지 않은 기사로 나눠볼 수 있다. 더불어 앞서 언급한 대로 차량 간의 교통사고 유형을 다시 거칠게 분류하자면 충돌과 추돌, 그리고 연쇄 추돌로 구분할 수 있다(표 5). 참고로 충돌은 서로 다른 방향으로 진행하던 두 물체가 정면으로 부딪친 것을 의미하며 추돌 사고는 앞서 달리거나 차량을 뒤에서 들이받는 사고를, 연쇄 추돌은 추돌이 연속해서 계속 발생했다는 것을 뜻한다. 하지만 언론사에서는 충돌과 추돌을 명확하게 구분해 사용하기보다는 정지해 있는 물체나 차량에 부딪친 경우에는 충돌로, 서로 같은 방향으로 진행하다가 부딪친 경우에는 추돌로 표현하는 경향이 강하다. 그럼, 이 장(章)에서는 비사망 추돌 교통사고와 사망 추돌 교통사고, 그리고 비사망 연쇄 추돌 교통사고의 세 종류에 대한 기사를 작성해 보도록 하겠다.

표 5 교통 사고 분류 예시

종류	유형
비사망 기사	충돌
	추돌
	연쇄 추돌
사망 기사	충돌
	추돌
	연쇄 추돌

1) 비사망 추돌 교통 사고

비사망 추돌 교통사고가 언론의 주목을 받는 경우는 흔하지 않다. 안타까운 일이지만 언론에서는 사람이 죽지 않는 이상, 웬만해선 카메라를 들이대지 않는다. 비사망 추돌 교통사고가 언론의 주목을 끌 수 있는 것은 화제성을 동반했을 때이다. 사고 내용에 사람들의 이목을 충분히 끌 만한 여지가 있는 경우가 이에 속한다. 예를 들면, 차량을 몬 운전자가 유명 연예인이거나 공인(公人), 또는 고위 공직자일 경우, 언론에서는 이를 기사화할 가능성이 높다. 또, 앞서 언급한 바와 같이 고가의 자동차가 가로수나 신호등에 충돌할 경우도 높은 뉴스 가치를 지닐 수 있다.

SNS와 인터넷 커뮤니티를 열심히 검색하는 수많은 언론사 기자들은 바로 이러한 종류의 사고 기사에서 특종을 낚고자-또는 낙종을 피하고자-오늘도 눈을 치켜뜨며 사이버 공간을 샅샅이 뒤진다. 인터넷 시대 이전에는 경찰서 경비교통과를 부지런히 돌아다니며 교통 경찰관들에게 눈인사를 건네는 것이 매우 중요했다. 교통사고 일지만 보아서는 알 수 없는 특종들을 담당 경찰이 귀띔해 준 덕분에 낚을 수 있었기 때문이다. 이는 해당 경찰서에서 사고에 연루된 유명 연예인이나 공인, 고위 공직자를 감싸거나 사실을 명확히 알려주지 않는 상황에서 자주 발생하곤 했다. 더불어 교통사고에 연루된 당사자가 예명을 쓰는 연예인인데 교통사고 일지에는 본명을 기록하는 바람에 경찰서 취재 기자가 알아차리지 못하는 경우도 종종 있었다. 하지만 교통 경찰관들과 평소에 돈독한 인간관계를 쌓았다면 그들 중 누군가로부터 해당 사고에 대한 제보를 받아 단독으로 특종을 보도할 수 있었다. 물론, 호랑이 담배 피우던 시절의 이야기이다.

그럼, 이제부터 교통사고 기사를 작성해 보도록 하자. 다음은 첫 번째 예문이며 여기에서 제시된 대중교통 수단들은 실제로 존재하지 않는 것들이다. 교통사고 일지에 해당하는 다음 정보들을 읽고 이를 토대로 네 문장짜리 기사로 작성해 보도록 하자.

교통사고 일지 1

언제: 오늘(13일) 오전 8시 40분
어디서: 서울 관악구 봉천 7동 남부순환도로 낙성대 사거리
방향: 지하철 2호선 서울대입구역에서 사당역 방향
무엇이: 4218번(한국 운수) 버스가 신호대기 중이던 23-1번(새나라 교통) 버스와 추돌함.
인적 피해: 4218번 버스 운전자 염모[1](65)씨와 승객 이모(80)씨 중상
          4218번 나머지 승객 20명 중 11명 경상
          23-1번 버스 승객 15명 중 5명 중상, 3명은 경상
관할(관악) 경찰서:
    1) 4218번과 23-1번 버스의 블랙박스를 확보했으며 두 차량의 영상을 분석 중임.
    2) 양쪽 버스에 타고 있던 승객들 및 사고 현장에 있던 목격자들을 대상으로 진술을 들으며 정확한 사고 경위를 조사하고 있음.
재산 피해: 4218번 버스와 23-1 버스 모두 폐차될 정도로 크게 부서져 각각 1억원씩 총 2억원가량의 물적 피해가 발생함.
사고 당시의 상황: 출근길이라 차량들이 매우 많았음. 커다란 혼잡이 빚어지며 심한 교통 정체가 발생함. 해당 지역 사거리는 3개 차선 가운데 2개 차선에서 1시간 동안 사고를 정리함. 이 여파로 남부순환도로가 지하철 2호선 신림역에서부터 낙성대까지 약 2시간 동안 극심한 교통 정체 현상을 빚음.

먼저, 가장 중요한 리드(첫 문장) 작성이다. 앞서 연습한 대로, 교통사고 기사를 작성하는 기자는 역삼각형 기사 작성 양식을 통해 사건의 개요를 가장 먼저 설명해야 한다. 물론, 교통사고 기사에서의 사건 개요는 당연히 교통사고가 발생했다는 것이다. 그리하여 리드에서는 1) 언제 2) 어디에서 3) 어떤 종류의 교통사고가 발생했다는 정보를 독자와 시청자들에게 알려주어야 한다.

리드 기사를 작성할 때 유념해야 할 두 번째 사항은 내용을 짧게 써야 한다는 것이다. 이는 리드 기사가 정보를 지나치게 많이 담는 바람에 분량이

---

[1] 국문법에 따르면 '염모씨'의 띄어쓰기는 '염 모 씨'가 되어야 한다. 하지만, 언론사에는 관행적으로 각 단어 사이에 띄어쓰기 없이 모두 붙여서 '염모씨'라고 쓴다. 이와 함께 나이 정보를 괄호 안에 넣은 뒤, '염모'와 '씨' 사이에 삽입한다.

많아지면 독자들이 사건의 개요를 파악하는 데 어려움을 겪을 수 있기 때문이다. 그런 의미에서 필자는 수업을 통해 학생들에게 끊임없이 "짧은 리드가 최고의 리드"라고 강조하고 있다.

그럼, 다음에는 일반적으로 가장 많은 사용되는 두 가지 형태의 역삼각형 기사 양식을 통해 교통사고 기사를 한 문장씩 순서대로 작성해 보도록 하자.

A타입 기사의 1번 문장:
서울에서 시내버스가 신호대기 중이던 또 다른 시내버스를 들이받아 21명이 중경상을 입는 사고가 발생했다.

A타입 교통사고 기사의 리드에서 전달하고자 하는 가장 중요한 사실은 1) 어떤 종류의 교통사고가 일어나 2) 얼마만큼의 인명 피해가 발생했는가에 관한 것이다. A타입의 경우에는 정확한 시기를 알려주지 않은 채 간단한 장소 소개와 함께, 교통사고의 유형 및 인명 피해의 규모를 기술하는 데 중점을 두고 있다.

교통사고 기사의 리드를 작성함에 있어 장소가 시기보다 중요한 이유는 가장 최신의 사건, 사고를 전달하는 것이 뉴스이기에 굳이 리드에서부터 시간을 알려줄 필요성이 높지 않기 때문이다. 어차피 24시간 이내에 벌어진 일을 보도하는 것이 사건 뉴스이기에 이와 관련된 설명은 리드가 아닌 두 번째 문장이나 세 번째 문장에서 충분히 설명할 수 있다는 것이다. 해서, A타입의 사건, 사고 기사에서는 리드 문장에서 시간에 대한 정보를 생략한 채 어디에서 어떤 종류의 사고가 일어났는지를 수용자들에게 간략하게 전달하는 것이 요령이다. 물론, 언론에 따라, 또 기자의 성향에 따라서는 사건 발생의 장소에 대한 정보 제공조차 생략하는 경우도 종종 있다. 다음의 예를 보자.

시내버스가 신호대기 중이던 또 다른 시내버스를 들이받아 21명이 중경상을 입는 사고가 발생했다.

이러한 예는 도시를 중심으로 한 소규모 지역 신문이나 소규모 지역 방송이 해당 지역 내의 뉴스를 전달할 때 자주 사용하는 리드이다. 어차피 소규모 지역 신문이나 소규모 지역 방송이 보도하는 사건 기사는 대부분 국지적인 영역에서 발생한 것이기에 굳이 리드에서 도시에 관한 지역명을 동원할 필요가 없다는 것이다. 하지만, 수도권이나 중부권, 영·호남권 같이 넓은 지역을 뉴스 제공 대상으로 삼고 있는 매체에서는 도시 명 정도의 사건 발생 장소를 제공하는 것이 필요하다.

이번에는 B타입의 교통사고 기사 리드를 보도록 하자.

B타입 기사의 1번 문장:
<u>13일 오전 8시 40분쯤 서울 관악구 봉천7동 남부순환도로 사거리에서 시내버스가 신호대기 중이던 또 다른 시내버스를 들이받는 사고가 발생했다.</u>

B타입 교통사고 기사의 경우는 A타입 기사의 리드와 달리 1) '언제' 2) '어디에서'에 관한 정보가 상세하게 제공되고 있다. 이와 함께 같은 문장 안에는 3) 사고의 종류와 개요도 포함돼 있다. 하지만 A타입 교통사고 기사의 리드와 달리, B타입의 교통사고 기사 리드에서는 인명 피해에 대한 기술이 생략돼 있다. 참고로, 시간을 표시할 때는 분(分) 뒤에 언론사에 따라 '쯤,'

'께,' '경' 등과 같이 당사(當社)의 고유 양식에 따른 접미사를 사용한다. 그런 의미에서 언론사별로 어떤 종류의 접미사를 분(分) 뒤에 사용하는지 미리 알아 놓는 것도 요령이다.

한편, 기자 지망생이나 수습 기자가 피해야 할 리드 기사에는 어떤 것이 있을까? 다음의 C타입형 교통사고 기사 리드를 살펴보도록 하자.

C타입 교통사고 기사의 1번 문장:
<u>정차한 시내버스를 뒤에서 또 다른 시내버스가 들이받아 2억원 가량의 물적 피해가 발생하였다.</u>

스트레이트 뉴스 기사 작성법을 20년 이상 가르쳐 온 필자는 수업을 통해 위와 같은 형식으로 교통사고 기사 리드를 작성하는 예를 흔히 접하곤 한다. 앞서 설명한 대로, A타입의 경우에는 리드를 작성함에 있어 가장 중요한 요소로 1) 사고의 <u>종류</u>와 2) <u>인명 피해</u>에 관한 사실을 전달한다. 따라서 사고의 종류를 알림에 있어 C타입의 교통사고 기사는 별 문제가 없지만, 인명 피해 부문에서는 상당한 문제점을 안고 있다. 이유는 간단하다. 인명 피해가 아닌 물적 피해만 언급하고 있기 때문이다.

위의 예에서는 뉴스 작성자가 교통사고 일지를 읽은 후, '아 다행히 사망자는 없었구나'라고 판단한 다음, '그렇다면 부상자에 대한 정보는 그다지 중요하지 않을 테니 독자와 시청자들에게 재산상의 피해만 알려주면 되겠구나'라고 생각했을 수도 있다. 그렇지만 중요한 사실은 취재 기자만 교통사고와 관련된 전반적인 상황을 파악하고 있을 뿐, 아직 독자와 시청자들은 교통사고에서 사망자가 발생하지 않았다는 사실조차 알지 못하고 있다는 것이다. 그런 까닭에 C타입의 리드를 접한 독자와 시청자들은 '아니, 사망자나 부상자 이야기는 쏙 빼고 왜 물적 피해만 언급하지?'라고 생각하며 '혹시 죽거나 다친 사람은 없나?'라고 궁금해할 수 있다. 사건 기사는 독자와 시청자들이 유추하도록 여지를 남겨두기보다 독자와 시청자들이 유추 없이 뉴스를 확실하게 이해할 수 있도록 작성하는 것이 중요하다. 그것이 독자와 시청자들에 대한 배려이다.

덧붙이자면, C타입의 교통사고 기사 리드에서 지적할 수 있는 또 하나의 문제점은 문장의 앞머리에 주어가 아닌 목적어가 먼저 등장하고 있다는 것이다. 주지하다시피 한국어에서의 일반적인 문장 전개 방식은 주어, 목적어, 술어의 순이기에 문장 첫머리에 목적어가 가장 먼저 나오면 독자와 시청자들은 머릿속으로 주어와 목적어, 술어 관계를 다시 정리하느라 혼란을 겪을 수 있다. 그런 까닭에 주어, 목적어, 술어의 어순(語順)에 따라 글을 써야 독자와 시청자들이 사건 개요를 쉽고 빠르게 인지할 수 있다.

한편, 학생들의 교통사고 기사를 지도할 때 종종 "시내버스끼리 부딪혀 21명이 중경상을 입는 사고가 발생했다"라는 리드를 만나기도 한다. 이러한 리드는 쌍방 과실에 따라 교통사고가 발생했다는 암시를 내포하고 있어 '오보'의 가능성마저 지니고 있다 하겠다. 앞서 예로 제시한 교통사고 일지에 따르면 이번 사건은 가해 차량이 피해 차량을 들이받으면서 일어난 추돌이기에 자칫 쌍방 과실로 오해될 수 있는 인과 관계를 처음부터 똑바로 밝혀 기사를 작성해야 한다.

마지막으로 간결하고 힘 있는 사건 기사를 작성하기 위해 동사는 줄임말을 쓰는 것이 바람직하다. "교통사고가 발생하였다"라고 쓰기보다 "교통사고가 발생했다"라고 축약적으로 써야 글에 힘이 실리면서 문장이 더욱 전문성을 띤다는 것이다. 이는 모든 언론사의 기사 작성에 공통적으로 적용되는 보편률이다. 그럼, 다음에는 A타입과 B타입 기사의 두 번째 문장에 대해 알아보도록 하자.

A타입 기사의 2번 문장:
서울에서 시내버스가 신호대기 중이던 또 다른 시내버스를 들이받아 21명이 중경상을 입는 사고가 발생했다.
<u>13일 오전 8시 40분쯤 서울 관악구 봉천7동 남부순환도로 사거리에서 4218번(한국 운수) 버스가 신호대기 중이던 23-1번(새나라 교통) 버스와 부딪쳤다.</u>

A타입 기사의 리드에서는 도시명으로서의 사고 위치만 알려준 후, 곧바로 교통사고의 유형과 함께 인명 피해에 대해 기술했다. 이에 따라 A타입의 기사에서는 리드의 앞부분을 두 번째 문장에 상세히 기술해야 한다. 다시 말해 '언제,' '어디에서,' '어떤 종류'의 교통사고가 발생했는지 더욱 상세히 설명해야 한다는 것이다. 그렇게 볼 때 "**서울에서 시내버스가 신호대기 중이던 또 다른 시내버스를 들이받아** 21명이 중경상을 입는 사고가 발생했다"는 리드 기사의 정보를 두 개로 나누면, 앞쪽의 굵은 글씨 부분을 두 번째 문장에서 자세히 기술하는 것이 A타입 기사를 작성하는 요령이 된다. 이 때문에 두 번째 문장은 시간을 '13일 오전 8시 40분쯤'으로 더욱 자세히 특정한 후, 장소 또한 '서울 관악구 봉천 7동 남부순환도로 사거리'라고 상세하게 알린 다음에 '몇 번 버스'가 '어떻게 하고 있던 몇 번 버스를 들이받았다'는 사고 정황을 구체적으로 기술해야 한다.

한편, 두 번째 문장에서는 문단 들여쓰기를 통해 단락을 구분짓고 있는데, 이는 두 번째 문장이 새로운 장면 전환을 의미하는 '시퀀스'(sequence)[2]에 해당하기 때문이다. 첫 번째 문장이 아나운서가 전달하는 머리말이라고 비유한다면 두 번째 문장은 현장 화면이 본격적으로 소개되는 전환의 시작이기에 이를 시각적으로 표현할 수 있도록 문단 들여쓰기를 시행한다는 것이다. 이는 라디오와 같은 오디오 매체에서 뉴스를 전달할 경우, 잠깐의 숨 고르기로 시청자와 청취자들에게 장면이 전환되었음을 알리는 행위와 동일하다 하겠다.

그럼, 이번에는 B타입 기사의 두 번째 문장 작성 요령을 살펴보도록 하자.

B타입 기사의 2번 문장:
13일 오전 8시 40분쯤 서울 관악구 봉천7동 남부순환도로 사거리에서 시내버스가 신호대기 중이던 또 다른 시내버스를 들이받는 사고가 발생했다. <u>이로 인해 사고를 일으킨 버스의 운전사를 포함해 두 대의 시내버스에 타고 있던 21명이 중경상을 입었다.</u>

B타입 기사는 리드에서 시간과 장소를 구체적으로 설명했으며 교통사고의 유형까지 전달했지만, 가장 중요한 사실인 인명 피해에 대해서는 미처 언급하지 못했다. 따라서 역삼각형 기사 작성 양식에 따라 두 번째 문장에서는 앞의 문장을 이어받아 '반드시' 인명 피해에 대한 기술을 동반해야 한다. 만일 B타입의 기사에서 두 번째 문장에 인명 피해를 적시(適時)하지 않는다면

---

2 책의 장(章)에 해당하는 영상 용어.

앞서 보여준 잘못된 예로서의 C타입의 기사와 하등 다를 것이 없게 된다. B타입 기사의 작성 요령은 첫 번째 문장인 리드에서 시간, 장소 및 사건의 개요에 대해, 두 번째 문장에서는 인명 피해에 대해 기술하는 것이다.

한 가지 더 언급하자면, 중경상을 입은 사람들이 모두 21명이지만 이 가운데에는 가해 차량의 운전사도 포함돼 있기에 필자는 버스 운전사가 다친 사실도 기사 가치가 있다고 보고, "사고를 일으킨 버스의 운전사를 포함해 두 대의 시내버스에 타고 있던 21명이 중경상을 입었다"고 기술했다. 만일, 가해 차량의 버스 운전사가 다친 사실을 그다지 중요하게 여기지 않는다면 해당 문장은 "이 사고로 두 대의 시내버스에서 모두 21명이 중경상을 입었다"와 같이 표현될 것이다. 하지만 이럴 경우, 시청자나 독자에 따라서는 '아니 왜 운전사의 부상에 대한 뉴스는 없지? 가만히 정차해 있던 차를 들이받아서 21명이나 다치게 했는데 가해 차량의 운전사는 멀쩡한가보네?'라고 생각하며 운전사의 안위에 대해 부정적인 방향으로 인식할 수도 있을 것이다. 그런 까닭에 시청자와 독자들의 궁금증을 해소하기 위해서라도 이러한 정보를 제공하는 것은 무척 중요하다. 더불어서 운전자가 전혀 다치지 않았다 하더라도 이 역시 상당히 중요한 뉴스 가치를 지닌다. 해서, 그럴 경우에는 기사 말미에서 "교통사고를 낸 운전자는 다치지 않은 것으로 전해졌다"라는 정보를 제공함으로써 시청자와 독자들로 하여금, '저런, 자기는 안 다치고 다른 사람들에게만 피해를 입혔네'라는 정서적 반응을 유도할 수도 있다. 하지만 여기에서 고려해야 할 사실은 시청자와 독자들의 부정적인 반응을 유도하는 것이라기보다 시청자와 독자들이 궁금해하는 정보를 마땅히 제공해야 한다는 점이다. 그런 이유로 해서 상당히 큰 교통사고가 발생한 경우에는 교통사고를 유발한 운전자의 부상 유무를 전달하는 것이 매우 중요하다.

한편, A타입의 리드 기사에서 버스 운전자의 부상 유무까지 밝히지 않은 까닭은 그렇게 될 경우, 리드의 길이가 상당히 길어져 독자와 시청자들의 몰입을 방해할 수 있기 때문이다. 예를 들어 다음을 보도록 하자.

<u>서울에서 시내버스가 신호대기 중이던 또 다른 시내버스를 들이받아 사고를 낸 버스의 운전자를 포함해</u> 모두 21명이 중경상을 입는 사고가 발생했다.

물론, 이렇게 기술해도 잘못된 것은 아니다. 하지만 앞서 설명한 바와 같이, 뉴스의 리드 문장은 간결할수록 독자와 시청자들의 이해도가 높아지기에 기자들은 리드 문장에서 한 글자라도 줄이고자 무척 애를 쓴다. 한편 B타입의 기사에서는 A타입 기사의 리드 문장을 두 개로 나눠 제공하므로 A타입 기사에 비해 상대적으로 두 번째 문장에서 표현할 수 있는 정보의 양이 A타입의 리드 기사에 비해 다소 많아져도 괜찮다.

그럼, 세 번째 문장에 대해 알아보도록 하자.

A타입 기사의 3번 문장:
서울에서 시내버스가 신호대기 중이던 또 다른 시내버스를 들이받아 21명이 중경상을 입는 사고가 발생했다.
13일 오전 8시 40분쯤 서울 관악구 봉천7동 남부순환도로 사거리에서 4218번(한국 운수) 버스가 신호대기 중이던 23-1번(새나라 교통) 버스와 부딪쳤다. <u>이로 인해 사고를 낸 4218번 버스의 운전사 염모(65)씨를 포함해 두 버스에 타고 있던 7명이 중상, 14명이 경상을 입어 모두 21명이 중경상을 입었다.</u>

리드의 앞부분을 두 번째 문장에서 상세하게 기술했던 까닭에, 세 번째 문장에서는 리드인 "서울에서 시내버스가 신호대기 중이던 또 다른 시내버스를 들이받아 **21명이 중경상을 입는 사고가 발생했다**"의 뒷부분에 해당하는 정보(굵은 글씨)를 보다 자세히 기술해야 한다. 여기에서도 중요한 사실은 중상자와 경상자가 모두 합쳐 21명이라는 사실을 반드시 제공해야 한다는 것이다. 그래야 숫자를 내세워 "시내버스 간 교통사고로 21명 중경상"이란 제목을 달 수 있다. 잊지 말자. 언론은 숫자에 대단히 민감하다는 사실을. 아니 정확히 말해서 독자이자 시청자인 우리들이 숫자에 민감하다는 사실을.

기자에 따라서는 세 번째 문장을 자세히 쓰는 과정에서 다친 사람 가운데 한 명의 이름을 앞세운 후, 중경상자의 피해 규모를 나열하기도 한다. 이에 따라 뉴스 가치가 가장 높다고 생각되는 사고 차량 운전자인 "염모(65)씨를 포함해"와 같은 방식으로 기사를 작성하기도 한다.

한편, 학생들의 교통사고 기사 작성을 첨삭하노라면 A타입 기사의 아래와 같은 세 번째 문장을 만나기도 한다.

서울에서 시내버스가 신호대기 중이던 또 다른 시내버스를 들이받아 21명이 중경상을 입는 사고가 발생했다.

13일 오전 8시 40분쯤 서울 관악구 봉천7동 남부순환도로 사거리에서 4218번(한국 운수) 버스가 신호대기 중이던 23-1번(새나라 교통) 버스와 부딪쳤다. 이로 인해 사고를 낸 4218번 버스의 운전사 염모(65)씨와 승객 이모(80)씨가 중상을 입었으며 4218번 승객 20명 중 11명이 경상, 23-1번 버스 승객 15명 중 5명이 중상, 3명은 경상 등 모두 21명이 중경상을 입었다.

설명을 덧붙이자면 이 글은 교통사고 일지를 그대로 베껴 쓴 것으로서 무엇보다 문장이 대단히 길다. 더불어서 독자와 시청자들은 이 정도로까지 세세하게 알 필요도 없고, 또 알려고 하지도 않기에 교통사고 작성 기자는 "양쪽 버스에서 중상(자) 몇 명, 경상(자) 몇 명 등 모두 몇 명의 중경상자가 발생했다"와 같은 정도로 기술하는 것이 바람직하다.

그럼, 이번에는 B타입 기사의 세 번째 문장을 살펴보도록 하자.

B타입 기사의 3번 문장:
13일 오전 8시 40분쯤 서울 관악구 봉천7동 남부순환도로 사거리에서 시내버스가 신호대기 중이던 또 다른 시내버스를 들이받는 사고가 발생했다. 이로 인해 사고를 일으킨 버스의 운전사를 포함해 두 대의 시내버스에 타고 있던 21명이 중경상을 입었다.

<u>(이날) 사고는 지하철 2호선 서울대입구역에서 사당역 방향으로 향하던 4218번(한국 운수) 버스가 신호대기 중이던 23-1번(새나라 교통) 버스와 부딪히며 발생했다.</u>

B타입의 교통사고 기사는 이미 리드와 두 번째 문장을 통해 대략적인 사고의 경위를 설명했다. 그렇다면 세 번째 문장은 다시 리드를 좀 더 자세히 설명하는 내러티브로 진행되는 것이 가장 무난하다. 이 같은 경우는 네 번째 문장 작성 시에도 똑같이 적용돼 네 번째 문장은 B타입 기사의 두 번째 문장을 자세히 작성해 주는 것으로 마무리된다. 한편 A타입 기사의 리드에 해당하는 문장들이 B타입 기사에서는 첫 번째와 두 번째 문장이기에 세 번째 문장에서부터는 장면이 전환된다고 보고 역시, 문단 들여쓰기를 통해 장면 전

환을 시도해 보았다. 하지만, B타입 기사의 경우에는 언론사에 따라 세 번째 문장에서 문단 들여쓰기를 시행하지 않는 곳도 있다.

드디어 마지막인 네 번째 문장 작성이다. A타입의 기사는 어떻게 마무리 되는지 보도록 하자.

A타입 기사의 4번 문장:
서울에서 시내버스가 신호대기 중이던 또 다른 시내버스를 들이받아 21명이 중경상을 입는 사고가 발생했다.

13일 오전 8시 40분쯤 서울 관악구 봉천7동 남부순환도로 사거리에서 4218번(한국 운수) 버스가 신호대기 중이던 23-1번(새나라 교통) 버스와 부딪쳤다. 이로 인해 사고를 낸 4218번 버스의 운전사 염모(65)씨를 포함해 두 버스에 타고 있던 7명이 중상, 14명이 경상을 입어 모두 21명이 중경상을 입었다. <u>경찰은 사고를 낸 4218번 버스의 블랙박스를 확보해 영상을 분석 중이며 승객 및 목격자들을 대상으로 정확한 사고 경위를 조사하고 있다.</u>

앞서 설명한 대로 역삼각형 기사에서 마지막 문장은 가장 덜 중요한 사실을 배치하는 것이며 대개는 사고 이후의 경찰 조사 현황을 전한다. 이에 A타입 기사에서는 경찰이 사고 이후에 어떻게 대응했는지에 대한 내용을 첨부했다.

그럼, 이번에는 B타입 기사의 마지막 문장을 보도록 하자.

B타입 기사의 4번 문장:
13일 오전 8시 40분쯤 서울 관악구 봉천7동 남부순환도로 사거리에서 시내버스가 신호대기 중이던 또 다른 시내버스를 들이받는 사고가 발생했다. 이로 인해 사고를 일으킨 버스의 운전사를 포함해 두 대의 시내버스에 타고 있던 21명이 중경상을 입었다.

 사고는 지하철 2호선 서울대입구역에서 사당역 방향으로 향하던 4218번(한국 운수) 버스가 신호대기 중이던 23-1번(새나라 교통) 버스와 부딪히며 발생했다. <u>이로 인해 사고를 낸 4218번 버스의 운전사 염모(65)씨를 포함해 두 버스에 타고 있던 4명이 중상, 17명이 경상을 입어 모두 21명이 중경상을 입었다.</u>

 B타입의 기사는 A타입의 기사가 리드에 제시했던 정보를 첫 번째 문장과 두 번째 문장에 걸쳐 작성했던 까닭에 세 번째, 네 번째 문장은 B타입 기사의 첫 번째, 두 번째 문장을 각각 상세히 써 주는 것이 바람직하다. 그런 의미에서 볼 때, B타입의 기사는 A타입의 기사와 달리, 경찰 조사에 관한 부가 정보가 들어갈 공간이 없다. 이 때문에 필자는 수업을 통해 가급적 A타입의 기사 작성 방식을 따르라고 권유하고 있다. 무엇보다 사고 유형과 함께 인명 피해 여부까지 넣을 수 있어 B타입의 기사에 비해 상대적으로 정보 전달력이 높은 데다 마지막에는 경찰에 관한 정보까지 첨가할 수 있기 때문이다.

 참고로, 5개의 문장으로 구성된 A타입 교통사고 기사에서는 교통 정체 상황에 대해 기술하는 것으로 끝을 맺곤 한다. 그리하여 마지막은 다음과 같은 전형적인 문장으로 마무리를 짓는다.

A타입 기사의 5번 문장:
서울에서 시내버스가 신호대기 중이던 또 다른 시내버스를 들이받아 21

명이 중경상을 입는 사고가 발생했다.

　13일 오전 8시 40분쯤 서울 관악구 봉천7동 남부순환도로 사거리에서 4218번(한국 운수) 버스가 신호대기 중이던 23-1번(새나라 교통) 버스와 부딪쳤다. 이로 인해 사고를 낸 4218번 버스의 운전사 염모(65)씨를 포함해 두 버스에 타고 있던 7명이 중상, 14명이 경상을 입어 모두 21명이 중경상을 입었다. 경찰은 사고를 낸 4218번 버스의 블랙박스를 확보해 영상을 분석 중이며 승객 및 목격자들을 대상으로 정확한 사고 경위를 조사하고 있다. <u>한편, 이날의 교통사고가 출근 시간대에 발생한 까닭에 남부순환도로가 신림역에서부터 낙성대역까지 약 2시간 동안 극심한 교통 정체를 빚었다.</u>

　B타입으로 교통사고 기사를 5문장 작성한다면, A타입 기사의 네 번째 문장인 경찰 조사 상황을 5번째 문장으로 활용하면 되고, 6문장으로 작성한다면 A타입 기사의 5번째 문장인 교통 정체 상황을 마지막에 설명하면 된다.

III

　그럼, 앞서 연습한 것과 마찬가지로 이번에는 사망이 연루된 교통사고를 5문장으로 구성된 A타입과 B타입 기사로 작성해 보도록 하겠다. 다음은 교통사고 일지이다.

교통사고 일지 2

언제: 오늘(5일) 오전 2시 10분쯤
어디에서: 서울 마포대교 위
위치: 마포역에서 여의도 방향 1차선 도로
무엇이: 현대 자동차 검은색 그랜저 승용차(운전자 정민국·33·회사원)
누구를: 마포대교를 무단횡단하던 김길남(무직·42), 이팔정(무직·41), 박정복(무직·38)씨
어떻게: 차로 치어 모두 현장에서 사망케 함.
사고 차량: 그랜저는 세 명을 친 뒤 왼쪽으로 쏠리면서 교각 가드레일을 들이받고 멈춤. 운전자는 의식을 잃고 여의도 성모병원에서 중환자실에 입원 중임.
재산 피해: 그랜저는 앞부분이 크게 부서져 약 2,000만원 상당의 수리비가 들 것으로 예상됨. 마포대교의 가드레일도 크게 부서져 1,000만원 상당의 복구 비용이 예상됨.
관할(마포) 경찰서:
    1) 사망자들의 시신은 현재 여의도 성모병원 장례식장에 안치돼 있음.
    2) 심야 시간대로 사건을 목격한 목격자를 찾지 못해 정확한 상황 청취에 어려움을 겪고 있는 중임.
    3) 중환자실에 입원한 정민국씨가 깨어나는 대로 무슨 일이 일어났었는지를 조사할 예정임.
    4) 마포대교 위에 사고 관련 소식에 대한 제보를 받기 위한 플래카드를 설치할 것을 고려 중임.
    5) 사망자들과 사고 운전자의 혈중 알콜 농도를 분석 중임.
    6) 지나가던 차량의 신고를 받고 현장에 출동해 시신들을 수습하고 그랜저 차량의 블랙박스를 확보했으며 현재 영상을 분석 중임.

먼저 A타입의 교통사고 기사 리드이다.

A타입 기사의 1번 문장:
<u>한밤중에 서울 마포대교를 무단으로 횡단하던 보행자 세 명이 차에 치여 모두 사망했다.</u>

A타입 교통사고 기사의 리드에서 전달해야 할 가장 중요한 사실은 1) 어떤 종류의 사고이며 2) 인명 피해는 얼마인지를 알려주는 것이다. 하지만 앞서 연습했던 예와 다른 점은 이번 사고의 경우, 사건 발생 시간이 지니는 뉴스 가치가 매우 높다는 점이다. 실제로 교통사고는 대부분 낮에 일어나기에

밤에 일어나는 교통사고는 흔치 않으며 보행자가 밤에 치이는 사고는 좀처럼 발생하지 않는다. 이와 함께 무단횡단에 따른 교통사고였기에 밤중에 건널목도 없는 한강의 대교를 건넌다는 것은 더욱 높은 뉴스 가치를 지닌다고 할 수 있다. 그런 점에서 볼 때, 이 교통사고에서는 "한밤중"이라는 단어가 가장 먼저 제공되는 것이 바람직하다 하겠다.

한편, 비사망 교통사고의 예에서 연습했듯이 인명 피해를 기술하기에 앞서, 어떤 종류의 사고인지 간략하게 개요를 설명해야 하는 까닭에, "마포대교를 무단으로 횡단하던"이라는 표현을 넣어주어야 한다. 만일 '무단으로'라는 단어를 생략한다면 리드 기사만 듣거나 읽고서는 사고 차량이 건널목을 건너던 사람들을 치었다는 오해를 불러 일으킬 수 있기에 주의해야 한다.

또 하나의 중요한 사실은 '서울'이라는 단어가 마포대교 앞에 반드시 들어가야 한다는 것이다. 만일, 서울 지역에서만 발행되거나 방송되는 신문과 방송이라면 아무 문제가 없겠지만 일반적으로는 수도권 또는 전국을 대상으로 신문과 방송의 뉴스 보도가 이뤄지기에 '마포대교'라고만 하면, 이 다리 이름과 그 소재에 익숙하지 않은 독자와 시청자들이 존재할 수도 있다. 또, 서울 중심적인 기술 방식도 뉴스 수용자들로부터 비판을 받을 수 있기에 대교가 소재해 있는 도시명을 알려주는 것이 좋다.

한편, '무직자'라는 사실에 기사 가치를 두고 '보행자'라는 낱말 대신, '무직자'라는 단어를 리드에 집어넣는 것도 고려해 볼 수 있지만, 이는 자칫 무직자들에 대한 편견을 불러일으킬 우려가 있으므로 리드에서부터 해당 낱말을 동원하는 것은 그다지 권장하지는 않는다. 그렇다면 보행자 세 명이 모두 무직자라는 사실은 어떻게 전달해야 할까? 이는 후속 문장을 통해 이들의 인적 정보를 간략하게 전달하는 과정에서 "김모(42·무직), 이모(41·무직), 박모(38·무직)씨"와 같은 양식으로 표현하는 것이 바람직하다. 명심할 것은 기자의 임무가 사건을 선정적으로 보도하는 것이 아니라 주관을 배제한 채, 신속하고 정확하게 전달해야 한다는 것이다. 그런 의미에서 사망자와 사망자 가족들에게 예상치 못한 2차 피해를 불러일으키는 것은 물론, 여타 무직자들에 대한 사회적 편견을 조장할 수 있는 단어의 사용은 신중에 신중을 기해야 한다.

마지막으로 누가 어떤 피해를 당했는지에 대한 기술은 A타입 교통사고 기사의 핵심을 이루고 있는 까닭에 리드의 뒷부분에 이를 적시해 주어야 한다. 덧붙이자면, "사망했다"라는 동사 앞에는 "모두"라는 단어가 반드시 들어가야 한다. 그렇지 않고 단순히 "보행자 세 명이 차에 치여 사망했다"라고 표현할 경우, '세 명이 차에 치였고 그 중 사망한 사람이 있는가 보다!'라고 독자와 시청자들이 생각할 수 있다. 만일, 세 명 가운데 한 명이 죽고 두 명이 다쳤다면 "보행자 세 명이 차에 치여 한 명은 사망하고 두 명은 크게 다쳤다"라는 방식으로 사망자와 부상자의 숫자에 대해 정확하게 기술해야 한다.

한편, 언론사나 기자의 성향 등에 따라 교통사고 가해자의 피해 상황까지 넣어주는 경우도 있다.

아래의 예를 보도록 하자.

한밤중에 서울 마포대교를 무단으로 횡단하던 보행자 세 명이 차에 치여 모두 사망하고 이들을 친 운전자는 중상을 입었다/입는 교통사고가 발생했다.

이러한 종류의 기사 리드도 나쁘진 않지만 문장의 길이가 길어지는 단점을 가지고 있어 앞의 리드에 비해 간결하지 않다는 느낌을 줄 수 있다. 그럼에도 이러한 뉴스는 주로 라디오에서 접할 수 있는데 이는 라디오 뉴스에서 보도해야 할 기사들이 많을 때, 아나운서가 사건 기사의 리드만 전달하고 뉴스 보도를 끝마치거나 다음 뉴스로 넘어가는 상황이 종종 발생하기 때문이다. 그럴 때는 사건에 연루된 인명 피해를 리드에서 다 보도해야 하기에 위와 같이 작성하는 것이 하나의 요령이다.

한편, 첫 번째 교통사고와 달리 두 번째 교통사고에서는 "승용차가 보행자 세 명을 치어 세 명 모두 사망했다'라고 리드를 작성하지 않고 있는데 이는 승용차가 가해 차량임에도 불구하고 무단횡단이 금지된 대교 위를 그것도 한밤중에 건넌 보행자들의 잘못이 매우 크기 때문이다. 이로 인해 "승용차가 한밤중에 서울 마포대교를 무단으로 횡단하던 보행자 세 명을 치어 모두 사망하는 사고가 발생했다"와 같이 기사를 작성하는 것은 잘못된 경우에 속한다. 교통사고 기사에는 가해자 또는 잘못한 대상이 주어로 등장해야 함을 명심하도록 하자.

그럼, 중간 정리를 위해 A타입의 교통사고 기사 리드에서 반드시 챙겨야 할 뉴스 정보들을 요약해 보자.

① 시간: 한밤중

② 소재지명: 서울 마포대교

③ 사고 유형: 무단횡단

④ 사망자: 보행자 세 명

이번에는 B타입의 리드 기사를 보도록 하자. 앞의 비사망 교통사고 기사에서 연습한 바와 마찬가지로 B타입 기사의 경우는 A타입 기사의 리드와 달리 1) '언제' 2) '어디에서'에 관한 기술이 '매우' 구체적으로 기록되어야 한다.

B타입 기사의 1번 문장:

<u>5일 오전 2시 10분쯤 서울 마포대교 여의도방면 1차선 도로 위를 무단으로 횡단하던 세 명의 보행자가 달려오던 승용차에 치이는 사고가 발생했다.</u>

이번에도 B타입 기사의 리드에서는 A타입 기사의 리드와 달리, 인명 피해에 대한 기술이 생략돼 있다. 한편 오전을 표현함에 있어 6시 이전은 새벽으로 표시하는 언론사도 있기에 해당 언론사에서 어떤 표현을 사용하는지 알아두는 것이 좋다. 이는 '낮,' '오후,' '밤,' '정오,' '자정' 등과 같은 경우에도 마찬가지이다.

덧붙여서 학생들의 리드 기사를 지도하다 보면 자동차 회사명(현대, 기아, 삼성르노, 쌍용 등)을 기사 안에 집어넣는 예를 종종 접하곤 한다. 하지만, 자동차 회사명과 브랜드 명(소나타, 그랜저, K5, K7 등)을 그대로 사용하게 되면 자동차 회사에 대한 간접적인 홍보가 될 수 있기에 주의를 기울여야 한다. 이와 관련해서는 방송사들이 뉴스에서 교통사고를 보도할 때, 자동차 회사명을 직접 언급하지 않는다는 사실을 떠올리면 될 것이다. 물론, 자동차의 색깔 또한 중요한 정보가 아니기에 생략하는 것이 옳다. 하지만 자동차 종류(승용차, 승합차, SUV, 트럭, 택시 등)는 경우에 따라 리드에서의 사용을 허용하기도 한다.

이번에는 두 번째 문장을 작성해 보도록 하자. 다음은 A타입의 기사이다.

A타입 기사의 2번 문장:
한밤중에 서울 마포대교를 무단으로 횡단하던 보행자 세 명이 차에 치여 모두 사망했다.

<u>5일 오전 2시 10분쯤 서울 마포대교 여의도 방면 1차선 도로 위를 무단으로 횡단하던 김모(42·무직), 이모(41·무직), 박모(38·무직)씨 등 세 명의 보행자가 달려오던 (그랜저) 승용차에 치이는 사고가 발생했다.</u>

A타입 기사의 리드에서는 대략적인 시간과 함께 간략한 사고 위치만 알려준 후, 교통사고의 유형과 인명 피해에 대해 기술했다. 이에 따라 A타입의 기사에서는 리드의 앞부분을 두 번째 문장에 상세히 기술해야 한다. '교통사고 일지 1'을 통해 연습한 것처럼 "**한밤중에 서울 마포대교를 무단으로 횡단하던 보행자 세 명이 차에 치여** 모두 사망했다"는 리드 기사의 정보를 두 개로 나눈 후, 앞의 굵은 글씨 부분을 두 번째 문장에서 자세히 기술하는 것이다.

리드를 두 부분으로 적절하게 나누는 요령은 리드에서 동사를 찾는 것이다. 굵은 글씨 가운데 처음으로 등장하는 동사는 "횡단하던"이지만 여기까지 끊을 경우에는 주어가 없기에 이 정보만으로 두 번째 글을 구성할 수 없게 된다. 따라서 주어를 동반한 동사 "치여"까지 끊어, A타입 기사의 두 번째 문장에서 상세히 다루면 된다. 더불어 앞서 언급한 것처럼 언론사에 따라서는 교통사고에 직접 연루된 차량의 브랜드명을 표기하는 곳도 있어 괄호 안에 '그랜저'라는 자동차 브랜드명을 넣어 보았다.

이번에는 B타입 기사의 두 번째 문장 작성 요령을 살펴보도록 하자.

B타입 기사의 2번 문장:
5일 오전 2시 10분쯤 서울 마포대교 위를 무단으로 횡단하던 세 명의 보행자가 달려오던 승용차에 치이는 사고가 발생했다. <u>이 사고로/이로 인해 보행</u>

자 세 명은 (현장에서) 모두 사망하고 이들을 친 운전자는 중상을 입었다.

    B타입 기사는 리드에서 시간을 구체적으로 설명했지만, 장소는 대략적으로 기술한 가운데 교통사고의 유형까지만 전달했다. 따라서 가장 중요한 인명 피해에 대해 아직 언급하지 못했기에 두 번째 문장에서는 앞의 문장을 이어받아 해당 교통사고의 인명 피해에 대한 정보를 제공해야 한다. 세 명의 보행자가 모두 '현장에서' 사망했다는 사실은 기자의 성향에 따라 중요하거나 덜 중요하게 취급될 수도 있다. 그런 이유로 위의 예제에서는 '현장에서'라는 부분을 괄호로 처리했다.

    일반적으로 보자면 A타입의 교통사고 기사는 리드가 짧은 것이 생명이기에 이같이 부가적인 정보를 리드에서 잘 취급하지 않는다. 반면, B타입의 교통사고 기사는 리드를 포함한 앞의 두 문장이 사실상 A타입 교통사고 기사의 리드에 해당하기에 A타입의 교통사고 기사보다는 조금 더 자세히 작성된다. 이 같은 이유로 '현장에서' 보행자 세 명이 모두 사망했다는 정보는 일반적으로 집어 넣어주는 것이 상례(常例)이다. 그렇지 않다면 리드에 비해 두 번째 문장의 길이가 다소 짧아 시각적으로도 살짝 어색해 보일 수 있다. 예를 들면 다음과 같이 말이다.

    5일 오전 2시 10분쯤 서울 마포대교 위를 무단으로 횡단하던 세 명의 보행자가 달려오던 승용차에 치이는 사고가 발생했다. 이 사고로 보행자 세 명은 모두 사망하고 이들을 친 운전자는 중상을 입었다.

    이번에는 세 번째 문장에 대해 알아보도록 하자.

A타입 기사의 3번 문장:

한밤중에 서울 마포대교를 무단으로 횡단하던 보행자 세 명이 차에 치여 모두 사망했다.

5일 오전 2시 10분쯤 서울 마포대교 여의도 방면 1차선 도로 위를 무단으로 횡단하던 김모(42·무직), 이모(41·무직), 박모(38·무직)씨 등 세 명의 보행자가 달려오던 그랜저 승용차에 치이는 사고가 발생했다. <u>이 사고로 김모씨 등 세 명의 보행자는 현장에서 모두 사망하고 이들을 친 승용차는 교각의 가드레일을 들이받아 운전자인 정모(33·회사원)씨가 (의식을 잃은 채) 중상을 입었다.</u>

리드의 앞부분을 두 번째 문장에서 상세하게 기술했기에, A타입 교통사고 기사의 세 번째 문장은 "한밤중에 서울 마포대교를 무단으로 횡단하던 보행자 세 명이 차에 치여 **모두 사망했다**"라는 리드 문장의 맨 마지막 굵은 글씨 부분을 보다 자세히 기술해야 한다. 이와 관련해서는 기자의 성향에 따라 사망자들의 인적 정보와 이들의 사망 소식만 전달할 수도 있고 위의 경우처럼 가해자의 인적 상황과 인명 피해 상황까지 제공할 수도 있다.

참고로, 개인의 사생활 보호 차원에서 이제는 피해자와 가해자의 실명이 특별한 경우가 아니면 언론에 공개되지 않기에 통상적으로 이름 대신 '모'라는 표현을 사용한다. 더불어서 언론사에 따라서는 아예 원래의 성(姓)과는 아무 관련이 없는 영문 이니셜을 A, B, C씨처럼 알파벳 순으로 사용하기도 한다.

한편, 언론사의 의례적인 사고 기사 작성법에 따르면 사람 이름은 '정모(33·회사원)씨'의 예에서와 같이 '성+모(나이·직업)씨'의 양식과 순서로 작성하는 것이 무난하다. 괄호 안에 넣은 '의식을 잃은 채'의 경우도 기자에 따라 넣거나 빼기에 역시, 괄호로 처리해 보았다. 이 역시, 여러분들이 읽어 본 다음에 괄호 안의 정보를 넣는 것이 좋을지 아니면 빼는 것이 좋을지 글맛을 비교하면서 스스로 결정해 보도록 하자.

그럼, 이번에는 B타입 기사의 세 번째 문장을 살펴보도록 하자.

B타입 기사의 3번 문장:
5일 오전 2시 10분쯤 서울 마포대교 위를 무단으로 횡단하던 세 명의 보행자가 달려오던 승용차에 치이는 사고가 발생했다. 이 사고로 보행자 세 명은 현장에서 모두 사망하고 이들을 친 운전자는 중상을 입었다.
<u>이날 사고는 한밤중에 서울 마포대교 여의도 방면 1차선 도로 위를 무단으로 횡단하던 김모(42·무직), 이모(41·무직), 박모(38·무직)씨 등 세 명의 보행자가 달려오던 그랜저 승용차에 치이면서 발생했다.</u>

B타입의 교통사고 기사는 이미 리드와 두 번째 문장을 통해 대략적인 사고의 경위를 설명했다. 그렇다면 세 번째 문장은 리드 문장을 좀 더 자세히 설명하는 친절을 제공해야 한다. B타입 기사의 세 번째 문장에서는 리드에서 미처 밝히지 못했던 관련 부가 정보들을 추가적으로 제공하는 것이 바람직하다. 주의할 사실은 리드 문장에서 이미 날짜와 시간을 자세히 설명했기에 세 번째 문장에서 중복이 되지 않도록 이 정보는 제외하고 리드에서 자세히 다루지 않은 사고 장소와 보행자들의 인적 상황, 그리고 가해 차량의 정보에 대해 추가적인 사실을 제공하는 것이다.

이번엔 네 번째 문장 작성이다. A타입의 기사는 어떻게 기술되는지 살펴보도록 하자.

A타입 기사의 4번 문장:

한밤중에 서울 마포대교를 무단으로 횡단하던 보행자 세 명이 차에 치여 모두 사망했다.

5일 오전 2시 10분쯤 서울 마포대교 여의도 방면 1차선 도로 위를 무단으로 횡단하던 김모(42·무직), 이모(41·무직), 박모(38·무직)씨 등 세 명의 보행자가 달려오던 그랜저 승용차에 치이는 사고가 발생했다. 이 사고로 김모씨 등 세 명의 보행자는 현장에서 모두 사망하고 이들을 친 승용차는 교각의 가드레일을 들이받아 운전자인 정모(33·회사원)씨가 의식을 잃은 채 중상을 입었다.

<u>경찰은 지나가던 차량의 신고를 받고 출동해 현장에서 사망자/보행자들의 시신들을 수습한 뒤, 사고 차량의 블랙박스를 확보해 영상을 분석 중이다.</u>

A타입의 교통사고 기사에서는 일반적으로 세 번째 문장까지 사건을 둘러싼 개요를 충분히 전달한다. 그리하여 네 번째 문장에서부터는 사고의 수습과 이후의 경과를 둘러싼 정보들이 순차적으로 제공된다. 이와 함께 장면이 사고 당시의 정황 묘사에서 경찰 출동으로 바뀌었기에 문단 들여쓰기를 통해 문맥 전환을 꾀하였다.

가장 무난한 기사 작성 방식은 위의 경우에서처럼 시간의 흐름을 좇아 사고 이후의 경찰 대응을 기술하는 것이다. 그럼, B타입 교통 기사의 네 번째 문장을 보도록 하자.

B타입 기사의 4번 문장:

5일 오전 2시 10분쯤 서울 마포대교 위를 무단으로 횡단하던 세 명의 보행자가 달려오던 승용차에 치이는 사고가 발생했다. 이 사고로 보행자 세 명은 현장에서 모두 사망하고 이들을 친 운전자는 중상을 입었다.

　이날 사고는 한밤중에 서울 마포대교 여의도 방면 1차선 도로 위를 무단으로 횡단하던 김모(42·무직), 이모(41·무직), 박모(38·무직)씨 등 세 명의 보행자가 달려오던 그랜저 승용차에 치이면서 발생했다. <u>이에 따라 김모씨 등 세 명의 보행자는 현장에서 모두 사망하고 이들을 친 승용차는 교각의 가드레일을 들이받아 운전자인 정모(33·회사원)씨가 의식을 잃은 채 중상을 입었다.</u>

　B타입 교통사고 기사의 네 번째 문장은 A타입 교통사고 기사의 세 번째 문장에 해당한다고 볼 수 있다. 이와 관련해 필자는 〈그림 4〉와 같은 형식으로 수업을 통해 A타입 교통사고 기사와 B타입 교통사고 기사의 구성도를 학생들에게 제시하곤 한다.

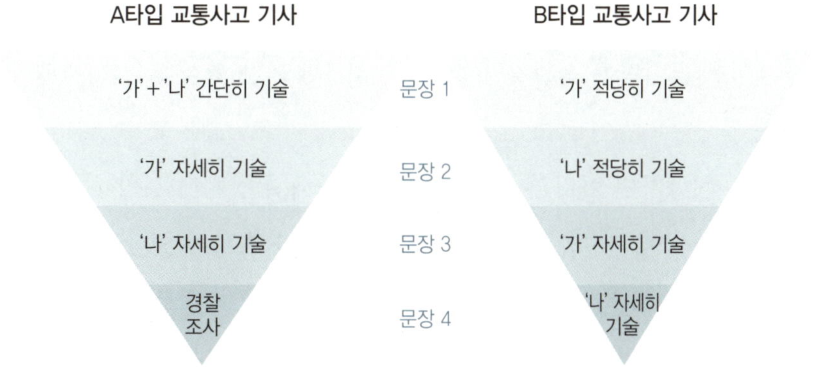

A타입 교통사고 기사		B타입 교통사고 기사
'가'+'나' 간단히 기술	문장 1	'가' 적당히 기술
'가' 자세히 기술	문장 2	'나' 적당히 기술
'나' 자세히 기술	문장 3	'가' 자세히 기술
경찰 조사	문장 4	'나' 자세히 기술

그림 4　A타입과 B타입 교통사고 기사의 구조

여기에서 '가'는 사고의 경위 및 종류를, '나'는 인명 피해를 의미한다. 물론, 사고 유형에 따라서는 이 두 가지 양식이 섞여 쓰이기도 하며, 드물지만 이들과는 전혀 다른 양식의 사고 기사가 작성되기도 한다. 하지만 대부분의 사건 기사 작성 양식은 A와 B의 두 가지 타입에서 크게 벗어나지 않는 까닭에 이러한 도식을 머릿속에 간직하고 글을 작성하면 역삼각형 기사 작성 양식을 훨씬 수월하게 익힐 수 있다.

그럼, 마지막 문장인 다섯 번째 문장으로 마무리를 짓도록 해 보자. 먼저, A타입 교통사고 기사의 다섯 번째 문장이다.

A타입 기사의 5번 문장:
한밤중에 서울 마포대교를 무단으로 횡단하던 보행자 세 명이 차에 치여 모두 사망했다.
5일 오전 2시 10분쯤 서울 마포대교 여의도 방면 1차선 도로 위를 무단으로 횡단하던 김모(42·무직), 이모(41·무직), 박모(38·무직)씨 등 세 명의 보행자가 달려오던 그랜저 승용차에 치이는 사고가 발생했다. 이 사고로 김모씨 등 세 명의 보행자는 현장에서 모두 사망하고 이들을 친 승용차는 교각의 가드레일을 들이받아 운전자인 정모(33·회사원)씨가 의식을 잃은 채 중상을 입었다.
경찰은 지나가던 차량의 신고를 받고 출동해 현장에서 사망자/보행자들의 시신들을 수습한 뒤, 사고 차량의 블랙박스를 확보해 영상을 분석 중이다. <u>경찰은 중환자실에 입원한 운전자 정씨가 깨어나는 대로 자세한 사고 경위를 물을 예정이며 사망자들과 함께 정씨의 혈중 알코올 농도를 분석 중이라고 밝혔다.</u>

앞서 설명한 대로 역삼각형 기사에서 가장 마지막 문장은 가장 덜 중요한 사실을 배치하는 것이며 그 사실은 대개 사건의 주변적인 정황을 전하는 것이다. A타입의 기사에서는 경찰이 사고 시신 수습 및 블랙박스 분석 이외에 진행하고 있는 사항을 전달하는 것이 가장 무난하다.

한편, 교통일지에 따르면 위의 다섯 번째 문장 이외에도 부가적인 정보들은 아래와 같이 여러 개가 남아 있는 상황이다.

1) 사고 차량은 약 2,000만원 상당, 마포대교는 약 1,000만원 상당의 복구 비용이 예상됨.
2) 경찰은 목격자를 찾지 못해 정확한 상황 청취에 어려움을 겪고 있음.
3) 경찰은 사고 현장에 제보용 플래카드를 설치할 계획임.
4) 사망자들의 시신은 현재 여의도 성모병원 장례식장에 안치돼 있음.

하지만 이들보다 위의 다섯 번째 문장이 더욱 높은 기사 가치를 지닌 이유는 보행자들이나 운전자가 술을 마셨을 가능성이 충분하기 때문이다. 엄밀하게 말하자면, A타입 기사에서는 세 번째 문장까지가 가장 중요하며 네 번째와 다섯 번째 문장은 순서가 바뀌어도 큰 문제는 없다. 이미 세 번째 문장까지 사건의 개요와 함께 인명 피해에 대한 정보도 전달했기 때문이다.

그럼, 이번에는 B타입 기사의 마지막 문장을 보도록 하자.

B타입 기사의 5번 문장:
5일 오전 2시 10분쯤 서울 마포대교 위를 무단으로 횡단하던 세 명의 보행자가 달려오던 승용차에 치이는 사고가 발생했다. 이 사고로 보행자 세 명은 현장에서 모두 사망하고 이들을 친 운전자는 중상을 입었다.

이날 사고는 한밤중에 서울 마포대교 여의도 방면 1차선 도로 위를 무단으로 횡단하던 김모(42·무직), 이모(41·무직), 박모(38·무직)씨 등 세 명의 보행자가 달려오던 그랜저 승용차에 치이면서 발생했다. 이에 따라 김모씨 등 세 명의 보행자는 현장에서 모두 사망하고 이들을 친 승용차는 교각의 가드레일을 들이받아 운전자인 정모(33·회사원)씨가 의식을 잃은 채 중상을 입었다.

<u>경찰은 사고 차량의 블랙박스를 확보해 영상을 분석 중이며 사망자들과 함께 정씨의 혈중 알코올 농도를 분석 중이라고 밝혔다.</u>

B타입 기사의 다섯 번째 문장은 A타입 기사의 네 번째와 다섯 번째 문장을 중요도에 따라 반반씩 섞어 작성해 보았다. 물론, A타입 기사의 네 번째 문장을 B타입에서는 다섯 번째 문장으로 배치할 수도 있다. 하지만 보행자들 및 승용차 운전자에 대한 음주 여부 조사도 매우 중요한 정보이기에 기사의 분량을 줄이는 차원에서 다섯 번째와 여섯 번째 문장을 반반씩 섞은 것이다.

그럼, 다음에는 비사망 연쇄추돌 교통사고에 대한 역삼각형 기사 작성법을 알아보도록 하자. 역시, 앞에서와 마찬가지로 다섯 문장으로 작성해 보도록 하자.

IV

교통사고 일지 3

언제: 오늘(28일) 오전 8시 45분
어디에서: 서해안 고속도로 서울에서 목포 방면 하행선 행담도 휴게소 부근
무엇이: 1) 프레스토 승용차가 서서히 속도를 줄이는 것을 뒤에서 따라가던 산타페 SUV가 제대로 보지 못함.
2) 산타페 SUV가 프레스토 승용차를 들이받음.
3) 산타페 SUV와 프레스토 승용차를 포함해 뒤따라오던 차들이 서로 15중 연쇄 추돌 사고를 일으킴.
인적 피해: 사망자 없음. 중상자 3명, 경상자 35명. 중상자들은 인근의 여러 병원으로 분산돼 치료를 받는 중임.
관할 경찰서: 서해안 고속도로 순찰대
1) 신고를 받고 출동한 순찰대는 당시 짙은 안개로 30m 앞이 제대로 보이지 않는 상황이었다고 설명함.
2) 산타페 승용차(이길복·35·사업)가 사고 당시 시속 80km 정도로 달렸다는 목격자 진술이 있었음.
3) 프레스토 승용차는 시속 30~40km 정도로 달리고 있었다고 함.
4) 현재, 사고 현장 주변에는 CCTV가 설치돼 있어 경찰이 CCTV 판독 작업을 실시 중임.
5) 프레스토 운전자(박금녀·48)와 산타페 운전자는 모두 중상으로 수술 중임.
6) 경찰은 이들의 차량에 설치돼 있던 블랙박스를 분석 중이며 두 명이 수술 후 깨어나는 대로 사고에 대해 물어볼 예정임.
교통사고 당시의 상황:
1) 하행하는 차들이 많았음.
2) 교통사고 이후부터 교통 정체가 급속도로 진행되기 시작했음.
3) 약 1시간 만에 조남 분기점까지 차가 밀리며 해당 구간(60km)을 통과하는 데 2시간 이상이 걸림.
4) 경찰은 사건 발생 직후 교통경찰관 20여 명을 투입해 현장 정리 및 교통 상황 개선에 나섬.
5) 현장에는 견인 차량들이 50여 대 가까이 출동해 서해안 고속도로 상행선까지 점거함.
6) 이로 인해 서해안 고속도로 상행선까지 교통 정체의 영향을 받아 상행선의 해당 구간 통과도 1시간 이상이 걸림.

먼저 A타입의 교통사고 기사 리드이다.

A타입 기사의 1번 문장:

서해안 고속도로에서 짙은 안개로 인해 15중 연쇄 추돌사고가 일어나 38

명의 중경상자가 발생했다/38명이 중경상을 입었다.

　언제 어디에서 무슨 일이 벌어져 사상자가 얼마나 되는지를 리드에서 축약적으로 잘 전달하고 있다. 하지만 앞서 연습했던 기사들과 다른 점이 있다면, 이 경우에는 짙은 안개 속에서 과속을 하던 차량이 대형 사고의 발단이 됐으며 역시, 후속 차량들도 속도를 줄이지 않다가 연쇄 추돌사고를 일으켰다는 것이다. 이에 따라, 이번 사고 기사에서는 안개가 짙게 발생한 상황이 **'반드시'** 리드에 들어가야 한다. 만일, 연쇄 추돌사고에 관한 간접적 원인 제공 없이 다음과 같은 리드 기사가 라디오에서 방송된다면 청취자들은 '왜 연쇄 추돌사고가 발생했지?'라는 궁금증을 가질 수밖에 없다.

　"속보입니다. 서해안 고속도로에서 15중 연쇄 추돌사고가 일어나 38명이 중경상을 입었습니다. 다음 소식입니다. 정부는 이달 들어…"

　연쇄 추돌사고는 심심찮게 발생하기 마련이어서 이러한 종류의 교통사고 기사는 평소에도 틈틈이 그 작성법을 익혀두는 것이 좋다. 특히 연쇄 추돌 사고는 영종도 인천 공항과 송도를 연결하는 인천대교나 서해안 고속도로 같이 바다 위를 길게 달리는 고속도로에서 자주 벌어지곤 하는데 이는 바다 위의 다리에서 짙은 안개가 자주 발생하기 때문이다. 이와 함께, 겨울철에도 터널 안이나 다리 위에서 '블랙아이스'(노면 결빙)가 형성되며 연쇄 추돌사고가 곧잘 발생한다. 이럴 때도 연쇄 추돌 교통사고의 리드에서는 반드시 '블랙아이스'로 인해 몇 중 추돌 교통사고가 발생했다는 방식으로 연쇄 추돌 사고의 원인을 설명해야 한다.

이번에는 B타입 기사의 리드 문장을 보도록 하자.

B타입 기사의 1번 문장:
<u>28일 오전 서해안 고속도로 하행선 상의 행담도 휴게소 부근에서 짙은 안개로 인해 15중 연쇄 추돌사고가 일어났다.</u>

앞서 연습했던 바와 같이 A타입 교통사고 기사의 앞부분에 날짜와 시간대를 곁들임과 동시에 장소에 대한 정보도 조금 더 얹어서 기술하고 있다.
그럼, 두 번째 문장을 보도록 하자.

A타입 기사의 2번 문장:
서해안 고속도로에서 짙은 안개로 인해 15중 연쇄 추돌사고가 일어나 38명이 중경상을 입었다.
<u>28일 오전 8시 45분쯤 서해안 고속도로 서울에서 목포 방면 하행선 행담도 휴게소 부근에서 짙은 안개 속에 과속하던 산타페 SUV가 앞에서 서행하던 프레스토 승용차를 들이받았다.</u>

리드 기사의 앞부분에 해당하는 "서해안 고속도로에서~연쇄 추돌사고가 일어나"까지에 대한 자세한 설명을 '언제,' '어디에서,' '누가,' '왜,' '어떻게,' '했다'라는 육하원칙에 맞춰 상세하게 기술하고 있다. 여기에서 주의할 점은 리드 문장의 앞부분에 있던 '15중 연쇄 추돌' 정보가 이곳 두 번째 문장에서는 제외되고 있다는 것이다. 이는 연쇄 추돌 기사의 전개 순서인 1) '연쇄 추돌의 간접적 원인 발발' 2) '1차 사고 차량의 사고 발발' 3) '연쇄 추

돌 발발' 4) '사상자 발생'이라는 4단계 가운데 리드에서 1)과 3), 4)만을 챙겨 보도했기 때문이다. 이는 리드가 너무 늘어지지 않도록 분량 조절을 하면서 만들어진 것이기에 연쇄 추돌 교통사고의 경우에는 위와 같이 시간의 흐름에 따라 처음부터 차근차근 서술하게 된다. 이와 함께 연쇄 추돌의 상황까지 두 번째 문장에서 쓰게 되면 상당히 많은 정보를 제공했기에 세 번째 문장의 길이는 두 번째 문장에 비해 상당히 짧아질 수밖에 없다. 예를 들어, 다음처럼 말이다.

　서해안 고속도로에서 짙은 안개로 인해 15중 연쇄 추돌사고가 일어나 38명이 중경상을 입었다.
　28일 오전 8시 45분쯤 서해안 고속도로 서울에서 목포 방면 하행선 행담도 휴게소 부근에서 짙은 안개 속에 과속하던 산타페 SUV가 앞에서 서행하던 프레스토 승용차를 들이받은 후, 뒤에서 차례로 앞차를 들이받으며 15중 연쇄 추돌 사고가 발생했다. 이로 인해 산타페와 프레스토 차량의 운전자 등 모두 38명이 중경상을 입었다.

　물론, 이렇게 기사를 작성해도 틀린 것은 아니다. 하지만, 기사를 작성함에 있어 순차적으로 조금씩 정보를 자세히 제공해야 독자와 시청자들이 더욱 쉽게 뉴스를 소화할 수 있기에 각 문장의 길이는 비슷한 분량으로 제공되는 것이 바람직하다. 한편, 두 번째 문장에서는 "시속 80km로 빠르게 달리던 산타페 SUV가 앞에서 시속 30km로 서행하던~"이라고 보다 세세하게 기술할 수도 있으나, 그럴 경우 역시 두 번째 문장의 길이가 무척 길어지는 까닭에 분량을 조절하는 차원에서 이에 대한 설명을 생략했다.

이번엔 B타입 기사의 두 번째 문장이다.

B타입 기사의 2번 문장:
28일 오전 서해안 고속도로 하행선 상의 행담도 휴게소 부근에서 짙은 안개로 인해 15중 연쇄 추돌사고가 일어났다. 이로 인해 최초로 사고를 낸 산타페 SUV 운전자를 포함해 3명이 중상을 입고 35명이 경상을 입는 등 총 38명의 중경상자가 발생했다.

B타입 기사의 특징은 A타입 기사의 리드 문장을 둘로 나눈 뒤, 각각 조금씩 더 자세히 쓰는 것이라고 앞서 설명했다. 여기에서는 연쇄 추돌사고 이후에 사고 차량들 사이에서 총 몇 명의 부상자가 발생했는지와 함께 부상자들의 부상 정도에 대해 기술하고 있다.
그럼, A타입 기사의 세 번째 문장으로 넘어가 보도록 하자.

서해안 고속도로에서 짙은 안개로 인해 15중 연쇄 추돌사고가 일어나 38명이 중경상을 입었다.
28일 오전 8시 45분쯤 서해안 고속도로 서울에서 목포 방면 하행선 행담도 휴게소 부근에서 짙은 안개 속에 과속하던 산타페 SUV가 앞에서 서행하던 프레스토 승용차를 들이받았다. 이후, 뒤따라오던 차들이 차례대로 앞차를 들이받으며 총/모두/도합 15중의 연쇄 추돌사고가 발생해 산타페 SUV 운전자인 이모(35)씨와 프레스토 승용차 운전자인 박모(48)씨를 포함해 모두 38명이 중경상을 입었다.

A타입 기사의 세 번째 문장에서는 리드 문장의 뒷부분에 해당하는 정보를 보다 상세하게 작성해 주고 있다. 언론사와 기자에 따라서는 B타입 기사의 두 번째 문장처럼 "중상자 3명, 경상자 35명 등 모두 38명의 중경상자가 ~"와 같은 방식으로 기술하기도 한다. 하지만 여기에서는 그렇게 보고할 경우, 세 번째 문장의 분량이 늘어나며 호흡이 늘어지기에 중경상자를 합쳐서 작성했다.

　이번에는 B타입 기사의 세 번째 문장이다.

B타입 기사의 3번 문장:
28일 오전 서해안 고속도로 하행선 상의 행담도 휴게소 부근에서 짙은 안개로 인해 15중 연쇄 추돌사고가 일어났다. 이로 인해 최초로 사고를 낸 산타페 SUV 운전자를 포함해 3명이 중상을 입고 35명이 경상을 입는 등 총 38명의 중경상자가 발생했다.
<u>28일 오전 8시 45분쯤 서해안 고속도로 서울에서 목포 방면 하행선 행담도 휴게소 부근에서 짙은 안개 속에 과속하던 산타페 SUV가 앞에서 서행하던 프레스토 승용차를 들이받았다.</u>

　B타입 기사의 세 번째 문장은 이전의 사례에서 소개한 바와 같이 A타입 기사의 두 번째 문장처럼 리드 기사의 앞부분을 자세히 풀어주는 것이다. 여기에서는 정확한 시간과 함께 상세한 위치와 최초의 사고 상황에 대해 상세히 기술하고 있다.

　그럼, 네 번째 문장으로 옮겨가 보도록 하자.

A타입 기사의 4번 문장:

서해안 고속도로에서 짙은 안개로 인해 15중 연쇄 추돌사고가 일어나 38명이 중경상을 입었다.

28일 오전 8시 45분쯤 서해안 고속도로 서울에서 목포 방면 하행선 행담도 휴게소 부근에서 짙은 안개 속에 과속하던 산타페 SUV가 앞에서 서행하던 프레스토 승용차를 들이받았다. 이후, 뒤따라오던 차들이 차례대로 앞 차를 들이받으며 총/모두/도합 15중의 연쇄 추돌사고가 발생해 산타페 SUV 운전자인 이모(35)씨와 프레스토 승용차 운전자인 박모(48)씨를 포함해 모두 38명이 중경상을 입었다. <u>신고를 받고 출동해 현장 수습에 나선 경찰은 사고 당시 짙은 안개로 인해 30m 앞이 제대로 보이지 않은 가운데 산타페 SUV가 시속 80km로 달렸다고 밝혔다.</u>

A타입 기사에서 가장 중요한 정보는 리드를 포함해 리드를 다시 자세하게 풀이한 2번과 3번 문장까지이다. 이후에는 사건의 중요도에 따라 경찰의 전언(傳言)과 함께 사고 현장에 대한 묘사가 5번, 6번 문장으로 따라온다. 여기에서는 경찰이 최초로 발생한 교통사고의 원인과 함께 당시의 정황을 설명하는 문장을 배치해 놓고 있다.

이번엔 B타입 기사의 4번 문장이다.

B타입 기사의 4번 문장:

28일 오전 서해안 고속도로 하행선 상의 행담도 휴게소 부근에서 짙은 안개로 인해 15중 연쇄 추돌사고가 일어났다. 이로 인해 최초로 사고를 낸 산타페 SUV 운전자를 포함해 3명이 중상을 입고 35명이 경상을 입는 등 총 38

명의 중경상자가 발생했다.

28일 오전 8시 45분쯤 서해안 고속도로 서울에서 목포 방면 하행선 행담도 휴게소 부근에서 짙은 안개 속에 과속하던 산타페 SUV가 앞에서 서행하던 프레스토 승용차를 들이받았다. 이후, 뒤따라오던 차들이 차례대로 앞차를 들이받으며 총/모두/도합 15중의 연쇄 추돌사고가 발생해 산타페 SUV 운전자인 이모(35)씨와 프레스토 승용차 운전자인 박모(48)씨를 포함해 모두 38명이 중경상을 입었다.

역시, B타입 기사의 네 번째 문장은 A타입 기사의 세 번째 문장과 동일한 정보를 배치하면 된다. 드디어, 마지막 다섯 번째 문장이다.

A타입 기사의 5번 문장:
서해안 고속도로에서 짙은 안개로 인해 15중 연쇄 추돌사고가 일어나 38명이 중경상을 입었다.

28일 오전 8시 45분쯤 서해안 고속도로 서울에서 목포 방면 하행선 행담도 휴게소 부근에서 짙은 안개 속에 과속하던 산타페 SUV가 앞에서 서행하던 프레스토 승용차를 들이받았다. 이후, 뒤따라오던 차들이 차례대로 앞 차를 들이받으며 총/모두/도합 15중의 연쇄 추돌사고가 발생해 산타페 SUV 운전자인 이모(35)씨와 프레스토 승용차 운전자인 박모(48)씨를 포함해 모두 38명이 중경상을 입었다. 신고를 받고 출동해 현장 수습에 나선 경찰은 사고 당시 짙은 안개로 인해 30m 앞이 제대로 보이지 않은 가운데 산타페 SUV가 시속 80km로 달렸다고 밝혔다.

한편, 이날 교통사고로 서해안 고속도로 하행선은 행담도 휴게소에서부터 조남 분기점까지의 60km 구간에서 차가 밀려 사고 구간을 통과하는 데 2시간 이상이 걸리는 극심한 교통 정체가 빚어졌다.

 A타입 기사의 마지막 문장은 연쇄 추돌 교통사고 이후 빚어진 교통 정체에 관한 소식을 전하고 있다. 이 문장은 문단 들여쓰기를 통해 제공되고 있는데 사실, 앞서 경찰을 언급한 네 번째 문장 역시 이전과는 다른 뉴스를 제공하고 있어 문단 들여쓰기를 하는 것이 바람직하다. 하지만 마지막 문장인 교통 정체에 관한 정보 또한, 문단 들여쓰기가 필요한 까닭에 그럴 경우에는 마지막에 배치된 두 개의 문단이 각각 한 개씩의 문장만으로 구성되기에 시각적인 면에서 어색하다고 판단에 네 번째 문장에서는 들여쓰기를 일부러 시행하지 않았다.
 덧붙이자면 교통사고 일지에는 이 이외에도 여러 종류의 부가 정보들이 곁들여져 있어 기자의 재량에 따라 그러한 정보들을 다섯 번째 문장에 넣거나 별도로 여섯 번째 문장에 첨가할 수도 있다.
 그럼, B타입 기사의 다섯 번째 문장이다.

B타입 기사의 5번 문장:
 28일 오전 서해안 고속도로 하행선 상의 행담도 휴게소 부근에서 짙은 안개로 인해 15중 연쇄 추돌사고가 일어났다. 이로 인해 최초로 사고를 낸 산타페 SUV 운전자를 포함해 3명이 중상을 입고 35명이 경상을 입는 등 총 38명의 중경상자가 발생했다.
 28일 오전 8시 45분쯤 서해안 고속도로 서울에서 목포 방면 하행선 행담도 휴게소 부근에서 짙은 안개 속에 과속하던 산타페 SUV가 앞에서 서행하던 프레스토 승용차를 들이받았다. 이후, 뒤따라오던 차들이 차례대로 앞차를 들이받으며 총/모두/도합 15중의 연쇄 추돌사고가 발생해 산타페 SUV 운전자인 이모(35)씨와 프레스토 승용차 운전자인 박모(48)씨를 포함해 모두 38명이 중경상을 입었다. 신고를 받고 출동해 현장 수습에 나선 경찰은 사고 당시 짙은 안개로 인해 30m 앞이 제대로 보이지 않은 가운데 산타페 SUV가 시속 80km로 달렸다고 밝혔다.

이전의 사례에서 설명한 바와 같이 B타입 기사는 문장 수를 고려할 때, 부가적인 정보 제공에 있어 A타입 기사보다 부족한 것이 사실이다. 따라서 B타입 기사를 선택하게 되면 A타입 기사의 다섯 번째 문장에서 제공하는 정보를 여섯 번째 문장에서 제공해야 한다.

그럼, 다음의 연습문제를 통해 이번에는 여러분들이 직접 교통사고 기사를 작성해 보기 바란다.

V

> **연습문제**
>
> 언제: 오늘(3일) 오전 10시 15분
> 어디에서: 경부고속도로 하행선 충청남도 옥천 부근 2차선 도로 위
> 사건 경위:
>   1) 이삿짐을 적재하고 달리던 5톤 트럭에서 의자가 떨어졌음.
>   2) 5톤 트럭을 뒤따르던 달리던 아반떼 승용차 앞으로 의자가 떨어짐.
>   3) 아반떼는 이 의자를 피하려고 핸들을 급히 돌리다가 옆으로 구르며 전복됨.
> 인적 피해:
>   1) 아반떼 운전자 박복숙(42·교사), 김주영(40·여), 박초삼(9;남), 박초일(7;여) 등 4인 가족 중 4명 사망함.
>   2) 아반떼 승용차 뒤를 따르던 쏘렌토 SUV 등 5대가 갑작스럽게 전복된 아반떼 승용차를 피하기 위해 차선을 바꾸거나 급정거하다 12중 연쇄 추돌 사고를 일으킴.
>   3) 2차 추돌 사고로 4명 중상, 15명 경상자 발생함.
>   4) 현재 모두 인근의 옥천대학(가상) 병원으로 긴급 후송돼 치료를 받고 있음.
>   5) 관할 경찰서: 경부고속도로 순찰대
>   6) 이삿짐 트럭이 짐을 적재하는 과정에서 제대로 고정끈을 묶지 않은 것으로 추정하고 있음.
>   7) 빨리 달리다가 바람의 저항을 많이 받은 이삿짐 가운데 맨 위에 실려 있던 의자가 고정끈에서 빠져나와 고속도로 위에 떨어진 것 같음. 트럭 운전자 송방석(36)씨를 과실치사 혐의로 입건하려고 서류 작업 중임.
> 교통사고 당시의 상황:
>   1) 옥천에서 시작된 정체가 45km 떨어진 남이 분기점까지 이어짐.
>   2) 교통경찰관 25명과 경찰 견인차 20여 대가 교통사고 발생 초기에 투입됨.
>   3) 해당 지역 교통 정체는 사고 2시간 만에 풀림.
> 송방석(36) 증언:
>   "그저 죽을 죄를 지었습니다. 입이 열 개라도 할 말이 없습니다. 귀신에 홀린 것 같습니다. 단단히 묶는다고 했는데 어찌 된 영문인지 모르겠습니다. 저는 앞으로 어떻게 되는 것인가요? 돌아가신 가족분들께 죄송할 따름입니다."

그럼, 이제부터 위의 교통사고 일지를 바탕으로 A타입으로는 다섯 문장, B타입으로는 여섯 문장을 작성해 보기 바란다. (모범 답안은 136페이지에)

여기서 잠깐: 연합뉴스 교통사고 기사 예제들

다음은 연합뉴스에서 보도한 몇몇 교통사고 기사 예제들이다. 백문이 불여일견(百聞不如一見)이라고 역삼각형 기사 양식으로 작성된 여러 종류의 교통사고 기사 뉴스를 직접 경험해보라는 의미에서다. 이와 함께 최근에는 음주운전에 대한 처벌이 강화되면서 사회적 주목도가 높아지고 있어 음주운전 교통사고에 대한 기사 작성 양식을 참조하라는 의미에서 몇몇 예를 첨가해 보았다.

(양양=연합뉴스) 박○○ 기자 = 15일 강원 양양에서 교통사고가 발생해 1명이 숨지고 3명이 다쳤다. 이날 오후 1시 14분쯤 양양군 강현면 용호리에서 그랜저 승용차가 가드레일을 들이받았다. 이 사고로 뒷좌석에 타고 있던 황모(75)씨가 숨지고, 운전자 등 3명이 다쳤다. 경찰은 그랜저 운전자 이모(55)씨를 상대로 자세한 사고 원인을 조사 중이다.

(화성=연합뉴스) 류○○ 기자 = 야간근무를 마친 근로자들을 태운 인력사무소 차량이 눈길에 미끄러지며 가로수를 들이받아 근로자 1명이 숨지고 3명이 다쳤다. 15일 오전 7시 50분쯤 경기 화성시 남양읍 3차로에서 A(57)씨가 몰던 15인승 승합차량이 도로 우측 경계석을 들이받은 뒤 가로수와 연달아 충돌했다. 이 사고로 차량 조수석에 타고 있던 러시아인 B(37)씨가 숨졌고, A씨를 포함한 3명이 다쳐 치료를 받고 있다. 경찰은 A씨 차량이 눈이 내린 도로에서 속도를 내 달리던 중 지면에 쌓인 눈에 미끄러져 사고가 난 것으로 보고 있다.

(부산=연합뉴스) 조○○ 기자 = 부산 중앙버스전용차로(BRT) 구간에서 차량 4대가 부서지고 3명이 다치는 교통사고가 발생했다. 9일 오전 9시쯤 부산 해운대구 반여동 원동교차로 안락동 방향 BRT 구간에서 쏘나타 개인택시(운전자 김모·72)가 2차선에서 유턴을 하다가 승객 40여 명을 태우고 1차선에서 같은 방향에서 직진하던 31번 시내버스(조모·51)와 충돌했다. 이 사고로 쏘나타 개인택시 운전자인 김모씨가 중상을 입고 의식을 잃어 인근 병원으로 옮겨졌으며 버스 승객 2명이 가벼운 찰과상을 입었다. 경찰은 개인택시가 신호위반을 하다가 사고를 낸 것으로 보고 운전자 김씨가 의식을 회복하는 대로 정확한 사고 경위를 조사할 예정이다.

(대구=연합뉴스) 김○○ 기자 = 경북 영천에서 교량 노면 결빙(블랙아이스)으로 도로 양방향에서 차 18대가 잇따라 추돌하는 사고가 발생했다. 경북 영천경찰서와 경북도소방안전본부에 따르면 28일 오전 6시 53분께 영천시 녹전동에서 오미교차로 방향으로 가던 스타렉스 승합차 1대가 녹전교에서 넘어졌다. 이어 뒤따라오던 차 13대가 차례로 추돌해 승합차에 탄 2명이 경상을 입고 인근 병원에 이송됐다.

반대편 차로에서도 차 4대가 미끄러지면서 연쇄추돌이 일어났다. 경북도소방안전본부는 출동한 소방대원이 도로 위 결빙을 확인했다고 밝혔다. 경찰은 "블랙아이스로 사고가 난 것으로 추정된다"며 "정확한 경위를 파악하기 위해 조사 중이다"고 밝혔다.

(공주=연합뉴스) 이○○기자 = 9일 오전 2시36분께 충남 공주시 검상동 천안논산고속도로 천안 방향 남공주 IC 인근 도로에서 차량 3대가 잇따라 추돌하는 사고가 났다. 경찰에 따르면 20대 남성 A씨가 운전하던 모닝 승용차가 중앙분리대를 들이받고 멈춘 사이 뒤이어 달려오던 소형 스포츠유틸리티차(SUV)와 그랜저 승용차가 연달아 추돌했다. 이 사고로 30대 그랜저 승용차 운전자가 다쳐 병원으로 옮겨졌다. A씨는 면허 취소 수치를 웃도는 만취 상태로 운전대를 잡은 것으로 조사됐다. 경찰은 A씨를 도로교통법(음주운전) 위반 혐의로 입건하고, 차량 블랙박스 영상 등을 분석해 자세한 사고 경위를 조사하고 있다.

(대전=연합뉴스) 김○○ 기자 = 만취 상태에서 운전하던 60대 남성이 인도를 지나던 어린이들을 치는 사고가 발생했다. 8일 대전둔산경찰서에 따르면 이날 오후 2시 21분께 대전시 서구 둔산동 한 교차로에서 60대 A씨가 운전하던 SM5 차량이 도로 경계석을 넘어 인도로 돌진했다. 이 사고로 길을 걸어가던 9~12세 어린이 4명이 차에 치었다. 피해자 가운데 9살 B양은 의식이 없는 상태로 병원으로 옮겨져 치료받고 있다. A씨는 면허 취소 수치를 웃도는 만취 상태로 운전대를 잡은 것으로 조사됐다. 경찰은 A씨를 특정범죄가중처벌법 위반 혐의로 입건하고 차량 블랙박스 영상 등을 분석해 자세한 사고 경위를 조사하고 있다.

(하남=연합뉴스) 권○○ 기자 = 음주상태로 운전대를 잡은 30대가 몰던 차량에 음식을 배달하던 50대 오토바이 운전자가 치여 숨지는 사고가 발생했다. 경기 하남경찰서는 도로교통법 위반(음주운전) 혐의로 A(32) 씨를 불구속 입건해 조사하고 있다고 10일 밝혔다. A씨는 전날 오후 6시 30분께 하남시 덕풍동의 한 도로에서 자신의 QM6 차량으로 1차로를 달리다가 중앙선을 넘어서 마주 오던 50대 B씨의 오토바이를 들이받아 B씨를 숨지게 한 혐의를 받고 있다. 경찰 조사 결과 A씨는 면허정지 수준의 혈중알코올농도 상태에서 운전한 것으로 파악됐다. 인근에서 아내와 함께 분식집을 운영하는 B씨는 떡볶이 배달을 위해 오토바이를 타고 나섰다가 변을 당한 것으로 알려졌다. A씨는 경찰 조사에서 "사고 전날 늦게까지 술을 먹은 뒤 제대로 잠을 자지 않아 숙취 상태였던 것 같다"는 취지로 진술한 것으로 전해졌다. 경찰은 조만간 A씨를 소환해 정확한 사고 경위를 조사할 방침이다.

연습문제 모범 답안

A타입 교통사고 기사

경부고속도로를 달리던 이삿짐 트럭에서 의자가 떨어져 이를 피하려던 차량이 전복되며 일가족 4명이 모두 숨졌다.

3일 오전 10시 15분쯤 경부고속도로 하행선 충청남도 옥천 부근 2차선에서 이삿짐을 적재하고 달리던 5t 트럭에서 의자가 떨어져 이를 피하려던 아반떼 승용차가 옆으로 구르며 전복됐다. 이 사고로 아반떼 승용차에 타고 있던 운전자 박모(42)씨, 아내 김모(40)씨, 박모(9)군, 박모(7)양 등 일가족 4명이 모두 숨졌다. 아반떼 승용차 뒤를 따르던 쏘렌토 SUV 등 5대는 갑작스럽게 전복된 아반떼 승용차를 피하기 위해 차선을 바꾸거나 급정거를 하다 12중 연쇄 추돌사고를 일으켜 중상자 4명, 경상자 15명 등 총 19명의 부상자가 발생했다.

경찰은 트럭 운전자 송모(36)씨가 이삿짐을 적재하는 과정에서 제대로 끈을 묶지 않은 것으로 추정하고, 트럭 운전자 송씨를 과실치사 혐의로 입건해 정확한 사고 경위를 조사할 예정이다.

※ 이 교통사고 기사의 핵심은 <u>이삿짐 트럭에서 이삿짐(의자)이 떨어진 것</u>과 그로 인해 <u>일가족 4명이 모두 사망한 것</u>의 두 가지 정보를 리드에서 보도하는 데에 있다. 학생들에게 이 사건 기사를 작성하도록 하면 "이삿짐 트럭에서 의자가 떨어져 일가족 모두가 사망했다"라는 표현을 자주 접하게 된다. 하지만 이러한 리드에서는 일가족의 수가 나와 있지 않아 정확하게 몇 명이 죽었는지에 대한 정보가 제공되지 않고 있다. 앞서 마포대교를 무단 횡단하던 세 명의 보행자가 모두 사망한 사건 일지를 다뤘을 때처럼, 이 경우에도 반드시 리드에 사망자 수를 명료하게 제시해야 한다. 이와 함께 일가족 4명 가운데 아버지와 어머니가 사망했을 경우에는 "부부가~", 아버지와 딸이 사망했을 경우에는 "부녀가~", 자녀들이 사망했을 경우에는 "형제/남매/자매가~" "사망하고 나머지 두 명은 중상을 입었다"와 같이 표현하는 요령도 익혀두기 바란다. 더불어서 교통사고 일지를 들여다 볼 때에, 정보 가치가 높은 요소를 빠뜨리지 않는 요령으로는 '오, 세상에 이럴 수가'라는 생각과 함께 안타까움이 절로 나오는 부분을 놓치지 않는 감각을 꼽을 수 있다.

한편, 연합뉴스의 경우, 톤(ton), 미터(meter), 킬로그램(kilogram)과 같은 영문 단위는 t, m, kg 과 약자를 쓰기에 이에 유의하도록 한다. 또, 18세 이하의 미성년은 군 또는 양으로 표현하는 것도 알아두도록 하자. 하지만 대학생의 경우에는 18세일 경우에도 관행적으로 '씨'라는 경칭을 붙이니 이 역시 참고하도록 한다. 마지막으로 SUV와 같은 영문 표기 역시, Suv 등과 같이 대문자와 소문자를 섞어 쓰지 않고 하나로 통일해 표기법에 맞추도록 하자.

B타입 교통사고 기사

경부고속도로 옥천 부근을 달리던 이삿짐 트럭에서 의자가 떨어지는 사고가 발생했다. 이로 인해 이삿짐 트럭을 뒤따르던 차량이 이를 피하려다 전복되며 일가족 4명이 모두 숨지고 12중 연쇄 추돌사고가 발생해 19명이 중경상을 입었다.

3일 오전 10시 15분쯤 경부고속도로 하행선 충청남도 옥천 부근 2차선에서 이삿짐을 적재하고 달리던 5t 트럭에서 의자가 떨어져 이를 피하려던 아반떼 승용차가 옆으로 구르며 전복되었다. 이 사고로 아반떼에 타고 있던 운전자 박모(42)씨, 아내 김모(40)씨, 박모(9)군, 박모(7)양 등 일가족 4명이 모두 숨졌다. 아반떼 승용차 뒤를 따르던 베라크루즈 SUV 등 5대는 갑작스럽게 전복된 아반떼 승용차를 피하기 위해 차선을 바꾸거나 급정거를 하다 12중 연쇄 추돌사고를 일으켜 중상자 4명, 경상자 15명 등 총 19명의 부상자가 발생했다.

경찰은 트럭 운전자 송모(36)씨가 이삿짐을 적재하는 과정에서 제대로 끈을 묶지 않은 것으로 추정하고, 트럭 운전자 송씨를 과실치사 혐의로 입건해 정확한 사고 경위를 조사할 예정이다.

뉴스 작성의 기초

06
화재기사 작성하기

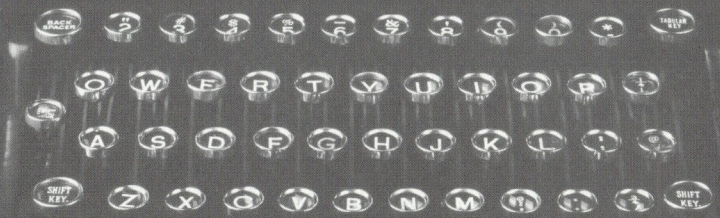

6. 화재사고 기사 작성하기

I

사회부에서 다루는 사건 기사 가운데 이 책에서 두 번째로 다루는 대상은 화재사고 기사이다. 화재사고는 교통사고와 마찬가지로 1년 내내 발생하는 까닭에 사회부 사건팀/경찰팀 기자들이 항상 챙겨야 하는 대상이다.

화재사고 기사는 교통사고 기사에 비해 확보해야 할 사실들이 상대적으로 많다. 교통사고는 사망자 수와 부상자 수, 교통사고의 원인과 정황, 그리고 교통 정체 상황 정도를 챙기면 되지만 화재사고 기사에서는 교통사고 기사에서 잘 챙기지 않는 물적 피해 규모도 경우에 따라 챙겨야 한다. 이는 교통사고가 주로 차량들에 국한돼 발생하는 까닭에 물적 손실로 인한 피해액이 제한적인데 반해, 화재사고는 대형 물류 센터나 아파트, 빌딩이나 공장 전체가 타 버릴 수도 있기에 재산상의 손실이 막대할 수 있기 때문이다. 더불어서 화재 규모가 크면 클수록 재산 피해와 함께 최초 신고 시간, 최초 신고자, 119 소방대의 현장 도착 소요 시간, 출동 소방차 대수, 출동 소방대원 수, 화재 진화 소요 시간, 화재 현장 및 진화 현장 묘사, 목격자 진술 등을 챙겨야 하기에 취재와 관련된 품이 무척 많이 들게 된다. 그렇다고 이 모든 것들을 반드시 다 챙겨야 하는 것은 아니다. 이들 가운데에서 기사 가치가 높은 것들은 의당 챙겨야 한다는 것이다. 예를 들어, 대형 화재였던 까닭에 소방차 출동 대수가 유난히 많았거나 화재 진화에 상당히 오랜 시간이 걸렸다면 이는 기사 말미에서 현장을 묘사를 할 때 다루는 것이 좋다.

이처럼 많은 것을 챙겨야 하는 대상이 화재사고 기사이지만 그렇다고 미리 겁먹을 필요는 없다. 교통사고 기사와 마찬가지의 역삼각형 기사 작성 법칙에 따라 화재기사 역시, 리드 문장의 앞에서는 상황을 간결하게 요약하고 뒷부분에서 인명 피해 상황을 기술하면 된다. 이후는 앞서 연습한 바와 같이 두 번째와 세 번째 문장에서 차례대로 리드 문장의 앞과 뒤를 상세히 설명하면 되고. 그렇게 볼 때, 화재 기사의 전개 양식은 앞장에서 연습한 교통사고 기사의 흐름과 대동소이하다.

그럼, 본격적으로 인명 피해가 없는 화재 사고와 인명 피해가 있는 화재 사고에 대해 연습해 보도록 하자. 더불어 이제부터는 앞서 익힌 두 가지 유형의 역삼각형 기사 양식 가운데 A타입(첫 문장에 사건 경위와 인명 피해에 관한 정보를 집어 넣는 방식)으로 통일해서 기사를 작성해 보도록 하겠다. 먼저, 다음의 화재사고 일지를 다섯 문장의 기사로 요약해 보도록 하자.

||

화재사고 일지 1

언제: 어제(21일) 낮 3시 50분쯤
어디서: 서울 마포구 동교동 홍대 입구 근처 18층 건물 신축 공사장
무엇이: 화재가 갑자기 발생함.
왜: 18층에서 용접 작업 도중에 튄 불씨가 아래로 떨어지면서 8층 가림막으로 옮겨 붙은 것으로 추정됨.
마포소방서: 공사장 인부의 신고를 받고 소방차 1대, 소방대원 5명이 현장으로 출동함.
인명 및 재산 피해: 당시 작업 중이던 인부 36명이 모두 긴급 대피했음. 인명 피해는 전무함.
진화 시간: 40여 분 정도 소요됨.

1번 문장:

<u>서울 마포구의 건물 신축 공사장에서 화재가 발생했지만 (다행히) 인명 피해는 없었다.</u>

화재는 교통사고와 마찬가지로 리드에서 독자와 시청자들이 사건의 정황을 단번에 파악할 수 있도록 간결하게 묘사해야 한다. 위의 리드 문장에서는 어느 도시에서 화재가 발생했으며 이로 인한 인명 피해 상황은 어떠한지를 축약적으로 기술하고 있다.

위의 사고에서는 화재의 원인이 아직 정확하게 밝혀지지 않은 까닭에 리드에서 이에 대한 정보를 전달하지 않고 있다. 실제로 대부분의 화재는 불이 완전히 진화된 다음에 현장 감식을 통해 그 원인이 밝혀지기에 처음부터 원인 파악이 가능한 화재 사건은 많지 않다. 물론, 폭발 등과 같이 원인이 처음부터 명백히 알려진 경우에는 리드에서 "폭발과 함께 화재가 발생해…"와 같이 설명해야 한다.

한편, 첫 문장 내의 괄호 안에 넣은 '다행히'라는 구절은 언론사와 기자의 성향에 따라 넣기도 하고 빼기도 한다. 개인적으로는 화재사고에서 인명 피해가 전무한 경우, '다행히'라는 단어를 넣는 것을 추천한다. 이는 '다행히'라는 낱말이 없을 때의 글맛이 마치 인명 피해를 바라는 듯한 뉘앙스를 풍길 수도 있다는 우려에서다.

그럼, 두 번째 문장으로 넘어가도록 하자.

2번 문장:

서울 마포구의 건물 신축 공사장에서 화재가 발생했지만 다행히 인명 피해는 없었다.

<u>21일 오후 3시 50분쯤 서울 마포구 동교동 홍대 입구역 근처 18층짜리 신축 공사장에서 불이 났다/화재가 발생했다.</u>

역시, 앞서 교통사고 기사 작성에 배운 바대로 리드의 앞부분인 "서울 마포구의 건물 신축 공사장에서 화재가 발생했지만…"에 대한 상세한 설명이 두 번째 문장에서 제시되고 있다. 두 번째 문장에서는 구체적인 시간과 함께 화재가 발생한 동의 이름, 그리고 건물 종류에 대한 정보가 세세하게 제공되고 있다. 더불어서 "불이 났다"라는 표현은 "화재가 발생했다"라는 한자어 대신 순수 국어 표현을 선호하거나 리드 문장에서 이미 기술한 표현을 피하고자 하는 경우에 선택적으로 사용될 수 있다.

그럼, 세 번째 문장을 보도록 하자.

3번 문장:

서울 마포구의 건물 신축 공사장에서 화재가 발생했지만 다행히 인명 피해는 없었다.

21일 오후 3시 50분쯤 서울 마포구 동교동 홍대 입구역 근처 18층짜리 신축 공사장에서 불이 났다. <u>다행히 작업 중이던 인부 36명이 긴급 대피해 인명 피해는 없었다/없는 것으로 파악됐다.</u>

세 번째 문장에서는 리드 기사의 뒷부분인 인명 피해와 관련된 사항을 자세히 적어주어야 한다. 여기에서는 당시 현장에 있었던 사람들의 인적 사항과 인원 수에 대해 설명하고 있으며 인명 피해가 발생하지 않은 이유와 함께 인명 피해가 없었다는 사실을 전달하고 있다. 물론, 리드에서 나왔던 '다행히'라는 단어는 여기에서 재차 사용되었다. 언론사에 따라서는 소방당국의 보고를 토대로 "인명 피해는 없었다"고 단정짓기도 하지만, 돌다리도 두들겨 보고 건너라는 심정으로 "없는 것으로 파악됐다"라고 기술함으로써 만에 하나라도 나중에 발생할 수 있는 상황 변화에 대비하라고 권장하는 바이다.

그럼, 네 번째 문장을 살펴보도록 하자.

4번 문장:
서울 마포구의 건물 신축 공사장에서 화재가 발생했지만 다행히 인명 피해는 없었다.
21일 오후 3시 50분쯤 서울 마포구 동교동 홍대 입구역 근처 18층짜리 신축 공사장에서 불이 났다. 다행히 작업 중이던 인부 36명이 긴급 대피해 인명 피해는 없는 것으로 파악됐다. <u>불은 공사 중인 건물 8층에 설치된 가림막 등을 태운 뒤, 신고를 받고 출동한 119 소방대에 의해 40여 분만에 꺼졌다.</u>

네 번째 문장에서는 신고를 받고 출동한 119 소방대에 의해 불이 얼마 만에 꺼졌는지와 함께, 그에 앞서 출동한 소방대에 의해 진화되기까지의 화재 발생 및 피해 상황을 시간 순으로 기술하고 있다. 이제 마지막 문장이다.

5번 문장:
서울 마포구의 건물 신축 공사장에서 화재가 발생했지만 다행히 인명 피해는 없었다.
21일 오후 3시 50분쯤 서울 마포구 동교동 홍대 입구역 근처 18층짜리 신축 공사장에서 불이 났다. 다행히 작업 중이던 인부 36명이 긴급 대피해 인명 피해는 없는 것으로 파악됐다. 불은 공사 중인 건물 8층에 설치된 가림막 등을 태운 뒤, 신고를 받고 출동한 119 소방대에 의해 40여 분만에 꺼졌다.
<u>소방당국은 18층에서 용접 작업 도중 튄 불씨가 아래로 떨어지면서 8층 가림막에 옮겨 붙어 불이 난 것으로 보고 화재 경위와 피해 규모를 조사하고 있다.</u>

마지막 문장의 전형은 소방당국이 단독으로 또는 경찰과 함께 화재 경위 및 피해 규모에 대한 조사에 착수했다는 내용을 보도하는 것이다. 만일 소방당국으로부터 짐작이 가는 원인을 접해 들었다면 이를 앞세워 "소방당국은…어떻게 해서 불이 난 것으로 보고 (자세한) 화재 경위와 피해 규모를 조사하고 있다"고 기술해야 한다. 그렇지 않고 화재 원인을 단정 짓는다면 나중에 다른 원인이 새롭게 확인됐을 경우, 기자가 자신이 작성한 오보에 대한 책임을 져야 한다.

그럼, 다음에는 사망자는 없지만 인명 피해가 발생한 화재사고를 다섯 문장으로 작성해 보도록 하자.

III

화재사고 일지 2
언제: 오늘(14일) 아침 8시 50분쯤
어디서: 제주도 서귀포시 중문동 25층 주상복합건물 지하 1층 쇼핑가

무엇이: 화재가 발생함.
왜: 아직까지 정확히 밝혀진 바 없음.
서귀포소방서: 신고를 받고 소방차 3대, 소방대원 15명이 출동함. 불은 건물 내 지하 주차장과 1층, 2층으로 옮겨 붙었으며 이로 인해 검은 연기가 다량으로 발생함. 상가와 마트, 주민, 쇼핑객들 약 200여 명이 긴급하게 대피함. 현재 건물 내에 사람이 남아 있는지 수색 중.
인명 피해: 상인 5명과 시민 10명이 연기를 흡입함. 이들 중 5명은 병원으로 이송됨.
재산 피해: 지하 1층에서 1개의 상점이 불탔으며 다량의 연기가 발생해 총 2억원 상당의 물적 피해가 발생함.
진화 시간: 약 2시간 정도 소요됨.

1번 문장:
<u>제주도 서귀포시의 한 주상복합건물에서 불이 나 연기를 들이마신 5명이 병원에 실려갔다/병원으로 이송됐다.</u>

앞서 소개한 화재사고 일지와 마찬가지로 리드에서는 언제 어떤 도시에서 화재가 발생했으며 인명 피해 상황은 어떠했는지 잘 기술하고 있다. 주의할 점은 기사 첫 문장의 시작이 "서귀포시의 한 주상복합건물에서…"라고 기술하지 않고 '제주도'라는 도 정보를 함께 기술하고 있다는 것이다. 이는 특별시와 광역시를 제외한 도시들에 공통적으로 적용되는 언론사 기술 양식이기에 알아두도록 하자.

이와 함께 주의할 또 한 가지의 경우는 이전의 장(章)에서 교통사고 기사를 다룰 때 언급한 바 있듯이 사망자가 발생하지 않았다고 인명 피해가 아예 없었다는 식으로 리드 문장을 작성해서는 결코 안 된다는 것이다. 실제로, 학생들에게 위의 화재사고 일지를 건네주며 리드 문장을 작성하게 할 경우, 10명 가운데 절반 이상이 관성적으로 "제주도 서귀포시의 한 주상복합건물에서 불이 났지만 다행히 인명 피해는 없었다"고 기술하곤 한다. 하지만 연기를 들이마셔서 병원에 입원한 것도 명백한 인명 피해에 해당하기에 마땅히 이를 언급해야 한다. 그렇지 않고 인명 피해가 없었다고 기술한다면 이는 분명한 오보에 속하며, 피해자와 피해자 가족, 그리고 그 주변인들로부터 항의를 받을 수도 있다.

한편, 화재사고 일지에서는 피해자들이 '연기를 흡입했으며 병원으로 이송됐다'고 한자어로 정보를 제공했지만, 리드 문장을 포함해 기사에서는 가급적 한글로 써 주어야 독자와 시청자들의 가독성과 문해력이 높아진다. 잊지 말자. 쉽고 빠르게 이해되는 뉴스가 가장 좋은 뉴스라는 사실을.

그럼, 두 번째 문장으로 넘어가도록 하자.

제주도 서귀포시의 한 주상복합건물에서 불이 나 연기를 들이마신 5명이 병원에 실려갔다. <u>14일 오전 8시 50분쯤 제주도 서귀포시 중문동의 25층짜리 주상복합건물 지하 1층 쇼핑가에서 화재가 발생했다.</u>

A타입의 사건 기사에서는 리드 문장을 두 부분으로 나눈 후, 두 번째 문장에서는 리드 문장의 앞부분을 상세히 설명한다고 소개한 바 있다. 이에 따라 "제주도 서귀포시의 한 주상복합건물에서 불이 나…"라는 부분에 대한 상세한 설명이 두 번째 문장에서 제시되고 있다. 여기에서는 리드 문장에서는 미처 소개되지 않았던 날짜와 시간, 그리고 정확한 장소와 함께 화재가 발생한 건물의 종류와 세부적인 화재 장소가 제공되고 있다.

다음엔 세 번째 문장이다.

제주도 서귀포시의 한 주상복합건물에서 불이 나 연기를 들이마신 5명이 병원에 실려갔다.

　14일 오전 8시 50분쯤 제주도 서귀포시 중문동의 25층짜리 주상복합건물 지하 1층 쇼핑가에서 화재가 발생했다. 불은 지하 주차장과 1, 2층으로 옮겨 붙었으며 다량의 연기가 발생해, 대피 과정에서 연기를 들이마신 상인과 주민 등 5명이 병원으로 이송됐다.

　역시, 리드 문장의 뒷부분인 "연기를 들이마신 5명이 병원에 실려갔다"라는 정보를 보다 세세하게 전달하는 것이 관건이다. 이에 따라 앞 문장의 종결부에 배치된 "화재가 발생했다"는 정보를 이어받아 "불은…"이라는 서두로 문장을 시작한 뒤, 화재가 번져 나간 상황을 전달하며 어떻게 해서 얼마만큼의 인명 피해가 발생해 어떻게 조치됐는지를 설명해야 한다. 참고로 이야기를 하자면, 몇몇 언론사의 경우는 사건 기사 작성에서 어려움을 겪는 수습기자들이 보다 빠르게 사건 기사 작성법을 숙지할 수 있도록, 아예 A타입 또는 B타입의 정형화된 기사를 통째로 외우도록 유도한 뒤, 수시로 이를 점검함으로써 수습기자들이 신속하게 사건기사 작성법을 익힐 수 있도록 교육시키고 있다. 따라서, 위의 세 번째 문장까지는 화재사고 기사의 전형적인 전개 방식이라고 인식하고, 이를 외우듯 익히는 것이 중요하다.

　그럼, 다음 문장으로 넘어가 보도록 하자.

　제주도 서귀포시의 한 주상복합건물에서 불이 나 연기를 들이마신 5명이 병원에 실려갔다.

　14일 오전 8시 50분쯤 제주도 서귀포시 중문동의 25층짜리 주상복합건물 지하 1층 쇼핑가에서 화재가 발생했다. 불은 지하 주차장과 1, 2층으로 옮겨 붙었으며 다량의 연기가 발생해, 대피 과정에서 연기를 들이마신 상인과 주민 등 5명이 병원으로 이송됐다. <u>소방당국은 신고를 받고 소방차 3대와 소방대원 15명을 출동시켜 2시간 만에 불을 껐으며, 현재 건물 내에 미처 대피하지 못한 사람이 있는지 수색 중이다.</u>

때로는 신고자의 인적 사항이나 신고 상황이 중요한 뉴스 가치를 띠기도 한다. 예를 들어, "마침 현장을 지나고 있던 초등학생이 우연히 발견해 신고함으로써 자칫 대형 참사로 이어질 수 있는 위기를 가까스로 모면했다"와 같은 기사의 경우에는 신고자의 신상에 대한 정보 소개가 대단히 중요하다. 따라서, 사건일지를 바탕으로 소방당국에 대한 취재를 진행할 때, "혹시 신고자와 관련해 특이 사항은 없었나요?"와 같은 의례적인 질문도 곁들이는 것이 유용하다. 위의 경우는 그러한 상황을 배제한 채, 당시 현장에 있던 수많은 시민들의 제보로 신고가 이뤄졌다고 가정했기에 특이 사항이 없는 것으로 사건일지를 구성했다. 이에 소방당국이 신고를 받은 뒤, 몇 대의 소방차와 몇 명의 소방대원들을 동원해 얼마 만에 불을 껐는지의 여부와 함께, 진화 이후에 이뤄지고 있는 후속 조치를 설명했다. 덧붙이자면, 언론사에 따라서는 그냥 "소방당국은 신고를 받고 출동해 2시간 만에 불을 껐으며…"처럼 출동 소방차 대수와 출동 인원 수를 생략하기도 한다.

한편, 네 번째 문장을 작성함에 있어 학생들을 지도하다 보면, 중문(重文)으로 된 기사의 앞부분은 능동형으로 작성하고 뒷부분은 수동형으로 작성하거나 반대로 앞부분은 수동형, 뒷부분은 능동형으로 구성하는 경우를 종종 만나게 된다. 아래의 예를 보도록 하자.

이날 화재는 신고를 받고 출동한 소방차 3대와 소방대원 15명에 의해 2시간 만에 진화됐으며, 현재 소방당국은 건물 내에 미처 대피하지 못한 사람이 있는지 수색 중이다.

물론, 위의 문장도 문법적으로 오류가 있는 것은 아니다. 그럼에도 불구하고, 앞부분의 수동형 문장이 뒷부분에서는 느닷없이 능동형 문장으로 바뀌면서 주어가 갑작스레 등장하고 있기에 글의 전개가 자연스럽게 느껴지지는 않는다. 그런 이유로 문장을 작성할 때는 중문이나 복문의 경우, 능동이면 능동, 수동이면 수동형으로 일관성을 유지하는 것이 중요하다.
이제 마지막 문장으로 마무리를 짓도록 하자.

제주도 서귀포시의 한 주상복합건물에서 불이 나 연기를 들이마신 5명이 병원에 실려갔다.
14일 오전 8시 50분쯤 제주도 서귀포시 중문동의 25층짜리 주상복합건물 지하 1층 쇼핑가에서 화재가 발생했다. 불은 지하 주차장과 1, 2층으로 옮겨 붙었으며 다량의 연기가 발생해, 대피 과정에서 연기를 들이마신 상인과 주민 등 5명이 병원으로 이송됐다. 소방당국은 신고를 받고 소방차 3대와 소방대원 15명을 출동시켜 2시간 만에 불을 껐으며, 현재 건물 내에 미처 대피하지 못한 사람이 있는지 수색 중이다.
<u>소방당국은 (현재) 정확한 화재 원인과 피해 규모 등을 조사하고 있다.</u>

마지막 문장에 대해서는 문단 들여쓰기를 행하기도 하고, 행하지 않기도 한다. 이와 함께, '현재'라는 단어를 문장의 맨 앞에 넣거나 위의 예에서처

럼 '소방당국은'이라는 주어 뒤에 넣기도 하고 아예 빼버리기도 한다.

그럼, 마지막으로 사망자가 발생한 화재사건 일지를 통해 여섯 문장으로 구성된 세 번째 화재기사 작성법을 익혀 보도록 하자.

IV

화재사고 일지 3

언제: 오늘(19일) 새벽 2시쯤
어디서: 성남 수정구 신흥동 가나다 유치원
무엇이: 화재가 발생함.
성남 소방서: 신고를 받은 지 5분 만에 소방차 4대 및 소방관 20명이 현장에 도착함.
인명 피해: 원장 김순례(63)씨가 연기에 질식해 사망함.
재산 피해: 지하 1층, 지상 2층짜리 유치원 건평 100평이 타버리며 약 2억원가량의 손실이 발생함.
진화 시간: 1시간 30분. 현재, 불길은 완전히 잡힌 상태이며 소방서에서는 유치원에서 미처 발견되지 못한 다른 숙직자 등이 있었는지 수색 중임.
특이 사항: 유치원 진입로가 좁은 데다 산밑에 위치해 있어 접근에 어려움을 겪음.
왜:
    1) 원장은 고30이 20일부터 등교 준비를 하고 순차적으로 고등학교, 중학교, 초등학교에서 등교를 시행하기에 이에 맞춰 유치원 개원 준비를 위해 점검차 숙직을 했던 것으로 보임.
    2) 유치원 원장 방에서 불이 난 것으로 보고 있음. 원장 방에서 불에 탄 석유가스 난로가 발견됨.
    3) 어린이들은 아무도 등원하지 않았으며 또 유치원에 머무르고 있지 않았음.
    4) 현재 소방당국에서는 원장이 갑자기 쌀쌀해진 날씨에 석유 난로를 꺼내 피우고 자다 화재가 발생한 것으로 보고 감식 중임.

먼저, 리드 문장이다.

1번 문장:

<u>한밤중에 경기도 성남의 한 유치원에서 불이 나 유치원 원장이 사망하는 사고가 발생했다.</u>

위의 사건에서 눈여겨봐야 할 중요 사항은 유치원에서 불이 났다는 것과 유치원 원장이 사망했다는 것, 그리고 천만다행으로 어린이 사상자는 전혀 없다는 것 등 크게 세 가지이다. 단순히 사망 1명이 아니라 유치원 원장 사망이 중요한 이유는 "한밤중에 경기도 성남의 한 유치원에서 불이 나 1명이 사망하는 사고가 발생했다"라고 보도한다면, 독자와 시청자들이 어린이가 사망한 것으로 오인할 수도 있기 때문이다.

한편, 여기에서는 유치원 원장이 사망했고 어린이 사상자가 없다는 두 가지 사실을 한꺼번에 쓰기보다 유치원 원장이 사망했다는 사실에 무게를 두고 리드를 작성해 보았다. 이와 함께, 화재가 한밤중에 발생했다는 사실을 첫 번째 문장에 담음으로써 일단 가장 중요한 정보들을 간결하고 신속하게 제공하고 있다.

더불어서 기자나 언론사에 따라서는 화재 원인을 기사 첫머리에 언급하기도 한다. 하지만 이럴 경우에는 리드가 길어지면서 정보량도 많아져 독자와 시청자들이 뉴스를 쉽게 소화하기가 어려울 수도 있다. 예를 들어, 다음처럼 말이다.

석유난로에서 옮겨붙은 화재로 한밤중에 경기도 성남의 한 유치원에서 불이 나 유치원 원장이 사망하는 사고가 발생했다.

물론, 선택은 전적으로 여러분들의 것이다. 하지만 위의 경우처럼 기사를 작성할 경우에는 두 번째 문장에서 화재 원인이 날짜와 시간, 장소에 대한 정보와 함께 제공되어야 하기에 역시, 정보량이 늘어날 수밖에 없다. 무엇보다도 이 사건의 화재 원인은 아직 확정적으로 밝혀진 것이 아니기에 화재 원인이 특별하거나 뉴스 가치가 높은 경우가 아니라면 잠정적 화재 원인은 가급적 화재 사실과 인명 피해를 먼저 알린 후에 제공하는 것이 좋다.

그럼 두 번째 문장을 보도록 하자.

2번 문장:
한밤중에 경기도 성남의 한 유치원에서 불이 나 유치원 원장이 사망하는 사고가 발생했다.
19일 오전 2시쯤 경기도 성남시 수정구 신흥동에 위치한 A유치원에서 돌연 화재가 발생했다.

두 번째 문장에서는 '제5장 교통사고 기사 작성하기'에서 배운 대로 리드 기사의 앞부분인 "한밤중에~불이 나"까지에 대한 정황을 자세히 서술해야 한다. 이에 따라 날짜와 시간, 구체적인 장소와 함께 영문 이니셜을 이용한 유치원 이름까지 적시해 화재가 발생한 상황을 보고하고 있다.

이번엔 세 번째 문장이다.

3번 문장:
한밤중에 경기도 성남의 한 유치원에서 불이 나 유치원 원장이 사망하는 사고가 발생했다.
19일 오전 2시쯤 경기도 성남시 수정구 신흥동에 위치한 A유치원에서 돌연 화재가 발생했다. 이 불로 (유치원) 개원 준비를 위해 숙직 중이던 원장 김모(63)씨가 연기에 질식해 사망했다.

세 번째 문장 역시, 앞장에서 공부한 대로 리드 문장의 뒷부분에 해당하는 정보를 자세히 설명한다. 더불어 원장이 왜 유치원에 있었는지에 대한 설명도 넣음으로써 독자와 시청자들이 세 번째 문장까지만 들어도 화재와 관련된 정보의 70~80%를 파악할 수 있도록 돕고 있다.

그럼, 네 번째 문장으로 넘어가 보자.

4번 문장:
한밤중에 경기도 성남의 한 유치원에서 불이 나 유치원 원장이 사망하는 사고가 발생했다.
19일 오전 2시쯤 경기도 성남시 수정구 신흥동에 위치한 A유치원에서 돌연 화재가 발생했다. 이 불로 유치원 개원 준비를 위해 숙직 중이던 원장 김모(63)씨가 연기에 질식해 사망했다. (다행히) 유치원 개원 전이어서 어린이와 관련된 인명 피해는 없었던 것으로 파악됐다/전해졌다/알려졌다.

여기에서 '다행히'라는 단어 앞뒤에 괄호를 넣은 이유는 바로 앞의 문장에서 사람이 죽었다는 소식을 전하고 있기에 이어지는 문장에서 첫 단어를 '다행히'로 시작하는 것이 그다지 적절하지 않다고 보기 때문이다. 그럼에도 개인적 성향에 따라서는 '다행히'라는 낱말을 넣을 수도 있으니 참조하도록 하자.
한편 네 번째 문장에서는 독자와 시청자들이라면 당연히 가지게 될 궁금증을 전달하고 있다. 만일, 이 정보의 중요성에 집착해 리드에서 이 역시 전달하고자 한다면 아래와 같이 간결성과 축약성이 다소 떨어지는 기사가 작성될 수 있다.

한밤중에 경기도 성남의 한 유치원에서 불이 나 숙직 중이던 원장이 사망했지만, 개원 전이었던 까닭에 어린이들이 등원하지 않아 다친 어린이들은 없었다/없는 것으로 밝혀졌다.

이런 이유로 리드 문장에서는 우선 사건 정황과 함께 인명 피해에 대한 정보를 제공한 후, 이를 둘로 나눠서 두 번째와 세 번째 문장에 배치했던 것이다. 그래도 다친 어린이들이 없다는 사실이 중요하다고 인식한다면 B타입형으로 두 번째 문장에서 다음과 같이 기술할 수 있을 것이다.

한밤중에 경기도 성남의 한 유치원에서 불이 나 유치원 원장이 사망하는 사고가 발생했다. 다행히 유치원 개원 전이어서 어린이들이 등원하지 않아/않았던 까닭에 어린이 사상자는 없었던 것으로 밝혀졌다.

그럼, 다섯 번째 문장으로 넘어가도록 하자.

5번 문장:
한밤중에 경기도 성남의 한 유치원에서 불이 나 유치원 원장이 사망하는 사고가 발생했다.
19일 오전 2시쯤 경기도 성남시 수정구 신흥동에 위치한 A유치원에서 돌연 화재가 발생했다. 이 불로 유치원 개원 준비를 위해 숙직 중이던 원장 김모(63)씨가 연기에 질식해 사망했다. 다행히 유치원 개원 전이어서 어린이와 관련된 인명 피해는 없었던 것으로 전해졌다. <u>불은 신고를 받고 출동한 119 소방대에 의해 1시간 30분 만에 꺼졌다.</u>

화재사고 일지 1을 통해 연습한 바와 같이 다섯 번째 문장의 전형은 119 소방대의 신고 접수 및 출동, 그리고 화재 진화에 소요된 시간에 관한 정보이다.

이제 마지막 문장으로 완결을 짓도록 해보자.

6번 문장:

한밤중에 경기도 성남의 한 유치원에서 불이 나 유치원 원장이 사망하는 사고가 발생했다.

19일 오전 2시쯤 경기도 성남시 수정구 신흥동에 위치한 A유치원에서 돌연 화재가 발생했다. 이 불로 유치원 개원 준비를 위해 숙직 중이던 원장 김모(63)씨가 연기에 질식해 사망했다. 다행히 유치원 개원 전이어서 어린이와 관련된 인명 피해는 없었던 것으로 전해졌다. 불은 신고를 받고 출동한 119 소방대에 의해 50분 만에 꺼졌다. <u>소방당국은 원장 김모씨의 방에서 불에 탄 석유 난로가 발견된 것으로 보아 갑자기 쌀쌀해진 날씨에 원장 김모씨가 석유 난로를 꺼내 피우다가 화재가 난 것으로 추정하고 있다.</u>

마지막 문장에서는 독자와 시청자들이 화재 사고에 대한 정황을 충분히 들은 후, 떠올리게 마련인 궁금증에 대한 설명을 제공해야 한다. 더불어 그 궁금증은 화재 원인에 대한 것이 되어야 한다. 물론, 화재 원인은 기자들의 취재를 통해 얻어진다. 만일, 소방당국이 조사 중인 까닭에 화재 원인이 아직 밝혀지지 않았을 경우에는 "소방당국은 현재 정확한 화재 원인을 조사 중이다" 정도로 기술하면 된다.

다음은 여러분들의 원활한 화재기사 작성을 돕기 위한 연습문제이다. 이번에는 총 여덟 개의 문장으로 만들어보기 바란다. (모범 답안은 159페이지에)

화재사고 일지 4

언제: 오늘(5일) 새벽 1시 40분쯤
어디서: 서울 강서구 가양동 15층 아파트의 13층 김필모(58)씨 집
무엇이: 화재가 발생함.
강서구소방서: 신고를 받은 지 5분 만에 소방차 4대, 소방관 18명이 현장에 도착함. 경찰과 함께 합동 감식을 진행하고 있으며 정확한 화재 원인 등을 조사중임. 감식 결과는 언제 나올지 아직 알 수 없음.
인명 피해: 집주인은 3도 화상을 입고 병원으로 옮겨짐. 이후 병원에서 숨짐. 14층 주민 이수반(72)씨는 스스로 대피함. 나중에 아파트 공원 옆에서 쓰러진 채 발견됨. 이씨는 현재 병원으로 이송돼 치료를 받고 있는 중. 이수반씨는 발견 당시에 호흡과 맥박이 없는 상태였음. 지금은 병원에서 회복된 상태인 것으로 전해지고 있음.
재산 피해: 약 7,000만원가량의 재산 피해가 난 것으로 소방당국은 추정하고 있음.
진화 시간: 20분.

여기서 잠깐 1: 연합뉴스 화재 사고 기사 예제들

다음은 연합뉴스에서 뽑은 여러 화재사건 기사의 예제들이다. 역시, 이 기사들을 통해 화재기사의 전개 양식에 익숙해지기 바란다.

(서울=연합뉴스) 홍○○ 기자 = 21일 오전 1시 25분께 서울 구로구 구로동의 17층짜리 오피스텔 건물에서 불이 나 주민 63명이 대피했다. 불은 약 40분 뒤인 오전 2시 6분께 완전히 진화됐고 인명피해는 없었다. 재산 피해는 약 450만원 상당으로 추산됐다. 소방당국은 필로티 구조로 된 건물 1층 천장에서 불이 시작된 것으로 보고 정확한 화재 원인을 조사 중이다.

(파주=연합뉴스) 최○○ 기자 = 22일 새벽 경기도의 한 가구 공장에서 불이 났지만 인명피해 없이 진화됐다. 22일 오전 4시께 경기도 파주시 광탄면의 한 목재 가구 제조공장에서 불이 나 공장 건물 2개동과 내부에 있던 목재 가구 등을 태운 것으로 파악됐다. 화재는 신고를 받고 출동한 119 소방대에 의해 약 1시간 35분 만에 꺼졌으며 다행히 인명 피해는 없었다. 경

찰과 소방당국은 정확한 피해 규모와 화재 원인 등을 조사하고 있다.

(창원=연합뉴스) 김○○기자 = 한밤중에 경남 창원의 한 아파트에서 불이 났지만 인명 피해는 없었다.

22일 새벽 0시 45분께 경남 창원시 의창구 용호동 5층짜리 아파트 1층에서 불이 났다. 불은 아파트 내부와 보일러 등을 태워 300만원 상당의 재산 피해(소방서 추산)를 내고 출동한 119 소방대에 의해 26분 만에 꺼졌다. 2~4층 거주자 4명이 연기를 흡입해 인근 병원에 이송됐으나 생명에는 지장이 없는 것으로 확인됐다. 다른 주민 16명도 대피해 인명 피해는 발생하지 않았다. 화재가 발생하자 주민들이 소화기로 자체 진화에 나서 불길이 확산하는 것을 막았다는 게 소방서의 설명이다. 소방당국은 아파트 보일러실에서 불이 시작된 것으로 보고 화재 원인을 조사하고 있다.

(서울=연합뉴스) 송○○기자 = 8일 오후 서울 은평구의 한 다세대 주택에서 화재가 발생해 생후 12개월된 유아가 숨졌다. 8일 오후 6시 38분께 서울 은평구 녹번동 3층짜리 다세대주택 2층 최모(23·여)씨 집에서 원인을 알 수 없는 화재가 발생해 생후 12개월 된 최씨의 아들 정모군이 숨졌다. 화재 당시 정군과 같이 집에 있던 최씨는 대피 도중 연기를 들이마셔 병원으로 이송됐다. 소방당국과 경찰에 따르면 불은 안방에서 시작돼 다량의 연기를 내뿜으며 순식간에 거실로 옮겨 붙었다. 최씨는 "다른 방에 있다가 안방에서 불이 난 걸 알고 문을 열었는데 불길과 연기 때문에 아기를 구하지 못하고 몸을 피할 수밖에 없었다"고 말했다고 소방당국은 전했다. 불은 20여분 만에 꺼졌으며, 침대와 TV 등 가재도구가 불에 타 1천200여만원의 재산 피해가 났다. 건물 3층에 거주하던 2명은 옥상으로 대피했다. 경찰은 10일 소방서, 국립과학수사연구원 등과 합동감식을 벌이기로 하는 등 화재 원인을 조사 중이다.

(서귀포=연합뉴스) 백○○기자 = 어린이날인 5일 제주 서귀포시 한 빌라에서 불이 나 어린 자녀 2명을 포함한 일가족 4명이 숨지는 사건이 발생했다. 서귀포경찰서에 따르면 이날 오전 3시 50분께 서귀포시 서호동에 있는 한 빌라 3층에서 불이 났다는 신고가 소방당국에 접수됐다. 신고를 받고 출동한 소방당국은 사고 현장에 있던 A(39)씨와 아내 B(35)씨, 4살과 3살배기 딸 등 4명을 인근 병원으로 옮겼지만 결국 모두 숨졌다. 일가족 모두 전신화상을 입은 것으로 확인됐다. 경찰과 소방당국은 사고 원인과 일가족 사망 원인을 조사하고 있다.

여기서 잠깐 2: 숫자 이야기

언론사에서 숫자를 다룰 때는 각사 나름의 규칙이 있다. 예를 들어, 2,222명을 표기할 때, 2천2백22명으로 표기할 것인지, 2천222명으로 표기할 것인지의 규칙을 정하는 것이다. 연합뉴스는 백 단위까지만 아라비아 숫자로 쓰고 나머지는 한글을 섞어 사용한다. 만일, 123,456,789원이라는 금액을 연합뉴스에서 표기한다면 1억2천345만6천789원으로 표기한다는 것이다. 이 책에서는 천 단위까지 아라비아 숫자를 사용하며 천 단위에 쉼표를 넣고 있다. 하지만 연합뉴스 발 예제 기사들에서는 연합뉴스 고유의 숫자 표기법을 그대로 사용하고 있다.

연습문제 모범 답안

한밤중에 아파트 13층에서 불이 나 한 명이 숨졌다.

24일 오전 1시 40분쯤 서울 강서구 가양동의 15층짜리 아파트 13층에서 화재가 발생했다. 이 불로 집주인으로 추정되는 A(58)씨가 온몸에 3도 화상을 입고 병원으로 옮겨졌지만 숨졌다. 또 14층에 사는 주민 B(72)씨는 스스로 대피했다가 아파트 앞 공원에서 쓰러진 채 발견돼 병원으로 이송됐다. B씨는 발견 당시 호흡과 맥박이 없는 상태였다가 병원에서 회복한 것으로 전해졌다. 불은 신고를 받고 출동한 119 소방대에 의해 1시간 만에 꺼졌다.

소방당국은 이번 화재로 약 7,000만원가량의 재산 피해가 발생한 것으로 추정했다. 경찰과 소방당국은 합동 감식을 통해 정확한 화재 원인 등을 조사하고 있다.

※ 언론사에 따라서는 피해자의 성을 영문 이니셜로 처리하기도 하고 김모, 이모, 박모씨처럼 성만 내보내기도 한다.

뉴스 작성의 기초

07
절도기사 작성하기

7. 절도 기사 작성하기

I

 드디어 절도 기사 작성이다. 그동안 우리는 인사, 부음, 동정의 간단한 정보 작성을 거쳐, 교통사고와 화재사고에 대한 뉴스 작성법을 연습해 보았다. 이번에는 절도 기사 작성 방법에 대해 알아보도록 하자.
 절도는 한자어로 '竊盜'이며 훔칠 '절'과 '도둑 '도'의 두 글자로 이뤄져 있다. 말하자면, 남의 물건을 훔쳐 도둑질한 사건이 '절도'라는 것이다. 절도는 강도와 완전히 다른 차원의 범죄이다. 강도(强盜)의 한자어는 강할 '강'에 '도둑 '도'로 이뤄져 있어 도둑질이 강제로 일어나는 것을 의미한다. 시쳇말로 '뼁'을 뜯으면 강도 행위가 되고, 소매치기를 하면 절도 행위가 되는 것이다. 이 때문에 절도와 강도에 대한 이해가 명확해야 기사를 작성할 때 "경찰은 A모씨를 절도 혐의로 체포했다"와 "경찰은 피의자에게 강도 혐의를 적용할 방침이다"라는 문장의 차이를 명확히 이해할 수 있다. 물론, 형량 또한 강도 행위가 훨씬 무겁다.
 절도는 교통사고나 화재, 강도 또는 살인에 비해 상대적으로 기사 가치가 높지 않은 대상이다. 신체적으로 피해를 입은 대상자도 없거니와 절도 사실이 경찰에 신고되기 전까지는 언론에서 알 수 있는 방법 또한 없다. 그렇다면 경찰에 신고된 어떤 종류의 절도 사건들이 높은 뉴스 가치를 지닐 수 있을까?
 육하원칙에 따라, '언제,' '어디에서,' '누가,' '무엇을,' '어떻게,' '왜,' 훔쳤는가를 꼼꼼히 따져볼 때, 각각의 원칙 또는 여러 원칙들이 어우러져 대중들의 호기심을 자극할 만한 요소를 내포하게 되면 절도가 지니는 기사 가치는 높아지게 마련이다. 먼저, '언제'라는 원칙이 중요하게 대두될 때는 절도가 일어나는 시간대를 꼽아볼 수 있다. 절도가 밤에 이뤄지는 일반적인 예와 달리, 대낮에 이뤄진다면 높은 뉴스 가치를 지닐 테니까! 이와 함께, 설날이나 어린이날, 크리스마스와 같이 주목도가 높은 기념일에 행해지는 절도도 상대적으로 높은 관심을 받을 수 있다. 물론, 이는 화재나 교통사고의 경우도 마찬가지다.

'어디에서'라는 요소와 관련해서는 학교 교무실, 경찰서, 목욕탕, 전당포 등과 같은 곳에서 절도가 행해진다면 이 역시 보도 대상이 될 수 있다. 우스갯소리이지만, 사형제 폐지 반대론자들은 프랑스 혁명 당시, 소매치기범을 단두대 위에서 사형시키던 순간에도 인산인해(人山人海)를 이룬 구경꾼들 사이에서 소매치기가 극성을 부렸다는 사실을 강조하곤 한다. 사형제가 범죄 예방에 별 효력이 없다는 반증(反證)이 프랑스 혁명 당시의 사형장에서 역사적으로 뒷받침된다는 것이다. 반대로 말하자면, 일반 가정집과 같이 평범한 장소(?)에서 발생한 절도는 좀처럼 세간(世間)의 주목을 받지 못한다.

다음으로 '누가' 절도를 행했는가에 관한 사실 역시, 기사 가치를 결정짓는 중요 요소 가운데 하나이다. 만일, 의사나 변호사, 또는 교수가 절도를 했다고 가정해 보자. 나아가 범인을 잡아야 하는 형사와 경찰관이 오히려 도박장이나 마약 거래 현장에서 금품 또는 마약을 빼돌렸다고 생각해 보자. 이러한 이야기는 영화 소재로도 심심찮게 활용될 정도이니 그 뉴스 가치를 더 이상 말하지 않겠다.

'무엇을'에 해당하는 절도 대상의 경우도 단순한 금품이 아니고 100년 된 산삼이나 일본에서 회수한 문화재 또는 값비싼 소나무라고 생각해 보자. 실제로 주인이 있는 산에서 상품성이 좋은 나무를 낮에 미리 봐 놓았다가 밤에 몰래 와서 통째로 캐 가지고 도망가는 절도 사건은 심심찮게 발생한다. 예전에는 농촌에서 마을 사람들이 전부 논일을 하러 외출한 틈을 타, 절도범들이 소들을 트럭에 싣고 도망친 사건도 있었다. 불과 20~30여 년 전에 벌어진 실화(實話)다. 중국이 세계의 공장으로 떠오르던 시절에는 중국의 철 수요가 급증하면서 국내외의 철과 구리 가격이 천정부지로 뛰어올라 미국과 유럽은 물론, 우리나라와 일본에서도 길가의 맨홀 뚜껑을 훔쳐 가거나 도로 표지판, 학교 교문 등을 뜯어 도망가는 사례가 숱하게 발생했다. 당시의 국내외 언론에서 이를 대서특필했음은 물론이다.

코로나가 팬데믹을 불러일으키기 시작했던 2020년에는 한국뿐 아니라 세계적으로 마스크의 안전한 보관 및 수송, 그리고 배포가 중요한 화두로 등장했다. 실제로, 2020년 4월에는 독일에서 주문했던 미국 3M사의 마스크 20만 장이 방콕에서 압류돼 미국으로 향한 사례도 일어난 바 있다. 당시, 독일 정부는 미국의 마스크 가로채기가 해적질에 해당한다며 미국 정부를 맹비난했다. 더불어서, 한국 반도체가 세계를 석권하면서 최신형 반도체의 가격이 같은 무게의 금보다 더 비싸게 거래되자 영국에서 한국산 반도체를 운송하던 대형 트럭이 통째로 실종된 적도 있다. 반도체 실종 사건은 한국 반도체 제조업체들에게 오히려 기대 이상의 광고 효과를 안겨 주기도 했지만 이후, 삼성전자와 현대 하이닉스의 반도체 수송 트럭은 삼엄한 경비 속에 유럽의 고속도로를 누비게 됐다.

한편, '어떻게' 금품을 훔쳤는가의 방법도 독특하거나 기상천외할 경우에는 얼마든지 매스컴의 보도 대상이 될 수 있다. 깜깜한 밤중에 야간투시경을 동원해 수박을 서리해도 상당한 기사 가치가 있으며 몸집이 작은 초등학생을 환풍기에 들여보내 잠겨진 문을 열게 한 뒤, 건물 안의 금품을 훔쳐도 화제가 된다.

그렇다면 마지막의 '왜'는 어떻게 뉴스 가치를 함유할 수 있을까? 영화 '레미제라블'에서 주인공 장발장이 빵을 훔친 이유를 보자. 배고픔에 떠는 조카들을 위해 빵집에서 빵을 훔치다 19년 형을 선고받았으니 말이다. 비록 뉴스 가치가 높은 사건들의 냄새를 찾아다니는 하이에나와 같은 존재가 언론이지만 연말·연시에 열악한 환경 속에서 범죄를 택한 불우 이웃들의 사연에 귀 기울일 줄 아는 이 또한 언론이다. 그런 까닭에 독자와 시청자들을 울리는 가슴 아픈 절도는 기자가 취재한 소식을 단순한 사건으로 접하지 않고 그 배경과 내막을 살펴봄으로써 우리 사회에 경종을 울릴 수 있는 수작(秀作)으로 변모시킬 수 있다. 어찌 보면 언론인들을 꿈꾸는 이들 대부분은 언론의 이 같은 역할을 저마다의 가슴 속에 품고 있을 터.

그럼, 이제부터 절도 사건의 기사 작성법에 대해 본격적으로 알아보도록 하자. 먼저, 절도에 대해 개괄적으로 설명하자면 절도에는 '(일반)절도'와 '특수절도'가 있다. 여기에서 '특수'라는 단어는 단순히 물건을 훔친 것이 아니라 많은 신경을 써서 물건을 훔쳤음을 의미한다. 예를 들어, 재물을 훔치는 데 도구를 사용하거나 두 명 이상이 조직적으로 물건을 훔치는 등의 행위는 '특수절도'에 속한다. 이러한 특수절도는 일반적인 절도와 달리, 형량이 무겁게 매겨진다. 소위 말하면 '괘씸죄'가 가미되는 것이다. 절도를 저지른 피의자가 초범일 경우, 그리고 절도가 우발적으로 행해졌을 경우, 피의자가 진지하게 반성하고 훔친 물건을 고스란히 피해자에게 돌려주며 피해 보상까지 해줬을 경우, 피해자가 선처를 원할 경우 등의 조건이 따라오면 피의자는 집행 유예로서 구속을 면할 수도 있다. 하지만, '특수절도'는 집행 유예가 쉽지 않은 중죄(重罪)에 속한다. 그런 까닭에 필자는 사건 기사 작성 방법을 배우는 학생들에게 "만일 물건을 훔치더라도 연장을 사용하거나 여럿이 작당을 해서는 안 된다. 특수 절도죄로 인정되면 높은 확률로 감방행이니까!"라고 농담 삼아 말하기도 한다. 참, 피의자라 하면 죄를 범한 혐의로 수사 기관의 수사 대상이 되는 자를 뜻한다. 피해자의 반대 개념으로 받아들이면 이해가 쉬울 것이다.

그럼, 이제부터 절도 기사 작성 연습에 들어가도록 하자. 절도 기사 작성 요령은 이제껏 배운 교통사고 기사 및 화재사고 기사와 마찬가지로 역삼각형 기사 양식으로 쓰는 것이다. 먼저, 다음의 사건 일지를 보도록 하자.

II

사건 일지 1

언제: 7일 밤 11시쯤
어디서: 춘천 퇴계동 소재 '다나와' 핸드폰 대리점
누가: 정민준(14). 춘천시 퇴계동 퇴계 아파트 거주. 퇴계 중학교 2학년생
무엇을: 최신 스마트폰 15개 (시가 1,500만원 상당)
어떻게: 훔쳐서 달아났다.
춘천경찰서:
    정군에 대한 구속영장은 오늘 아침인 10일에 검찰을 통해 신청한 상태임. 정군에게 공범이 있었는지, 또 조직폭력배, 장물아비 등과 연결돼 있는지 알아보고 있는 중임. 최근 춘천에서 중학생 스마트폰 절도 사건이 잇따라 발생하고 있는데 정군이 절도 사건의 주범인지 아니면 연관이 있는지에 대해 조사 중. 정군은 현재 묵비권을 행사 중임.
체포 경위:
    신고를 받고 핸드폰 판매점 안과 인근 골목에 설치돼 있던 CCTV를 통해 확인해 보니, 정군은 마스크를 쓴 채 벽돌로 유리문을 깨고 들어가 사설 경비원이 출동하기 전에, 다시 진열장을 깨고 진열장에 전시돼 있던 스마트폰을 훔쳐 달아났음. 정군의 신체 조건과 상·하의, 신발, 모자 등을 토대로 탐문 수사를 벌인 결과, 정군의 신원을 파악하고, 사건 발생 다음날인 8일 정군 학교로 찾아감. 하지만 정군이 등교하지 않아 집으로 찾아갔지만 집에도 없어서 잡지 못하고 정군이 훔친 스마트폰 15대 가운데 10대만 정군의 방에서 발

견함. 그러다가 어젯밤 10시경, 퇴계동 소재의 한 PC방에서 인터넷을 통해 스마트폰 거래를 시도하던 정군을 발견해 현장에서 체포함. 체포 당시 정군은 훔친 스마트폰은 하나도 가지고 있지 않음. 현재는 행방이 묘연해진 스마트폰 5대의 행방을 찾고 있는 중임.

위의 절도사고 일지를 토대로 다섯 문장의 기사를 작성해 보도록 하자. 먼저 리드이다.

1번 문장:
강원도 춘천경찰서는 핸드폰 대리점에서 시가 1,500만원 상당의 스마트폰 15대를 훔친 중학생(특수절도)을 붙잡아 구속영장을 신청했다고 10일 밝혔다.

교통사고와 화재사고 기사가 중요한 사실만 포함시킨다면 리드의 분량이 짧아도 괜찮은 것과 달리, 절도 기사의 경우에는 정형화된 틀이 있어 리드 문장의 분량이 상대적으로 길게 마련이다. 물론 절도 기사 역시, 짧게 쓸 수 있다면 좋겠지만 리드에서 챙겨야 할 정보가 상당히 많기에 첫 문장의 분량은 대략 정해져 있다. 앞의 예에서 보듯이 리드에서는 먼저 피의자 체포 주체인 경찰서 이름이 나온 다음에 '해당 경찰서가 어떤 혐의로 누구를 붙잡아 구속영장을 신청했다고 며칠 밝혔다'는 식으로 내용이 펼쳐져야 한다. 경찰서는 앞서 소개한 화재사건 기사 작성법에서와 마찬가지로 특별시와 광역시를 제외한 도시의 경우에는 경기도, 강원도, 충청도, 전라도, 경상도와 같이 도 소재지를 먼저 알려준 다음, 춘천경찰서와 같이 사건 담당 경찰서의 이름을 제공한다.

첫 문장을 작성할 때 주목해야 할 사실은 절도 사건의 경우, 절도 금품의 액수가 기사 가치를 좌우한다는 것이다. 만일 절도 금액이 크지 않다면 굳이 액수를 밝힐 필요 없이, "금품을 훔친 혐의"라고 표기해도 괜찮지만, 위의 경우에서처럼 그 금액이 상당할 경우에는 리드에서 그 금액을 언급해 주어야 한다. 그렇지 않다면 다른 언론사에서는 '중학생, 1,500만원어치 핸드폰 훔쳐'라는 제목과 함께 리드 기사를 내보내는데 정작 자신은 '중학생이 스마트폰 15대 훔쳐'라고 리드를 작성하며 기사 가치를 오히려 낮출 수 있기 때문이다.

그렇다면, 금액의 구체적인 액수를 결정하는 기준은 무엇일까? 이는 딱히 정해진 답이 없기에 참으로 어려운 질문이다. 이와 관련해서는 일반적인 상식에 근거해서 결정할 수밖에 없는데, 굳이 필자의 기준을 적용하자면 1,000만원이 넘어가는 금액의 경우, 리드에서 충분히 다뤄줄 만하다고 판단된다. 하지만, 앞서 언급한 것처럼 시기와 장소, 피의자의 뉴스 가치 등이 적절히 어우러진다면 1,000원짜리 빵 하나를 훔쳤더라도 얼마든지 리드에서 언급될 수 있다.

기사 작성자는 6하원칙 가운데 어떤 요소의 뉴스 가치가 높은지 스스로 판단해야 한다. 이 절도 기사의 경우에는 '언제,' '어디서,' '누가,' '무엇을,' '어떻게,' '왜'의 6가지 원칙 가운데 '누구'에 해당하는 '중학생'이라는 뉴스와 함께, '무엇'에 해당하는 '1,500만원어치의 스마트폰'이 높은 뉴스 가치를 지니고 있기에 리드에서는 이를 언급하는 것이 바람직하다. 덧붙이자면, 리드 기사 내에서의 '혐의'라는 단어 뒤에는 괄호와 함께 괄호 안에 범죄 혐의의 구체적 종류인 '절도'를 넣어줘야 한다. 정군은 벽돌을 사용해 유리문과 진열장을 깨고 스마트폰을 훔쳤기에 도구를 이용한 범죄로써 '특수절도죄'가 성립된다. 물론, 이에 대해서는 역시 경찰을 통해 정확한 죄명(罪名)을 확인해야 한다.

　이와 함께, 두 번째 문장에서부터는 교통사고 기사나 화재 기사와 달리 피의자와 피해자 및 취재원 등 기사에 등장하는 인물들의 인권을 보호하기 위해 등장인물이나 기관들의 성이나 이름 대신 영문 이니셜을 A, B, C, D의 순서대로 사용하며, 리드 문장에서는 피의자의 직업이나 신분, 나이 등을 범주화해서 기술한다. 말하자면, 리드 문장에서는 피의자를 거론하며 중학생, 고등학생, 대학생, 20대 여성, 30대 남성, 40대 한의사 등과 같이 개괄적인 인적 사항을 제시한 다음, 두 번째 문장에서부터 이름 대신 'A씨'로 표현한다는 것이다.

　한편, 학생들을 지도하다 보면 리드 문장에서 "강원도 춘천경찰서는 다나와 핸드폰 대리점에서…"와 같이 피해업체의 이름을 직접 제공하는 경우를 만나곤 하는데, 첫 문장에서는 피해자 또는 피해업체에 대한 이름 등을 제공하지 않기에 이 같은 실수를 저지르지 않도록 주의해야 한다. 중요한 사실은 '다나와 핸드폰 대리점'을 대상으로 절도를 저지른 것이 아니라 '핸드폰 대리점'을 대상으로 절도를 저지를 것이기에 뉴스의 첫 문장에서는 이에 대한 강조가 우선적으로 행해져야 한다. 그리하여 업체 또는 피해자에 대한 이름 등의 부차적인 정보 제공은 두 번째 문장에서 리드 문장에 대한 보충 설명을 자세히 기술할 때 언급되는 것이 바람직하다.

　그럼, 다음 문장을 보도록 하자.

2번 문장:
강원도 춘천경찰서는 핸드폰 대리점에서 시가 1,500만원 상당의 스마트폰 15대를 훔친 중학생(특수절도)을 붙잡아 구속영장을 신청했다고 10일 밝혔다. 경찰에 따르면 중학교 2학년생인 A군은 지난 7일 춘천 퇴계동에 소재한 B핸드폰 대리점 유리문을 벽돌로 깨고 들어가 다시 핸드폰 진열장을 벽돌로 깨고 시가 1,500만원 상당의 최신형 스마트폰 15대를 훔쳐 달아난 혐의를 받고 있다.

리드에서와 마찬가지로 절도 기사의 두 번째 문장 역시, 정해진 양식이 있다. 이에 두 번째 문장에서는 "경찰에 따르면"이라는 문구와 함께, 피의자가 어떤 방식으로 절도를 했는지 자세히 풀어 써야 한다. 더불어 피의자를 거론할 때는 리드에서 단지 중학생이라고만 간단히 언급했기에 보다 자세하게 중학교 2학년생이라는 사실과 함께 A군이라는 식으로 특정지어 기술해야 한다. A씨가 아니라 A군이라고 칭하는 이유는 피의자가 미성년자이기 때문이다. 만일, 범인이 대학생이거나 고등학교를 졸업한 성인이라면 성별과 상관없이 모두 '씨'라고 칭하며, 여성 미성년자일 경우에는 A양으로 기술한다.

이와 함께, 두 번째 문장에서는 '언제,' '어디에서,' '어떻게,' '얼마어치'(금액이 클 경우)의 금품을 훔쳤는지 시간순으로 기술한 다음, 문장의 마지막에는 "~을 훔친/~을 훔쳐 달아난 혐의를 받고 있다"라는 어구로 마무리를 한다. 주의할 점은 피해업체의 상호도 영문 이니셜로 처리함으로써 나중에라도 발생할 수 있는 2차 피해를 미연에 방지해야 한다는 것이다.

다시 한번 명심하자. 피해자와 피해업체를 특정할 수 있는 모든 유관 정보는 신중에 신중을 기해 제공해야 한다는 사실을.

한편 절도 기사를 포함해 강도와 살인 기사에서는 리드 문장 이후에 등장하는 혐의 정보를 별도의 문단 나누기로 구별하지 않으며, 관행적으로 하나의 문단으로 묶는다. 그럼, 연이어 세 번째 문장을 보도록 하자.

3번 문장:

강원도 춘천경찰서는 핸드폰 대리점에서 시가 1,500만원 상당의 스마트폰 15대를 훔친 중학생(특수절도)을 붙잡아 구속영장을 신청했다고 10일 밝혔다. 경찰에 따르면 중학교 2학년생인 A군은 지난 7일 춘천 퇴계동에 소재한 B핸드폰 대리점 유리문을 벽돌로 깨고 들어가 다시 핸드폰 진열장을 벽돌로 깨고 시가 1,500만원 상당의 최신형 스마트폰 15대를 훔쳐 달아난 혐의를 받고 있다.

<u>경찰은 핸드폰 판매점과 인근 골목에 설치돼 있던 CCTV로 A군의 신체조건과 옷차림 등을 파악한 뒤, 탐문 수사를 벌인 끝에 용의자의 신원을 확인해 절도 이틀 뒤인 9일 오후 10시쯤 퇴계동의 한 PC방에서 훔친 핸드폰을 인터넷으로 거래 중이던 A군을 발견해 체포했다고 전했다.</u>

세 번째 문장은 경찰이 어떻게 A군을 체포했는지에 대해 시간의 흐름에 따라 차근차근 풀어 설명하는 것이 요령이다. 이때 주의할 점은 분량을 너무 길지도 짧지도 않도록 '알맞게' 조절하는 것이다. 세 번째 문장이 너무 길면 정보량이 많아지면서 독자들의 흥미와 집중도가 떨어지고, 너무 짧으면 독자들이 범인 체포 과정에 대해 궁금증을 갖게 될 수 있다. 그래서 세 번째 문장의 분량은 두 번째 문장과 비슷한 길이로 전개되는 것이 적절하다. 이를 위해 세 번째 문장에서는 경찰이 A군의 학교에 갔다가 허탕을 치고 다시 A군의 집으로 간 과정을 과감하게 생략하고 있다. 이러한 사실들을 모두 다루다 보면 문장이 무척 길어져 사건 뉴스가 지녀야 하는 긴박감이 떨어질 수도 있다. 만

일, 경찰이 A군의 학교에 갔다가 허탕을 치고 다시 A군의 집으로 간 과정도 다루고자 한다면 두 문장에 걸쳐 경찰의 체포 과정을 기술하는 것이 좋다.

한 가지 더 중요한 사실을 언급하자면 "경찰은 A군을 ~ 체포했다"라고 단정적으로 기술하기보다 "경찰은 A군을 ~ 체포했다고 전했다/밝혔다"라고 표현하는 것이 적절하다는 것이다. 그렇지 않다면 마치 경찰의 A군 체포 현장을 기자가 직접 목격한 것처럼 독자와 시청자들이 오인할 수도 있다. 마지막으로, 세 번째 문장은 앞선 내용과 맥락이 다른 장면 전환에 해당하기에 문단 나누기를 시행했다.

그럼, 네 번째 문장을 보도록 하자.

4번 문장:

강원도 춘천경찰서는 핸드폰 대리점에서 시가 1,500만원 상당의 스마트폰 15대를 훔친 중학생(특수절도)을 붙잡아 구속영장을 신청했다고 10일 밝혔다. 경찰에 따르면 중학교 2학년생인 A군은 지난 7일 춘천 퇴계동에 소재한 B핸드폰 대리점 유리문을 벽돌로 깨고 들어가 다시 핸드폰 진열장을 벽돌로 깨고 시가 1,500만원 상당의 최신형 스마트폰 15대를 훔쳐 달아난 혐의를 받고 있다.

경찰은 핸드폰 판매점과 인근 골목에 설치돼 있던 CCTV로 A군의 신체조건과 옷차림 등을 파악한 뒤, 탐문 수사를 벌인 끝에 용의자의 신원을 확인해 절도 이틀 뒤인 9일 오후 10시쯤 퇴계동의 한 PC방에서 훔친 핸드폰을 인터넷으로 거래 중이던 A군을 발견해 체포했다고 전했다. <u>경찰은 A군이 최근 춘천에서 잇따르고 있는 중학생 스마트폰 절도 사건과 관련이 있는지 조사 중인 한편, 공범이 있었는지의 여부와 함께 조직폭력배, 장물아비 등과의</u>

<u>연계 가능성에도 주목하고 있다.</u>

　세 번째 문장에서 범인에 대한 체포 상황을 전했다면, 네 번째 문장에서는 경찰이 범인 체포 이후에 주력하고 있는 수사 상황에 대해 설명해야 한다. 더불어서 그러한 수사 상황은 사건 일지에 기술된 내용을 기사체 형식으로 바꾸는 요령을 필요로 한다.
　이와 함께, A군이 훔친 15대의 핸드폰 가운데 5대의 행방이 묘연해 이를 추적하고 있다는 경찰의 정보 제공은 이 기사에서 과감하게 삭제했다. 앞서 언급한 바와 같이 이 기사에서는 누가 어떻게 얼마어치의 핸드폰을 훔쳤고, 언제 어디에서 잡혔는지가 더욱 중요하기 때문이다. 만일, 도난당한 물품에 대한 대중들의 관심이 크다면 이를 기사 중간이나 말미에 보도하는 것이 필요하겠지만, 핸드폰의 경우는 이미 대중화된 물건이기에 뉴스 가치가 그리 높지 않다고 보고 이 기사에서는 유관 정보를 다루지 않았다. 하지만 기사 분량이 넉넉하게 제공되거나 에디터/데스크가 더욱 길게 쓸 것을 요구하는 경우에는 기사의 중간 이후부터 적당한 곳에 해당 정보를 제공하면 된다.
　네 번째 문장은 우리 모두에게 대단히 익숙한 서사체이지만 막상 자신이 기사로 작성하려 하면 생각만큼 잘 써지지 않는다. 절도 기사에서 두 번째 문장 이후부터 자연스럽게 글을 써 내려가기 위해서는 관련 기사를 많이 읽고 많이 베껴 쓰는 노력이 필요하다. 필자 역시 언론사 수습 기자 시절, 이러한 기사 전개 방식이 손에 익지 않아 관련 기사들을 스크랩해가면서 베껴쓰기를 반복했다. 물론, 이는 필자에만 국한된 것이 아니라 수습기자 모두에게 공통적으로 적용되는 요령이겠지만.
　한편, 학생들을 지도하다 보면 다음과 같은 네 번째 문장을 만나기도 한다.

A군은 최근 춘천에서 잇따르고 있는 중학생 스마트폰 강도 사건과 관련이 있는지 조사 받고 있는 중이며, 경찰은 A군에게 공범이 있었는지의 여부와 함께 조직폭력배, 장물아비 등과의 연계 가능성을 주목하고 있다.

이 글은 경찰이라는 주어가 각 문장의 앞에 계속해서 등장하는 반복을 지양하기 위해 나름대로 신경 써서 작성된 것이지만, 복문 형태의 이 문장에서는 앞부분(A군)과 뒷부분(경찰)의 주어가 다르게 작성돼 있어 자연스럽지 못한 구조를 지니고 있다. 더군다나 범인이 주어인 문장의 앞은 피동형, 경찰이 주어인 뒤는 능동형으로 구성돼 있어 문장 전체의 형식적인 일관성 또한 상실하고 있다.

잊지 말자. 만일 문장의 앞부분이 피동형으로 돼 있으면 뒷부분도 피동형으로, 앞부분이 능동형으로 구성돼 있으면 뒷부분도 능동형으로 일치시켜야 한다는 것을. 이와 함께 주어는 하나로 통일하되 정보 출저를 중심으로 작성해야 한다는 것도 기억해야 한다. 만일 목격자의 진술을 직접 전해 들었다면 해당 문장을 구성할 때는 목격자가 주어로 등장해야 한다. 물론, 목격자의 진술조차 경찰이 전해주었다면 해당 문장의 주어는 마땅히 경찰이 되어야 하고.

그럼, 마지막 문장을 살펴보도록 하자.

5번 문장:

강원도 춘천경찰서는 핸드폰 대리점에서 시가 1,500만원 상당의 스마트폰 15대를 훔친 중학생(특수절도)을 붙잡아 구속영장을 신청했다고 10일 밝혔다. 경찰에 따르면 중학교 2학년생인 A군은 지난 7일 춘천 퇴계동에 소재한 B핸드폰 대리점 유리문을 벽돌로 깨고 들어가 다시 핸드폰 진열장을 벽돌로 깨고 시가 1,500만원 상당의 최신형 스마트폰 15대를 훔쳐 달아난 혐의를 받고 있다.

경찰은 핸드폰 판매점과 인근 골목에 설치돼 있던 CCTV로 A군의 신체조건과 옷차림 등을 파악한 뒤, 탐문 수사를 벌인 끝에 용의자의 신원을 확인해 절도 이틀 뒤인 9일 오후 10시쯤 퇴계동의 한 PC방에서 훔친 핸드폰을 인터넷으로 거래 중이던 A군을 발견해 체포했다고 전했다. 경찰은 A군이 최근 춘천에서 잇따르고 있는 중학생 스마트폰 절도 사건과 관련이 있는지 조사 중인 한편, 공범이 있었는지의 여부와 함께 조직폭력배, 장물아비 등과의 연계 가능성에도 주목하고 있다. <u>(한편,) 현재 A군은 묵비권을 행사하고 있는 것으로 알려졌다.</u>

마지막 문장은 짐작한 바와 같이 피의자에 대한 기술이다. 참고로 '피의자'란 경찰과 검찰의 수사 대상이 되는 사람으로서 아직 재판정에 서지 않은 이를 일컫는 법률 용어이다. 만일, 피의자가 재판정에 서게 되면 그 순간부터 '피고인'이라 불리게 된다.

피의자가 자신의 죄를 순순히 털어놓는 경우는 매우 드물다. 이 때문에 절도 기사가 됐든 강도 기사 또는 살인 기사가 됐든 마지막 문장은 "피의자가 범행을 완강히 부인하고 있다"라거나 "피의자가 묵비권을 행사하고 있다"라고 식으로 자주 표현된다. 물론, 이 역시 경찰에 대한 취재를 통해 확인되어야 하며 만일 해당 사실이 확인되지 않았다면 짐작해서 쓰는 것은 마땅히 지양되어야 한다. 위의 경우에는 취재 기자가 경찰을 통해 해당 사실을 전해 들었다는 것을 짐작할 수 있다. 해당 문장의 마지막 부분이 "~한 것으로 알려졌다"라고 기술돼 있기 때문이다.

한편, 절도 기사를 쓸 때는 날짜 확인에 각별한 주의를 기울여야 한다. 당일 발생해서 당일에 보도되는 교통, 화재 기사와 달리 절도 기사에서는 범인이 범행을 저지른 날짜와 범인이 체포된 날짜, 그리고 경찰이 구속영장을 검찰에 청구한 날짜가 제각각 다를 수 있다.

언론에서는 "경찰이 구속영장을 신청했다"라고 일반적으로 소개하지만, 정확한 법률 절차상으로는 1) 경찰, 검찰에 피의자의 구속영장 청구, 2) 검찰, 법원에 구속영장 신청의 순으로 이뤄진다. 하지만 언론에서는 이러한 절차를 간략하게 줄여 신청 대상자인 검찰에 대한 거론 없이 통상적으로 경찰이 구속영장을 신청했다고만 표현하고 있다.

그럼, 두 번째 연습문제를 보도록 하자.

III

사건 일지 2

언제: 오늘(19일) 오전 3시
어디서: 한림대학교 일송기념도서관
누가: 고다원 (춘천시 약사천동·30·무직)
비고: 2015년 한림대 미디어스쿨 입학, 2021년 2월 졸업
무엇을: 도서관 노트북 5대, 벽걸이형 전자 신문 2개, 아이패드 등 시가 1억 원 상당의 전자 제품
어떻게: 훔치다 경비원에게 적발돼 경찰에 넘겨짐.
KT 캅 경비원 박길수 (40):
    교내 순찰을 도는 중이었음. 도서관 주차장 근처에 평소 못 보던 용달차가 서 있는 것을 보았음. 혹시나 해서 문을 열고 들어갔더니 안에서 이삿짐 카트를 이용해 고씨가 전자제품들을 훔치고 있는 장면을 목격함. 조용히 112에 신고한 후 바깥에서 동태를 살피다 출동한 경찰과 함께 범인을 잡음. 경찰은 신고 5분 만에 출동했음. 범인은 현장에서 발각되자마자 경찰과 경비원을 밀치며 출입구를 통해 도망치려다 체포됨.

춘천경찰서:
고씨가 최근 몇 달간의 한림대 및 강원대 교내 연쇄 도난 사건(특히 값비싼 전자제품)과 연관이 있는지 조사 중. 또 경비시스템이 설치돼 있는 도서관에는 어떻게 들어갔는지에 대해서도 조사 중임. 이와 함께 단독 범행인지, 왜 절도를 하게 됐는지에 대해 조사하고 있지만 고다원씨는 묵비권을 행사 중임.

위의 사건 일지를 토대로 여섯 문장의 기사를 작성해 보도록 하자. 먼저 리드이다.

1번 문장:
강원도 춘천경찰서는 자신이 졸업한 대학교의 도서관에 침입해 1억원 상당의 전자제품을 훔친 30대 남성(특수절도)을 체포했다고 19일 밝혔다.

앞서 연습한 예제와 동일한 방식으로 전개되어야 함에도 이 기사의 리드 문장에서는 반드시 부가적으로 챙겨야 하는 중요 정보가 있다. 매년 학생들에게 이 사건 일지를 토대로 기사 작성 연습을 시켜보면 대부분 아래와 같이 작성하는 것을 경험하게 된다.

강원도 춘천경찰서는 (춘천의 한) 대학교 도서관에 침입해 1억원 상당의 전자제품을 훔친 30대 남성(특수절도)을 체포했다고 19일 밝혔다.

위의 잘못된 예를 보면 무엇이 문제인지 잘 파악할 수 알겠지만, 처음에 사건 일지를 보고 기사를 작성할 때는 무엇이 뉴스 가치를 지니고 있는지 한 눈에 파악하기가 쉽지 않다. 그런 까닭에 학생들에게 "사건일지를 보았을 때 '아, 이럴 수가…'라고 생각했던 것이 무엇인지 떠올리면서 그것이 바로 중요한 뉴스 가치를 지니고 있는 것이라고 일깨운 후, 기사를 작성하도록 하면 보통 다음과 같이 작성해 온다.

강원도 춘천경찰서는 A대학교 도서관에 침입해 1억 원 상당의 전자제품을 훔친 혐의(특수절도)로 A대학교 졸업생인 30대 남성을 체포했다고 10일 밝혔다.

물론 위의 문장도 나쁘지는 않다. 하지만, 리드는 간결하게 쓸수록 독자와 시청자들이 쉽게 이해할 수 있기에 조금이라도 글자 수를 줄여야 한다. 만일 A대학교 도서관에 침입해 1억원 상당의 전자제품을 훔친 이가 A대학교 졸업생이었다고 리드 끝에서 언급하면 독자와 시청자들이 두 정보 사이의 연관 관계를 유추하며 '그럼 이 학교 졸업생이었다는 것인가?'하며 반신반의할 수 있다. 언론사에서는 독자들이 겪을 수 있는 이와 같은 혼란을 미연에 방지하기 위해 리드 첫머리에서부터 '자신이 졸업한'이라는 문구를 집어넣음으로써 뉴스를 접하는 이들이 사건을 쉽게 이해할 수 있도록 돕는다. 말하자면 쉽게 표현할 수 있는 것을 어렵게 꼬아서 표현하지 않도록 기사를 작성하는 것 또한 기자의 능력이라는 것이다.

리드 문장을 작성함에 있어 학생들이 자주 저지르는 또 다른 실수로는 다음과 같은 예도 있다.

강원도 춘천경찰서는 자신이 졸업한 대학교의 도서관에 침입해 1억원 상당의 전자제품을 훔치려 한 혐의(특수절도)로 30대 남성을 체포했다고 19일 밝혔다.

혹시, 무엇이 잘못됐는지 알아차렸는가? 만일 알아차렸다면 여러분들은 이미 대단히 날카로운 기자 감각을 지니고 있다고 볼 수 있다. 이 글에서는 30대 남성이 1억원 상당의 전자제품을 '훔치려' 했다고 기술하고 있다. 하지만 30대 남성은 이미 물건들을 훔친 상태에서 도주하다가 체포됐기에 이처럼 기술하는 것은 명백한 오보에 속한다. '훔치려 한'이라고 표현하려면 30대 남성이 도서관 안에까지 침입하는 데는 성공했지만, 아직 물건을 손에 넣지 못한 상태에서 체포되어야 한다. 그렇다면 피의자는 아직 절도를 저지른 것이 아니며 절도죄가 아닌 무단침입과 절도 미수 혐의를 받게 된다. 잊지 말자, 기자는 상황을 정확하게 묘사해 작성해야 한다는 사실을. 그럼, 이번에는 두 번째 문장으로 옮겨가 보도록 하자.

2번 문장:
강원도 춘천경찰서는 자신이 졸업한 대학교의 도서관에 침입해 1억원 상당의 전자제품을 훔친 30대 남성(특수절도)을 체포했다고 19일 밝혔다. <u>경찰에 따르면 A모(30)씨는 19일 오전 3시쯤, 자신이 2021년 초에 졸업한 강원도 춘천의 B대학교 중앙도서관에 들어가 도서관 노트북 5대, 벽걸이형 전자 신문 2개, 아이패드 등 시가 1억원 상당의 전자제품을 훔친 혐의를 받고 있다.</u>

첫 번째 절도 사건 일지를 통해 연습한 것처럼 두 번째 문장은 첫 번째 문장의 앞부분을 보다 자세하게 기술해야 한다. 만약 정보가 많다면 다시 이를 둘로 나눠 두 번째와 세 번째 문장에서 풀어주어야 하고, 여기에서는 두 번째 문장에서 리드의 앞부분을 충분히 설명해 줄 수 있어 세 번째 문장에서까지 리드 앞부분을 설명할 필요는 없다. 이와 함께, 날짜 바로 뒤의 "자신이 2021년 초에 졸업한"이라는 문구에서 2021년이라는 시기가 빠지지 않도록 주의하도록 하자. 그렇지 않다면 "A모(30)씨는 10일 오전 3시쯤 자신이 졸업한…"과 같이 어색하게 해석되는 문장이 작성될 수 있다. 그런 까닭에 필자는 "19일 오전 3시쯤"이라는 문구 뒤에 쉼표를 집어 넣는 동시에, 다시 "자신이 2021년 초에 졸업한"이라는 문구를 첨가함으로써 일말의 부자연스러움도 없이 글이 전개될 수 있도록 신경을 썼다. 전문성은 특별한 곳이 아닌 사소한 곳에서 드러나게 마련이다. 글 역시, 사소한 것에 대한 배려가 모이고 쌓여야 술술 잘 읽히며 머리에 쏙쏙 들어오는 작품으로 거듭날 수 있다.

이번엔 세 번째 문장이다.

3번 문장:

강원도 춘천경찰서는 자신이 졸업한 대학교의 도서관에 침입해 1억원 상당의 전자제품을 훔친 30대 남성(특수절도)을 체포했다고 19일 밝혔다. 경찰에 따르면 A모(30)씨는 19일 오전 3시쯤, 자신이 2021년 초에 졸업한 강원도 춘천의 B대학교 중앙도서관에 들어가 도서관 노트북 5대, 벽걸이형 전자 신문 2개, 아이패드 등 시가 1억원 상당의 전자제품을 훔친 혐의를 받고 있다. <u>경찰은 순찰을 돌던 경비원의 신고를 받고 출동해 현장에서 이삿짐 카트를 이용해 전자제품을 훔치고 있는 A씨를 체포했다고 전했다.</u>

세 번째 문장에서는 A타입 기사 작성법에서 배운 것처럼 리드의 뒷부분을 자세히 설명하는 것이 요령이다. 밑줄 친 문장의 정보를 통해 알 수 있는 바와 같이 경찰의 입장에서 경비원으로부터 신고를 받은 후, 현장에 출동해서 범인을 체포할 때까지의 사건 전개가 시간순으로 잘 묘사돼 있다.

한편 학생에 따라서는 다음과 같이 세 번째 문장을 기술하기도 한다.

강원도 춘천경찰서는 자신이 졸업한 대학교의 도서관에 침입해 1억원 상당의 전자제품을 훔친 30대 남성(특수절도)을 체포했다고 10일 밝혔다. 경찰에 따르면 A모(30)씨는 19일 오전 3시쯤, 자신이 2021년 초에 졸업한 강원도 춘천의 B대학교 중앙도서관에 들어가 도서관 노트북 5대, 벽걸이형 전자신문 2개, 아이패드 등 시가 1억원 상당의 전자제품을 훔친 혐의를 받고 있다. 경비원 C모(40)씨는 "순찰을 돌던 중, 도서관 앞에 낯선 용달차가 서 있는 것을 보고 도서관에 들어가 보니 범인이 전자제품들을 이삿짐 카트에 싣고 있어 경찰에 신고했다"고 밝혔다.

세 번째 문장에 경비원 C모씨의 증언을 배치하는 것도 나쁘지 않지만, 사건·사고 기사에서는 일반적으로 기자가 절도 사건의 주요 정보원인 경찰의 범인 체포 상황을 기술한 다음, 자신이 직접 취재한 증인 진술을 제공하는 것이 바람직하다. 그렇지 않고 증인의 진술을 먼저 쓴 다음에 경찰 정보를 제공할 경우, 범인 체포와 관련된 정보 제공의 주체가 경찰 → 증인 → 경찰로 바뀌면서 글의 흐름이 자칫 산만하게 전개될 수 있다. 그런 까닭에 범인의 체포 상황을 기술할 때는 경찰발 정보를 한데 묶어서 일괄적으로 제공한 후, 자신이 취재한 현장 묘사나 증인 인터뷰 내용을 기사의 뒷부분에 별도로 삽입하는 것이 글맛을 부드럽게 하는 요령이다.

그럼, 네 번째 문장으로 넘어가 보자.

4번 문장:
강원도 춘천경찰서는 자신이 졸업한 대학교의 도서관에 침입해 1억원 상당의 전자제품을 훔친 30대 남성을 체포했다고 19일 밝혔다. 경찰에 따르면 A모(30)씨는 19일 오전 3시쯤, 자신이 2021년 초에 졸업한 강원도 춘천의 B대학교 중앙도서관에 들어가 도서관 노트북 5대, 벽걸이형 전자 신문 2개, 아이패드 등 시가 1억원 상당의 전자제품을 훔친 혐의를 받고 있다.

경찰은 순찰을 돌던 경비원의 신고를 받고 출동해 현장에서 이삿짐 카트를 이용해 전자제품을 훔치고 있는 A씨를 체포했다고 전했다. <u>경비원 C모(40)씨는 "순찰을 돌던 중, 도서관 앞에 낯선 용달차가 서 있는 것을 보고 도서관에 들어가보니 범인이 전자제품들을 이삿짐 카트에 싣고 있어 경찰에 신고했다"고 밝혔다.</u>

네 번째 문장의 말미는 '밝혔다'라는 동사를 사용함으로써 이전의 문장 말미에 사용된 '전했다'라는 표현이 중복적으로 사용되는 것을 피하고자 했다. 이와 함께, 네 번째 문장에서는 절도 사건의 재구성에 있어 기자가 사건을 취재한 정보가 제공되고 있다. 말하자면 경찰서에 도착해서 경찰로부터 사건의 개요에 대한 설명을 들은 다음, 다시 경비원을 추가로 인터뷰해 얻어낸 정보를 기술하고 있다는 것이다. 이와 관련해 경찰이 A모씨의 여죄를 추궁 중이라는 정보를 네 번째 문장에도 담아낼 수 있지만, 그렇게 되면 경비원 C모씨의 인터뷰 내용이 다음으로 밀리면서 글의 흐름이 조금 생뚱맞게 전개될 수 있다. 다음의 경우를 보도록 하자.

강원도 춘천경찰서는 자신이 졸업한 대학교의 도서관에 침입해 1억원 상당의 전자제품을 훔친 30대 남성(특수절도)을 체포했다고 19일 밝혔다. 경찰에 따르면 A모(30)씨는 19일 오전 3시쯤, 자신이 2021년 초에 졸업한 강원도 춘천의 B대학교 중앙도서관에 들어가 도서관 노트북 5대, 벽걸이형 전자신문 2개, 아이패드 등 시가 1억원 상당의 전자제품을 훔친 혐의를 받고 있다. 경찰은 순찰을 돌던 경비원의 신고를 받고 출동해 현장에서 이삿짐 카트를 이용해 전자제품을 훔치고 있는 A씨를 체포했다고 전했다. 경찰은 A씨가 최근 몇 달간 춘천 소재 대학들에서 잇달아 발생한 교내 도난 사건과 연관이 있는지 조사하고 있다. 경비원 C모(40)씨는 "순찰을 돌던 중, 도서관 앞에 낯선 용달차가 서 있는 것을 보고 도서관에 들어가보니 범인이 전자제품들을 이삿짐 카트에 싣고 있어 경찰에 신고했다"고 밝혔다.

어떤가? 분명, 앞에서 전개된 글의 흐름과는 다소 동떨어진 맥락의 정보가 배치된 느낌이 들지 않는가? 따라서 글의 전개 순서는 체포와 관련된 뉴스에 있어 경찰발 정보를 먼저 제공한 다음, 신고 및 체포 정황과 관련된 기자의 취재 인터뷰를 곁들이고 나서 체포 이후의 경찰 조사 상황을 마지막에 전달하는 것이 자연스러운 전개를 펼치는 요령이다. 그렇게 볼 때 글의 전개에 대한 흐름을 조언하자면 먼저 '신고 접수 후 범인 체포 상황'을 제공하고 난 다음, '범인 수사 상황'을 펼치는 것이 바람직하다. 물론, 증인이나 목격자, 피해자나 피의자 인용은 해당 내용이 '신고 후 범인 체포 상황'인지 '범인 수사 상황'인지에 따라 해당 내용의 경찰발 정보가 끝난 뒤에 첨가하는 것이 자연스럽다.

한편, '경비원 C모씨'라는 표현 대신 'KT캅 경비원 C모씨'라고 씀으로써 특정 브랜드를 홍보하지 않도록 주의하도록 하자.

이제 다섯 번째 문장이다.

5번 문장:

강원도 춘천경찰서는 자신이 졸업한 대학교의 도서관에 침입해 1억원 상당의 전자제품을 훔친 30대 남성(특수절도)을 체포했다고 19일 밝혔다. 경찰에 따르면 A모씨는 19일 오전 3시쯤, 자신이 2021년 초에 졸업한 강원도 춘천의 B대학교 중앙도서관에 들어가 도서관 노트북 5대, 벽걸이형 전자 신문 2개, 아이패드 등 시가 1억원 상당의 전자제품을 훔친 혐의를 받고 있다.

경찰은 순찰을 돌던 경비원의 신고를 받고 출동해 현장에서 이삿짐 카트를 이용해 전자제품을 훔치고 있는 A씨를 체포했다고 전했다. 경비원 C모(40)씨는 "순찰을 돌던 중, 도서관 앞에 낯선 용달차가 서 있는 것을 보고 도서관에 들어가보니 범인이 전자제품들을 이삿짐 카트에 싣고 있어 경찰에 신고했다"고 밝혔다.

<u>(현재) 경찰은 A씨가 최근 몇 달간 춘천 소재 대학들에서 잇달아 발생한 교내 도난 사건과 연관이 있는지 조사하고 있다.</u>

앞서 설명한 바와 같이, A씨의 여죄에 대한 경찰의 추가 수사 상황을 브리핑하고 있다. 위와 같은 글귀는 역삼각형 기사 작성의 전형적인 것으로서 교통사고를 비롯해 화재, 절도, 강도, 살인 사건 등의 뒷머리를 장식하는 정보이기에 그 표현을 익혀 두는 것이 필요하다. 이와 함께, 다섯 번째 문장에서는 이전의 범인 체포와 다른 내용인 경찰 수사 과정이 전개되고 있어 다시 한번 문단 들여쓰기를 사용했다.

드디어 마지막 문장이다.

6번 문장:

강원도 춘천경찰서는 자신이 졸업한 대학교의 도서관에 침입해 1억원 상당의 전자제품을 훔친 30대 남성(특수절도)을 체포했다고 19일 밝혔다. 경찰에 따르면 A모씨는 19일 오전 3시쯤, 자신이 2021년 초에 졸업한 강원도 춘천의 B대학교 중앙도서관에 들어가 도서관 노트북 5대, 벽걸이형 전자 신문 2개, 아이패드 등 시가 1억원 상당의 전자제품을 훔친 혐의를 받고 있다.

경찰은 순찰을 돌던 경비원의 신고를 받고 출동해 현장에서 이삿짐 카트를 이용해 전자제품을 훔치고 있는 A씨를 체포했다고 전했다. 경비원 C모(40)씨는 "순찰을 돌던 중, 도서관 앞에 낯선 용달차가 서 있는 것을 보고 도서관에 들어가보니 범인이 전자제품들을 이삿짐 카트에 싣고 있어 경찰에 신고했다"고 밝혔다.

현재 경찰은 A씨가 최근 몇 달간 춘천 소재 대학들에서 잇달아 발생한 교내 도난 사건과 연관이 있는지 조사하고 있다. <u>한편, A씨는 묵비권을 행사하고 있는 것으로 알려졌다.</u>

마지막 문장에서는 앞서 설명한 대로 체포된 피의자의 현황을 다루고 있다. 참고로 언급하자면, 여기에 피의자의 개인적인 정보-이를테면 학과나 전공 등에 관한 정보-를 넣는 것은 마땅히 피해야 한다. 그렇지 않다면 자칫 예상하지 못했던 2차 피해가 해당 학과나 전공 등에서 발생할 수 있다. 어떤가? 이 정도면 이제 여러분들도 여섯 문장으로 구성된 절도 기사를 작성할 수 있지 않겠는가?

그럼, 마지막 절도 기사 작성 연습을 해 보도록 하자.

IV

사건 일지 3

언제: 오늘 새벽 2시 (3일)
어디서: 대전시 신흥사
누가: 미상(未詳)
무엇을: 금동 미륵불상
어떻게: 끌차와 5톤 트럭을 이용해 훔쳐 감.

대전 경찰서:
최근 기승을 부리고 있는 사찰 문화재 절도와 관련이 있다고 보고 있음. 현재 경찰은 서울 인사동 등의 고불상(古佛商) 수집상들을 대상으로 조사에 들어감. 동시에 동종 범죄를 저지른 바 있는 전과자들을 상대로도 탐문 수사 중임. 경찰은 미륵불상이 시장에 나오려면 몇 년이 지난 후, 사건이 잠잠해질 때라고 보며 지속적으로 문화재 불법 거래 시장을 사찰하겠다고 밝힘. 절도 사건 후 신고를 받고 현장을 조사한 결과, 평소 대웅전의 문이 잠겨 있고 경보장치가 작동하고 있으나 오늘은 어찌된 영문인지 잠겨 있지도 않았으며 경보 장치도 꺼져 있었다고 밝힘. 내부 사정을 잘 아는 이가 절도에 개입했을 것으로 추정하는 가운데 지금은 당직자가 누구였는지 확인하는 중임. 사찰 입구에 설치된 CCTV를 확인한 결과, 신원미상의 4명이 미리 대기시켜 놓은 5톤 트럭에 가로 50cm, 세로 50cm, 높이 1m의 미륵불상을 끌차를 이용해 실은 후, 파란색 방수천을 덮어서 싣고 도망감. 절도에 걸린 시간은 10분에 불과했으며 신속하고 조용히 훔친 것으로 미루어 전문가의 소행으로 추정되고 있음. 더불어서 충분한 사전 조사와 예행 연습을 거친 것으로 보임. 미륵불상은 300년 된 것으로 시가는 약 10억원 가량하는 것으로 추정됨.

주지 스님 안승현(54):
"평소와 다름없이 새벽 4시쯤 대웅전에 예불을 드리러 나왔다가 부처님 오른편에 있는 미륵불상만 감쪽같이 없어져서 깜짝 놀랐다. 평소에도 많은 이들이 여기를 오가기 때문에 누구의 소행인지 전혀 짐작이 가지 않는다. 용서할 테니 어디에 있는지 알려주면 가져올 테니 제발 무사히 돌려만 달라."

이 사건 일지를 토대로 여섯 문장의 절도 기사를 작성해 보도록 하자. 먼저 리드 문장이다.

1번 문장:
대전경찰서는 한밤중에 사찰에 침입해 300년 된 시가 10억원 상당의 미륵불상을 훔쳐 달아난 4인조 절도범들을 뒤쫓고 있다고 3일 밝혔다.

수업을 통해 학생들에게 이 사건 일지를 배포한 후, 리드 문장을 작성토록 하면 다음과 같이 작성하는 경우를 많이 접하곤 한다.

대전경찰서는 대전의 한 사찰에서 신원 미상의 범인(특수절도)에 의해 미륵불상이 도난당했다고 3일 밝혔다.

리드 작성 시, 학생들이 가장 많이 저지르는 오류는 앞서 연습한 대로 기사를 작성하면서 괄호 정보를 통해 '특수절도'라는 죄명(罪名)까지 제공한다는 것이다. 하지만, 죄명이라는 것은 경찰이 범인(들)을 체포한 후, 검찰에 구속영장을 청구할 때 신청서에 기재하는 것이기에 아직 범인이 잡히지도 않은 상황에서 언론이 범인(들)의 죄명을 먼저 거론할 수는 없다. 또한, 이 장(章)의 초반부에 언급한 것처럼 절도 당한 물건은 무려 300년이나 된 시가 10억원 상당의 미륵불상이므로 이에 대한 언급을 리드에서 당연히 제시해야 한다. 하지만 사찰에서 절도 사건이 일어난 것에만 주목할 경우, 가장 중요한 사실을 놓침으로써 결과적으로는 '팥 없는 단팥빵'이나 '오아시스 없는 사막'과 같은 기사를 내보낼 수 있다.

두 번째로 '신원 미상'이라는 보도자료의 한자어는 그대로 사용하기보다 '정체를 알 수 없는' 등과 같이 풀어쓰거나 앞서 보여준 바와 같이 그냥 '4인조 절도범들'이라고 표현하는 것이 적절하다. 이와 관련해서도 간혹 "절도범을 수사하고 있다"는 등의 방식으로 리드 문장을 기술하는 경우도 종종 접하곤 한다. 하지만 절도범들은 모두 4명이기에 범인이 한 명임을 암시하고 있는 '절도범을 수사하고 있다'는 기술은 명백한 오보이며, 아직 잡히지도 않은 이들을 수사한다고 표현하는 것 또한 어불성설(語不成說)이다. 국어사전을 보면, 수사(搜査)란 "범죄의 혐의 유무를 명백히 하고 공소의 제기와 유지 여부를 결정하기 위해 범인을 발견, 확보해 증거를 수집, 보전하는 활동"을 뜻한다. 이 때문에 범인들의 정체가 파악되지 않은 가운데 이들이 아직 잡히지도 않았기에 "경찰은 … 4인조 절도범들을 뒤쫓고 있다(고 밝혔다)"라고 작성하는 것이 옳다 하겠다.

그럼, 두 번째 문장으로 넘어가도록 하자.

2번 문장:
대전경찰서는 한밤중에 사찰에 침입해 300년 된 시가 10억원 상당의 미륵불상을 훔쳐 달아난 4인조 절도범들을 뒤쫓고 있다고 3일 밝혔다. <u>경찰에 따르면 이들은 3일 새벽 2시쯤 충남 대전(시)에 위치한 A사찰 내 대웅전에 있던 300년 된 시가 10억원 상당의 미륵불상을 끌차를 이용해 미리 대기 시켜 놓은 5t 트럭에 옮겨 달아났다.</u>

두 번째 문장의 작성 요령은 리드의 앞부분에 해당하는 "~을 훔쳐 달아난"에 대한 정보를 상세히 제공하는 것이다. 이에 따라 여기에서는 정확한 시간과 함께 2차 피해가 발생하지 않을 정도의 절도 장소 위치 및 도난품 절도 방법 등이 소개되고 있다. 주의해야 할 점은, 주어가 "경찰에 따르면"이기에 술어는 "~했다"와 같은 방식으로 끝을 맺어야 한다는 것이다. 하지만, 학생들에 따라서는 간혹 "경찰에 따르면 … 전했다"와 같이 기술함으로써 주어와 술어가 일치하지 않는 엉터리 문장, 즉 비문(非文)이 발생하게 된다. 주지하다시피 "경찰은 … 밝혔다/전했다," "경찰에 따르면 범인은 누구이다"와 같이 주어와 술어가 적확하게 들어맞는 문장이 이른바 올바른 문장이다. 이와 함께 '5톤 트럭'의 경우, 언론사에서는 't'라는 약자를 사용함으로써 조금이라도 표기 공간을 아끼고자 노력한다. 이는 '킬로미터'(km), 'kg'(킬로그램), 'mm'(밀리미터), 'm^2'(제곱미터) 등과 같은 단위 표기에도 공통적으로 적용된다.

이번엔 세 번째 문장이다.

3번 문장:

대전경찰서는 한밤중에 사찰에 침입해 300년 된 시가 10억원 상당의 미륵불상을 훔쳐 달아난 4인조 절도범들을 뒤쫓고 있다고 3일 밝혔다. 경찰에 따르면 이들은 3일 새벽 2시쯤 충남 대전(시)에 위치한 A사찰 내 대웅전에 있던 300년 된 시가 10억원 상당의 미륵불상을 끌차를 이용해 미리 대기 시켜 놓은 5t 트럭에 옮겨 달아났다. <u>새벽 예불을 드리러 나온 주지 스님의 신고를 받고 출동한 경찰은 사찰 내에 설치된 CCTV를 통해 이들의 범행을 파악했다며 평소에는 대웅전의 문이 잠겨있고 경보장치가 작동했지만 이날 오전에는 대웅전이 잠겨 있지도 않았고 경보장치도 꺼져 있었다고 전했다.</u>

여기에서는 리드의 뒷부분을 설명하기보다 이들의 범행이 어떻게 가능했는지에 대해 기술하고 있다. 이는 리드의 뒷부분이 4인조 절도범들을 뒤쫓고 있다는 내용을 담고 있지만, 경찰이 이들의 신상에 대해 아는 것이 없는 까닭에 범인들의 신원을 특정(特定)할 수 없기 때문이다. 이에 세 번째 문장에서는 경찰의 시점에서 주지 스님의 신고를 받은 이후에 출동해 현장에서 실시한 조사 과정과 조사 결과를 독자들에게 제공하고 있다.

학생들을 지도하다 보면, 세 번째 문장을 작성하는 과정에서 경찰이 CCTV를 조사한 사실을 생략한 채, "경찰은 평소 대웅전의 문이 잠겨 있고 경보장치가 작동하고 있으나 이날 오전에는 대웅전이 잠겨 있지도 않았고 경보장치도 꺼져 있었다고 전했다" 와 같이 기술하는 경우도 대하곤 한다. 하지만, 이렇게 문장을 기술하게 되면 독자나 시청자들은 '아니, 끌차로 미륵불상을 옮긴 후, 5t 트럭에 싣고 달아났다고 앞서서 소개하더니 그런 사실은 어떻게 알았지?' 라고 생각하며 궁금해할 수 있다. 따라서 세 번째 문장에서는 경찰이 어떻게 해서 두 번째 문장의 사실을 알게 됐는지에 대한 정보를 제공하는 것이 바람직하다. 다시 한번 강조하지만, 좋은 글은 독자와 시청자들이 쉽게 이해하는 가운데 궁금한 점이 없도록 앞뒤 설명을 잘 제공하는 것이다.

이제, 다음 문장을 보도록 하자.

4번 문장:

대전경찰서는 한밤중에 사찰에 침입해 300년 된 시가 10억원 상당의 미륵불상을 훔쳐 달아난 4인조 절도범들을 뒤쫓고 있다고 3일 밝혔다. 경찰에 따르면 이들은 3일 새벽 2시쯤 충남 대전(시)에 위치한 A사찰 내 대웅전에 있던 300년 된 시가 10억원 상당의 미륵불상을 끌차를 이용해 미리 대기 시켜 놓은 5t 트럭에 옮겨 달아났다. 새벽 예불을 드리러 나온 주지 스님의 신고를 받고 출동한 경찰은 사찰 내에 설치된 CCTV를 통해 이들의 범행을 파악했다며 평소에는 대웅전의 문이 잠겨있고 경보장치가 작동했지만 이날 오전에는 대웅전이 잠겨 있지도 않았고 경보장치도 꺼져 있었다고 전했다. A사찰 주지인 B모(48)씨는 "평소에도 많은 이들이 오가기 때문에 누구의 소행인지 전혀 짐작이 가지 않는다. 용서할 테니 어디에 있는지 알려주면 가져올 테니 제발 무사히 돌려만 달라"고 전했다.

앞서 연습한 바와 마찬가지로 주지 스님의 인터뷰가 마지막 문장에 배치되는 것보다 여기에 배치되는 것이 글맛을 좀 더 부드럽게 만드는데 일조할 수 있다. 이는 여기까지의 정보들이 도난을 둘러싼 상황을 소개하고 있기 때문이다. 따라서 경찰의 수사 상황은 별도의 주제로서 분류하기 위해 주지 스님의 인터뷰 이후에 다뤄주는 것이 좋다.

그럼, 다섯 번째 문장으로 옮겨가도록 하자.

5번 문장:

대전경찰서는 한밤중에 사찰에 침입해 300년 된 시가 10억원 상당의 미륵불상을 훔쳐 달아난 4인조 절도범들을 뒤쫓고 있다고 3일 밝혔다. 경찰에 따르면 이들은 3일 새벽 2시쯤 충남 대전(시)에 위치한 A사찰 내 대웅전에 있던 300년 된 시가 10억원 상당의 미륵불상을 끌차를 이용해 미리 대기 시켜 놓은 5t 트럭에 옮겨 달아났다. 새벽 예불을 드리러 나온 주지 스님의 신고를 받고 출동한 경찰은 사찰 내에 설치된 CCTV를 통해 이들의 범행을 파악했다며 평소에는 대웅전의 문이 잠겨있고 경보장치가 작동했지만 이날 오전에는 대웅전이 잠겨 있지도 않았고 경보장치도 꺼져 있었다고 전했다. A사찰 주지인 B모(48)씨는 "평소에도 많은 이들이 오가기 때문에 누구의 소행인지 전혀 짐작이 가지 않는다. 용서할 테니 어디에 있는지 알려주면 가져올 테니 제발 무사히 돌려만 달라"고 전했다.
　<u>경찰은 내부 사정을 잘 아는 이가 사건에 개입됐을 것으로 추정하는 한편, 절도에 걸린 시간이 10분에 불과해 전문가들이 벌인 소행으로 보고 동종 범죄를 저지른 바 있는 전과자들을 상대로 탐문 수사를 벌이고 있다.</u>

　마지막 문장에서는 현재 경찰의 수사 상황에 대해 유관 정보들 가운데 유기적으로 연결될 수 있는 정보 두 개를 추려 앞뒤로 연결해 보았다. 여기에서 눈여겨볼 점은 어구의 반복을 피하기 위해 마지막 문장의 앞부분에서는 "개입됐을 것으로 <u>추정하는 한편</u>," 또 문장 중간에서는 "전문가들이 벌인 <u>소행으로 보고</u>," 뒷부분에서는 "탐문 수사를 <u>벌이고 있다</u>"와 같이 서로 다른 체언과 용언들을 동원했다는 것이다.
　그럼, 이제는 다음의 사건 일지를 토대로 다섯 문장짜리 절도 기사를 만들어 보도록 하자. (모범 답안은 196페이지에 있음.)

연습문제

언제: 6일 전인 20일 새벽 4시쯤
어디서: 부산 해운대구 갈매기 식당
누가: 정길선(35)
무엇을: 현금 50만 원과 아이패드 등 모두 120만 원 상당의 금품을 훔침.
어떻게: 출입문 옆 식당 유리창을 망치로 부수고 내부로 들어감
해운대경찰서:
　　　현재 정씨가 다른 범행을 저지른 적이 있는지에 대해 조사 중. 정씨는 예전에 식당에서 종업원으로 근무한 적이 있음. 식당 주인이 식당에 현금을 놓고 퇴근하는 경우가 많은 것을 알고 있었음. 해운대구에서 장사가 잘되는 식당을 물색한 뒤, 사전에 망치를 준비함. CCTV

가 없는 도주로를 미리 파악했음. 갈매기 식당에서 식당 주인이 퇴근하는 것을 확인한 다음. 인적이 거의 없는 새벽 4시에 범행을 저질렀음.

체포 과정:
정씨가 훔친 아이패드를 중고거래 사이트에서 팔려고 한 것을 확인했음. 고객인 것처럼 위장해 거래 장소에 나온 정씨를 현장에서 오늘 아침(26일)에 체포함. 정씨는 현장에서 순순히 체포에 응함.

여기서 잠깐 1: 연합뉴스 절도 사건 기사 예제들

다음은 연합뉴스에서 추린 몇몇 절도 기사 예제들이다. 기사 작성 시 참조하도록 하자.

(목포=연합뉴스) 정○○ 기자 = 훔친 수입차를 타고 돌아다니면서 상가털이를 일삼은 남성이 경찰에 구속됐다. 전남 목포경찰서는 특정범죄가중처벌법상 절도 등의 혐의로 50대 후반 A씨를 구속했다고 21일 밝혔다. A씨는 최근 3개월 사이 심야 시간대에 목포 도심 상가 10곳에서 모두 1천만원가량의 금품을 훔친 혐의를 받는다. A는 번호판을 바꿔 단 수입차를 범행에 사용했으며 수입차와 번호판 또한 훔친 것으로 조사됐다. 5천만원 상당인 해당 수입차는 A씨가 지난 8월 서울지역 전시 매장에서 시승하는 척 몰고 나와 목포까지 가져간 것으로 조사됐다. 경찰은 A씨의 여죄를 파악하고 있다.

(김제=연합뉴스) 나○○ 기자 = 달리는 택시 안에서 기사 몰래 현금 수백만 원을 훔친 20대가 경찰 조사를 받고 있다. 전북 김제경찰서는 상습절도 혐의로 A(25)씨를 조사 중이라고 15일 밝혔다. A씨는 지난 6일부터 최근까지 10여 차례에 걸쳐 김제 일대에서 택시를 탄 뒤 콘솔박스에 놓인 현금 400여만 원을 훔친 혐의를 받고 있다. 경찰 조사 결과, A씨는 조수석에 앉아 택시기사에게 말을 걸어 시선을 분산시킨 뒤 콘솔박스에 놓인 현금을 훔친 것으로 드러났다. 비슷한 피해를 본 택시기사들의 신고를 접한 경찰은 차량 블랙박스와 폐쇄회로(CC)TV 등을 분석해 A씨를 범인으로 특정했다. A씨는 "개인 빚을 갚기 위해서 그랬다"며 범행을 대부분 시인했다. 경찰 관계자는 "여죄가 더 있을 것으로 보고 추가 수사하고 있다"고 말했다.

(의정부=연합뉴스) 최○○ 기자 = 경기 의정부 일대 스타벅스를 돌아다니며 텀블러를 훔쳐 온 부부가 경찰에 붙잡혔다. 경기 의정부경찰서는 특수절도 혐의로 40대 남편 A씨와 30대 외국 국적 아내 B씨를 불구속 입건했다고 5일 밝혔다.
이들이 현재까지 훔친 텀블러는 경찰에

확인된 것만 23개로, 피해를 본 매장은 의정부에 있는 13개 스타벅스 매장 전체다. 경찰 관계자는 "최근 스타벅스 매장에서 텀블러가 동시다발적으로 도난당했다는 신고가 접수돼 수사하던 중 이들 부부가 범행한 정황을 포착해 검거했다"며 "범행기간이나 수법 등은 확인중"이라고 설명했다.

경찰은 이들이 훔친 텀블러 수량이 훨씬 더 많을 것으로 보고 여죄를 추궁하고 있다.

(서울=연합뉴스) 홍ㅇㅇ 기자 = 수도권 일대의 무인 편의점을 돌며 770만원어치의 금품을 훔친 혐의로 30대 남성이 검찰에 넘겨졌다. 5일 연합뉴스 취재를 종합하면 서울 강서경찰서는 이날 특정범죄가중처벌법상 절도 혐의로 30대 남성 A씨를 구속 송치했다. A씨는 올 9월 말부터 지난달 말까지 수도권 일대 무인 편의점만을 돌아다니며 총 28회에 걸쳐 770여만원어치의 금품을 훔친 혐의를 받는다. 지난달 13일 서울 강서구 화곡동의 한 무인 편의점 점주의 신고로 수사를 시작한 경찰은 2주 뒤인 27일 인천에서 A씨를 붙잡았다. 당시 A씨는 훔친 현금과 범행에 쓰인 드라이버를 갖고 있었다. A씨는 경찰에 "인터넷 도박 자금과 생활비를 마련하기 위해 범행을 저질렀다"고 진술했다. A씨는 일정한 거주지와 직업이 없는 것으로 파악됐다.

(서울=연합뉴스) 임ㅇㅇ 기자 = 중고 명품시계를 사는 척하면서 훔쳐 달아난 남성이 구속 상태로 검찰에 넘겨졌다. 9일 경찰에 따르면 서울 마포경찰서는 절도 혐의를 받는 20대 초반 남성 A(무직)씨를 지난 4일 검찰에 구속 송치했다. A씨는 지난달 20일 오전 5시께 마포구 서교동 홍익대 정문 인근에서 "한 번 차 볼 수 있느냐"며 피해자가 700만원에 팔리던 오메가 시계를 건네받아 손목에 찬 채 도주한 혐의를 받는다. 중고거래 플랫폼 '당근마켓'에 올라온 이 시계는 시중에서 900만원대에 판매되는 고가의 제품으로 알려졌다. A씨는 이 사건이 발생하기 2시간 전 경기 고양시에서도 비슷한 수법으로 중고 스마트폰을 빼앗아 달아난 혐의도 받고 있다.

경찰은 폐쇄회로(CC)TV 판독 등을 통해 A씨의 동선을 파악한 뒤 지난달 29일 오후 11시께 서울 용산구의 한 숙박업소에서 A씨를 검거해 같은 달 31일 구속했다. A씨는 훔친 시계와 스마트폰을 모두 처분한 것으로 드러났다. 경찰 조사에서는 "돈이 필요했다"고 범행 동기를 진술한 것으로 전해졌다.

검찰은 이번 주까지인 구속기간 만료 전 A씨를 재판에 넘길 것으로 알려졌다.

여기서 잠깐 2: 용어 풀이
(검거, 체포, 구속, 기소, 송치)

검거(檢擧)
경찰이 범죄 혐의가 있는 '용의자'를 일시적으로 억류하는 일.

체포(逮捕)
경찰이나 검찰이 법원에서 발부된 영장에 따라 범인인 '피의자'를 붙잡아 구속하는 일.

구속(拘束)
피의자의 신체적 자유를 제한하는 것. 경찰은 피의자를 최대 48시간까지 구속할 수 있으며, 만일 48시간 이상 구속하고 싶을 경우에는 48시간 이내에 관할지방법원 영장 판사에게 구속영장을 신청해야 한다. 이러한 절차는 경찰의 지휘 관청인 관할지방검찰청에 의해 이뤄지므로 경찰은 피의자를 계속 구속하기 위해 관할지방 검찰청에 영장 청구를 신청하고 경찰의 영장 청구를 수리한 검찰이 범인의 48시간 이상 구속을 승인하고자 한다면 법원에 체포 영장의 발부를 신청하게 된다. 만일 48시간 내에 구속영장을 신청하지 않으면 피의자는 즉시 석방되어야 한다. 따라서 경찰이 구속영장을 신청할 마음이 없다면 피고인에 대한 구속은 48시간까지만 가능하다.

기소(起訴)
검사가 법원에 형사 사건의 심판을 청구하는 행위. 간단히 말해 법정에 피고인을 세우는 것을 의미한다.

송치(送致)
수사 기관에서 다른 기관으로 사건을 보내는 것. 주로 경찰에서 검찰로 형사 사건을 넘기는 것을 의미한다. 한국은 검찰이 기소권을 가지고 있어 경찰 조사 후, 수사가 종결되면 형사 사건은 검찰로 송치된다. 언론에서 "경찰이 피고인을 구속 송치했다"고 표현하는 것은 경찰이 피고인을 구속해 수사를 마친 후, 수사 서류를 검찰에 보내는 것을 의미한다. 이후, 검찰은 피의자를 법정에 세워 판사에게 피고인의 죄에 해당하는 형량을 구형(求刑)한다.

연습문제 모범 답안

　부산 해운대경찰서는 영업이 끝난 식당에서 금품을 훔친 혐의(특수절도)로 정모(35)씨를 체포했다고 26일 밝혔다. 경찰에 따르면 정씨는 지난 20일 오전 4시쯤 부산 해운대구의 A 식당 출입문 옆 유리창을 망치로 부수고 내부로 들어가 현금 50만원과 아이패드 등 120만원 상당의 금품을 훔친 혐의를 받고 있다. 경찰은 정씨가 훔친 아이패드를 중고거래 사이트에서 팔려고 한 것을 확인하고 고객으로 위장해 거래 현장에서 정씨를 체포했다.

　경찰은 정씨가 식당에서 종업원으로 일한 적이 있어 장사가 잘되는 곳은 현금을 식당에 놓는다는 사실을 노리고 범행을 저질렀다고 설명했다. 경찰은 정씨가 또 다른 범행을 저질렀는지에 대해 여죄를 조사 중이다.

뉴 스 작 성 의 기 초

08
강도기사 작성하기

8. 강도기사 작성하기

I

이제 마지막 산이 세 개 남았다. 그리고 그 산은 강도 기사와 살인 기사, 그리고 법원 기사이다. 그 가운데에서 강도 기사는 절도 기사와 작성 방법이 대동소이하기에 생각보다 큰 산이 아니다. 강도는 앞서 절도 기사 작성 방법에서 설명한 것처럼, 타인의 금품을 강제로 빼앗는 행위이다. 이는 강도 사건 기사의 경우, '언제,' '어디서,' '누가,' '무엇을,' '왜'라는 다섯 개의 원칙과 함께 '<u>누구로부터</u>' '<u>어떻게</u>' 빼앗았는가를 잘 기술해야 한다는 것을 의미한다.

그럼, 강도 사건의 기사 작성법에 대해 알아보도록 하자. 먼저, 강도에는 절도처럼 일반적인 '강도'임을 의미하는 '강도'와 '강도' 과정에서 피해자를 다치게 한 '강도 상해,' 그리고 '특수강도' 및 '특수강도 상해' 등이 있다. 여기에서 '특수'라는 단어는 단순히 물건을 빼앗는 것이 아니라 많은 신경을 써서 물건을 빼앗았음을 의미하는 것이다. 예를 들어, 금품을 빼앗는 데 흉기를 사용했거나 두 명 이상이 조직적으로 금품을 빼앗았다면 이는 '특수강도' 행위에 속한다. 더불어 관계자 이외에는 출입이 허용되지 않는 사적 공간에 침입해 피해자를 협박하는 행위 역시, '특수강도죄'에 속한다. 특수강도죄는 일반적인 강도 사건과 달리, 형량이 매우 무겁게 매겨진다. 특수절도에서와 마찬가지로 '괘씸죄'가 가미되는 것이다.

강도 사건도 피의자가 초범일 경우, 강도 행위가 우발적으로 행해졌을 경우, 피의자가 진지하게 반성하고 빼앗은 금품을 피해자에게 고스란히 돌려주며 피해 보상까지 해줬을 경우, 피해자가 선처를 원할 경우 등의 조건들이 따라오면 피의자가 집행 유예를 통해 구속을 면할 수도 있다. 하지만, '특수강도'의 경우는 집행 유예가 매우 어려운 중죄에 속한다. 실제로 형법에서는 특수강도죄의 경우, 5년 이상의 유기징역에 처한다고 규정하고 있으며 사람을 다치게 했거나 다치는 지경에 이르게 할 경우에는 7년 이상의 징역에 처하도록 적시하고 있다. 만일, 칼을 들이대며 금품을 갈취하려는 강도를 피하려다 피해자가 다치게 되면 피의자는 최소한 7년 형을 언도받게 된다는 것이다. 따라서, 경찰이 범인을 체포한 후 어떻게 죄명을 적용하느냐에 따라 피의자의 형량 또한 크게 달라진다.

  그럼, 이제부터 강도 기사 작성 연습에 들어가도록 하자. 강도 기사는 이제껏 배운 절도 기사 작성과 똑같은 방식으로 전개하면 된다. 먼저, 다음의 강도 사건 일지를 보도록 하자.

II

강도 사건 일지 1

언제: 1주일 전인 4일 오후 8시쯤
어디서: 서울 중구 장충체육관 앞 길거리
누가: 이도민(32·무직), 강성만(35·무직), 송준형(28·무직)
무엇: 중국 돈 16만위안(약 2,700만원)과 1,360만원어치의 상품권이 든 피해자의 가방
어떻게: 피해자인 중국인 진파이링(46)을 때린 후, 그가 들고 있던 가방을 빼앗아 달아남.
중부경찰서:
        범인들은 2주일 전, 범행을 공모했음. 이들은 사회생활을 하다가 서로 알게 된 사이임. 중국인 관광객을 대상으로 중국인 피해자가 상품권을 팔아 많은 현금을 가지고 다닌다는 사실을 우연히 알게 됨. 사건이 접수된 이후, 인근 CCTV를 일일이 뒤져가며 이들의 행적을

조사한 결과, 이도민씨가 피해자의 동선을 전화로 알려주는 모습이 담긴 CCTV를 찾아냄. 강성만과 송준형이 피해자에게 접근해 피해자를 폭행한 후, 피해자의 가방을 들고 도주하는 장면이 담긴 CCTV도 찾음. 그제와 어제 서울 송파구와 서초구 모텔에 각각 피신해 있던 세 명을 모두 긴급 체포함. 현재는 검찰이 이들 모두의 구속영장을 신청한 상태임. 피해품 중 15만 위안(2,530만원)은 회수했음. 현재 이들의 여죄와 공범 관계 등을 확인하고 있는 중임. 이도민은 강성만의 지시를 따랐을 뿐이라고 항변하고 있음. 강성만은 송준형이 도주로와 피난처를 계획했다고 주장하고 있음. 송준형은 이도민이 첫 정보를 가져와 범행을 권유했다고 진술함. 현재는 나머지 1만위안과 1,360만원어치의 상품권 행방에 대해서도 추궁하고 있음.

위의 강도 사고 일지를 토대로 여섯 문장의 기사를 작성해 보도록 하자. 먼저 리드이다.

1번 문장:
서울 중부경찰서는 상품권을 판매하는 중국인을 폭행하고 4,000여만원을 빼앗은 혐의(특수강도상해)로 A(32)씨 등 일당 3명을 체포했다고 11일 밝혔다.

여기에서 가장 중요한 사실은 어느 지방 소속의 경찰이 어떤 혐의로 누구를 체포했는가를 밝히는 것이다. 따라서 피의자가 누구를 협박하거나 폭행해 얼마어치의 금품을 훔쳤는지, 그리고 피의자의 혐의는 구체적으로 무엇인지 등을 기술하는 것이 요령이다. 특히 도난당한 금품은 그 규모가 대단히 크기에 기사 가치가 높아, 리드에서 그 구체적인 액수가 당연히 언급돼야 한다. 그럼, 다음 문장을 보자.

2번 문장:

서울 중부경찰서는 상품권을 판매하는 중국인을 폭행하고 4,000여만원을 빼앗은 혐의(특수강도상해)로 A(32)씨 등 일당 3명을 체포했다고 11일 밝혔다. 경찰에 따르면 이들은 지난 4일 오후 8시쯤 서울 중구 장충체육관 앞 길거리에서 피해자를 때리고 중국 돈 16만위안(약 2,700만원)과 1,360만원어치 상품권이 든 가방을 빼앗아 달아난 혐의를 받고 있다.

리드와 마찬가지로 강도 기사의 두 번째 문장 역시, 정해진 양식이 있다. "경찰에 따르면"이라는 문구와 함께, 피의자가 어떤 방식으로 강도 행위를 했는지 자세히 풀어 써야 한다는 것이다. 두 번째 문장에서는 '언제,' '어디에서,' '어떻게,' '얼마어치'(금액이 클 경우)의 금품을 빼앗았는지를 사건 발생순으로 기술한 다음, 문장의 마지막은 "~ 달아난 혐의를 받고 있다"라는 어구로 마무리를 해야 한다.

그럼, 세 번째 문장을 보도록 하자.

3번 문장:

서울 중부경찰서는 상품권을 판매하는 중국인을 폭행하고 4,000여만원을 빼앗은 혐의(특수강도상해)로 A(32)씨 등 일당 3명을 체포했다고 11일 밝혔다. 경찰에 따르면 이들은 지난 4일 오후 8시쯤 서울 중구 장충체육관 앞 길거리에서 피해자를 때리고 중국 돈 16만위안(약 2,700만원)과 1,360만원어치 상품권이 든 가방을 빼앗아 달아난 혐의를 받고 있다. 경찰은 범행 현장 주변의 CCTV를 통해 A씨가 피해자 동선을 전화로 알려주는 모습과 일당 2명이 범행 후 도주하는 장면을 포착하고, 지난 9~10일에 서울 송파구와 서초구의 모텔에서 이들을 차례로 붙잡았다고 전했다.

세 번째 문장은 경찰이 어떻게 범인들의 범행을 파악한 후, 언제 어디에서 체포하게 됐는지의 경위에 대해 시간순으로 기술하고 있다. 이로써 독자와 시청자들은 사건의 전모와 체포 과정을 자연스럽게 파악할 수 있다. 그럼, 네 번째 문장을 보도록 하자.

4번 문장:
서울 중부경찰서는 상품권을 판매하는 중국인을 폭행하고 4,000여만원을 빼앗은 혐의(특수강도상해)로 A(32)씨 등 일당 3명을 체포했다고 11일 밝혔다. 경찰에 따르면 이들은 지난 4일 오후 8시쯤 서울 중구 장충체육관 앞 길거리에서 피해자를 때리고 중국 돈 16만위안(약 2,700만원)과 1,360만원어치 상품권이 든 가방을 빼앗아 달아난 혐의를 받고 있다. 경찰은 범행 현장 주변의 CCTV를 통해 A씨가 피해자 동선을 전화로 알려주는 모습과 일당 2명이 범행 후 도주하는 장면을 포착하고, 지난 9~10일에 서울 송파구와 서초구 모텔에서 이들을 차례로 붙잡았다고 전했다. 경찰은 피해품 중 15만위안(약 2,530만원)을 회수했으며 사라진 1만위안(약 170만원)과 함께 1,360만원어치 상품권의 행방에 대해서도 조사 중이라고 밝혔다.

네 번째 문장에서는 범인 체포와 함께 피해자가 도난당했던 금품의 회수 여부가 제공되어야 한다. 이에 따라 현장에서 범인들로부터 회수한 금품의 내역과 액수, 그리고 범인들이 이미 처분한 것으로 보이는 나머지 금품에 대한 경찰 조사가 언급되는 것이 무난하다. 이제 다섯 번째 문장이다.

5번 문장:

서울 중부경찰서는 상품권을 판매하는 중국인을 폭행하고 4,000여만원을 빼앗은 혐의(특수강도상해)로 A(32)씨 등 일당 3명을 체포했다고 11일 밝혔다. 경찰에 따르면 이들은 지난 4일 오후 8시쯤 서울 중구 장충체육관 앞 길거리에서 피해자를 때리고 중국 돈 16만위안(약 2,700만원)과 1,360만원어치 상품권이 든 가방을 빼앗아 달아난 혐의를 받고 있다. 경찰은 범행 현장 주변의 CCTV를 통해 A씨가 피해자 동선을 전화로 알려주는 모습과 일당 2명이 범행 후 도주하는 장면을 포착하고, 지난 9~10일에 서울 송파구와 서초구 모텔에서 이들을 차례로 붙잡았다고 전했다. 경찰은 피해품 중 15만위안(약 2,530만원)을 회수했으며 사라진 1만위안(약 170만원)과 함께 1,360만원어치 상품권의 행방에 대해서도 확인하고 있다고 밝혔다.
<u>모두 일정한 직업이 없는 이들은 사회 선·후배 사이로, 피해자가 중국인 관광객을 상대로 상품권을 팔아 많은 현금을 지니고 다닌다는 사실을 알고 사전에 범행을 공모한 것으로 파악됐다.</u>

다섯 번째 문장에서는 범인들을 붙잡은 후, 조사를 통해 경찰이 알게 된 정보에 대한 내용이 소개되고 있다. 소위, 범행 '전'(前)의 재구성이라고나 할까? 사실, 다섯 번째 문장은 별도의 문단 나누기를 행해도 되고 행하지 않아도 된다. 내용상으로 볼 때 앞부분과 같은 맥락으로 볼 수도 있고 보지 않을 수도 있기 때문이다. 그럼에도 여기에서는 문단 나누기를 하지 않을 경우, 시각적으로 글 전체가 답답해 보여 문단 나누기를 해 보았다. 그럼, 마지막 문장이다.

6번 문장:

서울 중부경찰서는 상품권을 판매하는 중국인을 폭행하고 4,000여만원을 빼앗은 혐의(특수강도상해)로 A(32)씨 등 일당 3명을 체포했다고 11일 밝혔다. 경찰에 따르면 이들은 지난 4일 오후 8시쯤 서울 중구 장충체육관 앞 길거리에서 피해자를 때리고 중국 돈 16만위안(약 2,700만원)과 1,360만원어치 상품권이 든 가방을 빼앗아 달아난 혐의를 받고 있다. 경찰은 범행 현장 주변의 CCTV를 통해 A씨가 피해자 동선을 전화로 알려주는 모습과 일당 2명이 범행 후 도주하는 장면을 포착하고, 지난 9~10일에 서울 송파구와 서초구 모텔에서 이들을 차례로 붙잡았다고 전했다. 경찰은 피해품 중 15만위안(약 2,530만원)을 회수했으며 사라진 1만위안(약 170만원)과 함께 1,360만원어치 상품권의 행방에 대해서도 확인하고 있다고 밝혔다.

모두 일정한 직업이 없는 이들은 사회 선·후배 사이로, 피해자가 중국인 관광객을 상대로 상품권을 팔아 많은 현금을 지니고 다닌다는 사실을 알고 사전에 범행을 공모한 것으로 파악됐다. <u>경찰은 현재 이들의 여죄에 대해서도 조사 중이다.</u>

절도와 강도 사건의 후반부는 범인이 묵비권을 행사하거나 범행을 부인하는 상황 또는 경찰이 범인의 여죄에 대한 조사하는 상황 등이 장식한다. 이와 함께 종종 피해자나 목격자의 진술이 가미되기도 한다. 하지만 역삼각형의 기사 양식에 따라 중요성에 있어 무게가 가장 가벼운 정보를 전달해야 하기에 강도 기사를 작성하는 기자는 문맥의 흐름에 맞춰 자의적으로 선택을 하게 된다.

그럼, 두 번째 강도 사건 일지를 보도록 하자.

III

강도 사건 일지 2

언제: 그제(14일) 밤 10시 30분
어디서: 서울 관악구 낙성대동 낙성대 공원
누가: 박홍국 (서울 관악구 봉천동·23)
무엇을: 낙성대 공원에서 롤러 블레이드 연습을 하던 인헌 초등학교 5학년 김신홍(11)군, 박흥석(11)군, 양현철(11)군이 지니고 있던 돈 3만원과 스마트폰 3대를 빼앗아 달아남.
어떻게: 롤러 블레이드 연습을 하던 이들에게 과도를 들이대며 협박함.
관악경찰서:
　어른들이 공원에 아무도 없었으며 아이들은 강도 피해 직후, 인근 낙성 파출소에 신고함. 경찰은 아이들의 신고를 받은 즉시 현장에 출동했으나 범인은 이미 사라짐. 경찰은 아이들의 진술을 토대로 다음날 몽타주를 작성하고 주변 PC방과 당구장, 술집 등을 돌며 탐문 수색함. 이후 신림동 고시촌에 비슷한 얼굴을 지닌 이가 있다는 제보를 받고 박씨의 주소를 추적해 신림동 XX 고시촌에서 박씨를 오늘 새벽 6시에 체포함. 박씨의 컴퓨터를 압수 수색한 결과, 인터넷 도박으로 빚이 약 3,000만원 정도 있다는 사실을 파악함. 이와 함께, 박씨가 스마트폰 처분하는 법에 관한 사이트를 검색한 기록도 발견함. 박씨는 완강하게 혐의를 부인 중이며 당시 고시촌에 있었다고 주장하고 있음.

　이 사건 일지를 바탕으로 다섯 문장으로 이뤄진 강도 사건 기사를 작성해 보도록 하자. 먼저 리드 문장이다.

1번 문장:
서울 관악경찰서는 초등학생들을 흉기로 위협해 금품을 빼앗은 혐의(특수강도)로 A모(23)씨를 체포했다고 16일 밝혔다.

　앞서 연습한 바와 같이 리드 작성은 문법적인 형식의 전개로 이루어진다. 여기에서 주의할 사항은 언론의 경우, 리드에서부터 '과도'라는 표현을 직접적으로 사용하지 않는다는 것이다. 이에 따라 식칼이나 도끼, 톱이나 망치 같이 사람을 다치게 할 수 있는 물체들은 리드 문장에서 흉기로 통칭(通稱)

되며 두 번째 문장에서부터는 언론사에 따라 흉기 또는 '과도'와 같이 정확한 명칭으로 선택돼 사용된다. 하지만, 모방 범죄를 우려해 많은 언론사들에서는 대부분 두 번째 문장 이후에서도 흉기라는 표현을 사용한다.

한 가지 더 명심해야 할 것은 '금품'이라는 단어를 적절히 사용해야 한다는 것이다. '금품'이란 돈과 물품을 함께 아우르는 낱말로서 이 경우에는 피의자가 초등학생들로부터 현금과 핸드폰을 모두 갈취했기에 사용해도 된다. 하지만, 초등학생들로부터 현금만 빼앗았을 경우에는 '현금'이라고 표현해야 하며, 핸드폰만 빼앗았을 때에는 '핸드폰'이라고 정확하게 표현해야 한다. 이와 함께, 앞서 연습한 강도 사건과 달리 이번 사건의 피해액은 경미하기에 총액을 언급하지 않고 '금품'으로만 표기했다.

이제 두 번째 문장으로 넘어가도록 하자.

2번 문장:
서울 관악경찰서는 초등학생들을 흉기로 위협해 금품을 빼앗은 혐의(특수강도)로 A모(23)씨를 체포했다고 16일 밝혔다. 경찰에 따르면 A씨는 지난 14일 오후 10시 30분쯤 서울 관악구 낙성대 공원에서 롤러 블레이드를 연습하던 초등학생 B모(11), C모(11), D모(11)군을 과도로 위협해 현금 3만원과 스마트폰 3대를 빼앗아 달아난 혐의를 받고 있다.

두 번째 문장에서는 리드의 앞부분을 더욱 자세하게 기술한다. 이에 따라 언제 어디에서 어떤 상황에 처해있던 피해자들을 어떻게 협박해 얼마어치의 현금 또는 금품을 빼앗았는지에 대한 상황 설명이 순차적으로 기술해야 한다. 덧붙이자면, 19세 미만의 미성년자에게는 B모군, C모양과 같이 '군'

과 '양'을 호칭으로 붙이며 19세 이상부터 B모씨, C모씨와 같이 '씨' 접미사를 붙인다.

   이번엔 세 번째 문장이다.

   서울 관악경찰서는 초등학생들을 흉기로 위협해 금품을 빼앗은 혐의(특수강도)로 A모(23)씨를 체포했다고 16일 밝혔다. 경찰에 따르면 A씨는 지난 14일 오후 10시 30분쯤 서울 관악구 낙성대 공원에서 롤러 블레이드를 연습하던 초등학생 B모(11), C모(11), D모(11)군을 과도로 위협해 현금 3만원과 스마트폰 3대를 빼앗아 달아난 혐의를 받고 있다. <u>경찰은 아이들의 진술을 토대로 몽타쥬를 작성해 주변을 탐문 수색했으며, 이후 신림동 고시촌에서 비슷한 얼굴을 지닌 이가 있다는 제보를 받고 출동해 신림동의 한 고시촌에서 A씨를 16일 체포했다(고 밝혔다/전했다).</u>

   역시, 리드 문장의 뒷부분에 관한 설명을 절도 사건 발생 이후에 일어난 시간 순서에 따라 자세히 제공하고 있다. 사실, 사건 당시를 철저하게 재구성하자면 먼저 아이들의 파출서에 신고한 후, 경찰이 출동해 현장을 수색했지만 범인은 이미 사라진 상황을 알려주어야 한다. 하지만, 이 기사에서는 그 같은 종류의 정보가 그다지 높은 기사 가치를 지니지 않고 있다고 판단해 거두절미하고 바로 아이들의 진술을 토대로 몽타쥬 작성에 들어간 경찰의 상황을 기술해 보았다. 다음은 네 번째 문장이다.

   4번 문장:
   서울 관악경찰서는 초등학생들을 흉기로 위협해 금품을 빼앗은 혐의(특수강도)로 A모(23)씨를 체포했다고 16일 밝혔다. 경찰에 따르면 A씨는 지난 14일 오후 10시 30분쯤 서울 관악구 낙성대 공원에서 롤러 블레이드를 연습하던 초등학생 B모(11), C모(11), D모(11)군을 과도로 위협해 현금 3만원과 스마트폰 3대를 빼앗아 달아난 혐의를 받고 있다. 경찰은 아이들의 진술을 토대로 몽타쥬를 작성해 주변을 탐문 수색했으며, 이후 신림동 고시촌에서 비슷한 얼굴을 지닌 이가 있다는 제보를 받고 출동해 신림동의 한 고시촌에서 A씨를 16일 체포했다(고 밝혔다/전했다).

경찰은 A씨의 컴퓨터를 압수 수색한 결과, A씨가 약 3,000만 원의 빚이 있다는 사실을 파악했으며, (A씨가) 스마트폰 처분하는 법을 검색한 흔적도 발견했다고 밝혔다.

네 번째 문장 역시, 경찰의 시점에서 범인을 체포한 이후에 범인 조사를 통해 파악한 사실을 기술한다. 이처럼 사건 발생 이후부터 시간에 따라 뉴스를 전개하는 방식은 독자와 시청자들의 쉽고 빠른 이해를 돕는다. 드디어 마지막 문장이다.

5번 문장:

서울 관악경찰서는 초등학생들을 흉기로 위협해 금품을 빼앗은 혐의(특수강도)로 A모(23)씨를 체포했다고 16일 밝혔다. 경찰에 따르면 A씨는 지난 14일 오후 10시 30분쯤 서울 관악구 낙성대 공원에서 롤러 블레이드를 연습하던 초등학생 B모(11), C모(11), D모(11)군을 과도로 위협해 현금 3만원과 스마트폰 3대를 빼앗아 달아난 혐의를 받고 있다. 경찰은 아이들의 진술을 토대로 몽타쥬를 작성해 주변을 탐문 수색했으며, 이후 신림동 고시촌에서 비슷한 얼굴을 지닌 이가 있다는 제보를 받고 출동해 신림동의 한 고시촌에서 A씨를 16일 체포했다(고 밝혔다/전했다).

경찰은 A씨의 컴퓨터를 압수 수색한 결과, A씨가 약 3,000만 원의 빚이 있다는 사실을 파악했으며, (A씨가) 스마트폰 처분하는 법을 검색한 흔적도 발견했다고 밝혔다. 현재 A씨는 완강하게 혐의를 부인하고 있는 것으로 알려졌다.

만일 여섯 문장으로 이 절도 기사를 확인한다면, 범인의 여죄나 공모 여부 등에 관한 경찰 조사 상황이 나오면 된다. 하지만 다섯 문장으로 끝내고자 한다면, 위의 경우처럼 피의자의 상황을 전하거나 경찰의 수사 상황을 추가할 수 있다.

어떤가? 이 정도면 이제 대여섯 문장짜리 강도 기사를 쓸 수 있지 않겠는가! 그럼, 마지막 연습 문제를 통해 강도 기사 작성법을 더욱 단단하게 익혀 보도록 하자.

IV

강도 사건 일지 3

언제: 어제(20일) 낮 1시
어디서: 서울 금천구 독산3동
누가: 장만수(37)
누구로부터: 집주인 오행자(62)
무엇을: 금반지, 핸드폰, 현금 10만원 등 100만원 상당의 금품을 빼앗음.
어떻게: 식칼로 위협함.

금천경찰서:
    일용직 노동자인 장만수는 최근 일감이 끊겨 생활고를 겪고 있었음. 월세도 한 달 밀린 상태임. 이에 범행을 하기로 결심함. 3일 전부터 독산3동에서 담이 낮고 인적이 드문 주택가를 범행 대상으로 물색함. 피해자 집의 벨을 눌러도 인기척이 없자 사람이 없다고 판단하고 담을 넘어 들어갔으나 집주인인 오행자씨가 화장실에서 나오자 식칼을 들이대며 금품을 요구함. 당시 남편과 가족들은 모두 일하러 나가 오행자씨 혼자 집에 있었음. 한편, 놀란 오행자씨가 피해 금품을 내주자 금품을 빼앗은 뒤 바로 도망감. 장만수가 현장을 떠나자마자 오행자씨는 "도둑이야"라고 큰 소리로 외침. 덕분에 주변인들이 장씨의 도주로를 대략적으로 파악함. 탐문 수사 끝에 사건 발생 5시간여 만에 독산3동의 자기 숙소에서 자고 있던 장씨를 체포함. 체포 당시, 그는 술에 취해 횡설수설하고 있었음. 피의자의 여죄가 있는지에 대해 조사 중이며 추가 수사가 끝나는 대로 구속영장을 신청할 예정임.

이 사건 일지를 바탕으로 여섯 문장으로 이뤄진 강도 사건 기사를 작성해 보도록 하자. 먼저 리드 문장이다.

1번 문장:
<u>서울 관악경찰서는 대낮에 주택에 침입해 집주인을 흉기로 위협하고 금품을 빼앗아 달아난 혐의(특수강도)로 A(37)를 (긴급)체포했다고 21일 밝혔다.</u>

절도 기사 작성 시에도 설명한 것과 마찬가지로 강도 역시, 발생 시점이 무척 중요하다. 일반적으로 강도가 발생하는 야간과 달리, 대낮에 강도 사건이 발생했다면 이 역시 리드에서 다뤄주어야 한다. 이에 따라 어느 지역의 무슨 경찰서가 언제 어디에서 무슨 강도 행위를 한 범인을 체포했다는 사실이 첫 문장에 제공되어야 한다. 현행법상 현행범일 경우, 또는 범인이 도주할 우려가 있을 경우에는 영장 없이 범인을 체포할 수 있으며 이는 긴급체포에 해당한다. 물론, 영장 없이 범인을 경찰서 유치장에 구금할 수 있는 최대

시간은 48시간이다. 이에 따라 이 리드에서는 '긴급체포'라는 단어를 동원해 봤다. 하지만 언론사에 따라서는 그냥 체포라는 단어를 사용하기도 한다.

이와 함께 학생들을 가르치다 보면 가끔 아래와 같은 리드를 선보이는 경우도 종종 대하곤 한다.

서울 관악경찰서는 대낮에 술을 마시고 주택에 침입해 집주인을 흉기로 위협하고 금품을 빼앗아 달아난 혐의(특수강도)로 A(37)를 (긴급)체포했다고 21일 밝혔다.

이러한 리드는 사건 일지에서 범인이 체포될 당시, 술에 취해 횡설수설하고 있었다는 정보를 근거로 작성된 것이지만 범인이 범행 전에 술을 마셨는지에 대한 정보는 확실한 것이 아니기에 오보가 될 가능성이 대단히 크다. 따라서 경찰을 통해 이에 대한 확인을 반드시 해야 하며, 만일 확인이 불가능할 경우에는 사건 일지를 바탕으로 알고 있는 정보만 기술해야 한다. 그럼, 두 번째 문장을 보도록 하자.

2번 문장:
서울 관악경찰서는 대낮에 주택에 침입해 집주인을 흉기로 위협하고 금품을 빼앗아 달아난 혐의(특수강도)로 A(37)를 (긴급)체포했다고 21일 밝혔다. <u>경찰에 따르면 A씨는 지난 20일 오후 1시쯤 금천구 독산3동 소재 주택에 침입해 소지하고 있던 흉기로 집주인 B(62)씨를 위협하고 금반지, 핸드폰, 현금 10만원 등 100만원 상당의 금품을 빼앗아 달아난 혐의를 받고 있다.</u>

앞서 연습한 바와 마찬가지로 두 번째 문장에서는 체포된 범인의 혐의에 대한 자세한 설명이 시간의 흐름에 따라 기술돼 있다. 하지만 A씨가 미리 주택가를 정탐했거나 벨을 눌러 인기척을 확인하는 등의 더욱 자세한 상황은 이후에 기술하도록 하자. 두 번째 문장까지는 체포 혐의에 대한 개괄적인 사항을 핵심적이면서도 간략하게 기술하는 것이 독자와 시청자들의 빠른 이해를 돕기 때문이다. 말하자면, 두 번째 문장에서는 체포된 피의자의 혐의를 핵심적으로 요약해서 기술하는 것이 관건이다. 이번엔 세 번째 문장이다.

3번 문장:
서울 관악경찰서는 대낮에 주택에 침입해 집주인을 흉기로 위협하고 금품을 빼앗아 달아난 혐의(특수강도)로 A(37)를 (긴급)체포했다고 21일 밝혔다. 경찰에 따르면 A씨는 지난 20일 오후 1시쯤 금천구 독산3동 소재 주택에 침입해 소지하고 있던 흉기로 집주인 B(62)씨를 위협하고 금반지, 핸드폰, 현금 10만원 등 100만원 상당의 금품을 빼앗아 달아난 혐의를 받고 있다. <u>A씨는 벨을 눌러 인기척이 없자 담을 넘어 들어갔다가 화장실에서 나온 B씨와 마주치자 흉기를 들이밀며 금품을 빼앗은 뒤 달아난 것으로 알려졌다.</u>

세 번째 문장에서는 혐의와 관련해 범행 당시의 상황이 보다 자세히 기술되고 있다. 사실 이 문장의 정보들은 두 번째 문장에서 다뤄지는 것이 바람직하지만 그렇게 될 경우에는 두 번째 문장의 분량이 매우 길어지기에 두 번째 문장에서는 혐의와 관련된 핵심 사항만 전달한 후, 혐의와 관련된 추가 정황을 덧붙여 설명했다. 그렇다면, 이제 네 번째 문장에서는 범행 이후의 상황이 자세히 설명되어야 한다.

4번 문장:

서울 관악경찰서는 대낮에 주택에 침입해 집주인을 흉기로 위협하고 금품을 빼앗아 달아난 혐의(특수강도)로 A(37)를 (긴급)체포했다고 21일 밝혔다. 경찰에 따르면 A씨는 지난 20일 오후 1시쯤 금천구 독산3동 소재 주택에 침입해 소지하고 있던 흉기로 집주인 B(62)씨를 위협하고 금반지, 핸드폰, 현금 10만원 등 100만원 상당의 금품을 빼앗아 달아난 혐의를 받고 있다. A씨는 벨을 눌러 인기척이 없자 담을 넘어 들어갔다가 화장실에서 나온 B씨와 마주치자 흉기를 들이밀며 금품을 빼앗은 뒤 달아난 것으로 알려졌다. <u>경찰은 신고를 받고 출동해 B씨의 비명을 들은 이웃들의 제보로 탐문 수사를 벌인 끝에 사건 발생 5시간 만에 같은 동네에 있는 자신의 숙소에서 술에 취해 자고 있던 A씨를 체포했다.</u>

세 번째 문장까지 범행 당시의 상황이 자세히 기술된 까닭에 네 번째 문장에서부터는 범행에 대한 신고를 받고 출동한 경찰의 입장에서 사건이 전개되어야 한다. 이에 따라 신고를 받고 출동한 경찰이 범인을 체포하지 못한 채, 아직 사건을 수사 중이며 어떻게 사건을 수사하고 있는지, 또는 범인을 체포했다면 어떻게 해서 붙잡게 되었는지에 대한 상황을 소개해야 한다. 덧붙이자면 술에 취해 자고 있었다는 설명은 뉴스 가치면에서 그다지 중요하지 않기에 넣어도 좋고 생략해도 좋다. 이와 함께 네 번째 문장은 장면 전환에 해당하기에 문단 나누기를 시행했다. 이번엔 다섯 번째 문장이다.

5번 문장:

서울 관악경찰서는 대낮에 주택에 침입해 집주인을 흉기로 위협하고 금품을 빼앗아 달아난 혐의(특수강도)로 A(37)를 (긴급)체포했다고 21일 밝혔다. 경찰에 따르면 A씨는 지난 20일 오후 1시쯤 금천구 독산3동 소재 주택에 침입해 소지하고 있던 흉기로 집주인 B(62)씨를 위협하고 금반지, 핸드폰, 현금 10만원 등 100만원 상당의 금품을 빼앗아 달아난 혐의를 받고 있다. A씨는 벨을 눌러 인기척이 없자 담을 넘어 들어갔다가 화장실에서 나온 B씨와 마주치자 흉기를 들이밀며 금품을 빼앗은 뒤 달아난 것으로 알려졌다.

경찰은 신고를 받고 출동해 B씨의 비명을 들은 이웃들의 제보로 탐문 수사를 벌인 끝에 사건 발생 5시간 만에 같은 동네에 있는 자신의 숙소에서 술에 취해 자고 있던 A씨를 체포했다. <u>경찰 조사 결과, A씨는 최근 일감이 끊겨 생활고를 겪는 가운데 월세도 밀려 있는 상태인 것으로 밝혀졌다.</u>

다섯 번째 문장에서는 범인을 체포한 이후, 범인에 대한 조사를 통해 밝혀진 범행 동기를 전하는 것이 요령이다. 만일 범행 동기가 상당히 특이하거나 비상식적이라면 이는 리드 문장에 동원해야 하고 '원한 관계'나 '묻지만 범죄'와 같은 유형의 범행이라면 더욱 뉴스 가치가 높기에 리드에서 다뤄주어야 한다. 하지만, 이 경우는 생활고에 따른 강도질로서 일반적인 강도 행위에 해당하기에 굳이 리드에서 다루지 않아도 무방하다. 그럼, 마지막 문장으로 넘어가도록 하자.

6번 문장:
서울 관악경찰서는 대낮에 주택에 침입해 집주인을 흉기로 위협하고 금품을 빼앗아 달아난 혐의(특수강도)로 A(37)를 (긴급)체포했다고 21일 밝혔다. 경찰에 따르면 A씨는 지난 20일 오후 1시쯤 금천구 독산3동 소재 주택에 침입해 소지하고 있던 흉기로 집주인 B(62)씨를 위협하고 금반지, 핸드폰, 현금 10만원 등 100만원 상당의 금품을 빼앗아 달아난 혐의를 받고 있다. A씨는 벨을 눌러 인기척이 없자 담을 넘어 들어갔다가 화장실에서 나온 B씨와 마주치자 흉기를 들이밀며 금품을 빼앗은 뒤 달아난 것으로 알려졌다.

경찰은 신고를 받고 출동해 B씨의 비명을 들은 이웃들의 제보로 탐문 수사를 벌인 끝에 사건 발생 5시간 만에 같은 동네에 있는 자신의 숙소에서 술에 취해 자고 있던 장씨를 체포했다. 경찰 조사 결과, A씨는 최근 일감이 끊겨 생활고를 겪는 가운데 월세도 밀려 있는 상태인 것으로 밝혀졌다. <u>경찰은 추가 조사를 마치는 대로 A씨의 구속 영장을 신청할 예정이다.</u>

여섯 번째 문장의 기술 양식 역시, 사건 기사 작성의 문법에 가깝다. 절도, 강도, 살인 사건과 같은 범죄 기사의 마지막은 대개 경찰이 검찰에 피의자의 구속 영장을 신청한다는 정보를 전하면서 끝을 맺기 때문이다.

그럼, 다음의 연습문제를 통해 여섯 문장짜리 강도 기사를 작성해 보도록 하자. (모범 답안은 218페이지에 있음)

V

강도 사건 일지 4

언제: 어제(7일) 오후 3시 30분
어디서: 춘천 퇴계동 소재 새마을 금고 앞 자동현금인출기(ATM) 부스 앞
누가: 박찬흥(춘천시 칠전동·35·무직)과 동승훈(춘천시 서면·33·무직)
무엇을: 100만원을 뽑던 김순자(52·주부)씨의 현금

어떻게: ATM 부스 앞에서 동승훈(33)씨는 오토바이에 앉아 대기하고, 박찬흥(35)씨는 현금을 인출해 ATM 부스에서 나오던 김순자씨의 100만원을 빼앗아 함께 달아남.

체포 과정:
1) 돈을 빼앗긴 김순자씨가 "도둑이야!" 하며 박찬흥씨를 쫓아 나옴.
2) 오토바이에 타고 도망가던 박찬흥씨와 동승훈씨가 신호 대기 중이던 택시를 들이받으며 넘어짐.
3) 김순자씨의 고함을 듣고 인근의 시민들이 이들을 붙잡아 신고를 받고 출동한 경찰에 넘김.
4) 김순자씨는 현금을 모두 돌려받음.

춘천경찰서:
1) 최근 춘천에서 빈번히 발생하고 있는 2인조 오토바이치기와 관련이 있는지 조사 중임.
2) 이들은 이번 범행이 초범이라고 주장하고 있음.
3) 경찰은 이들의 오토바이 구입 경비에 대해 알아보고 있으며 다른 죄가 있는지에 대해서도 추궁 중임.

김순자: "뉴스에서만 들었던 일이 나에게 생길 줄 몰랐다. 지금도 너무 놀라서 심장이 벌렁벌렁한다. 이제는 돈을 쉽게 인출하지 못할 것 같다."

여기서 잠깐: 연합뉴스 강도 사건 기사 예제들

다음은 강도기사 작성시 참고할 만한 연합뉴스 예제들이다.

(철원=연합뉴스) 박○○ 기자 = 강원 철원경찰서는 주택가에서 주민을 흉기로 위협하며 현금을 빼앗은 혐의(특수강도)로 이모(50)씨를 붙잡아 조사하고 있다고 28일 밝혔다. 이씨는 전날 오후 6시 53분쯤 철원군 동송읍의 한 주택가에서 산책을 나온 A(79·여)씨를 인적이 드문 틈을 타 흉기로 위협하며 1만원을 빼앗았다. 이씨는 뒤따라 나오던 A씨 며느리의 갑작스런 출현에 놀라 현장에서 도주했으나 신고를 받고 출동한 경찰에 의해 1시간 30여분 만에 인근 야산에서 붙잡혔다. 경찰은 이씨가 범행을 완강히 부인했으나 사건 현장에 남은 발자국이 이씨의 것과 같다는 사실을 확인해 긴급체포했다고 밝혔다. 이씨는 공사장을 전전하다 철원을 찾았으며 동종 전과가 다수 있는 것으로 확인됐다.

(서귀포=연합뉴스) 백○○ 기자 = 제주서귀포경찰서는 대낮 주택 등에서 강도질을 하려던 혐의(특수강도미수)로 중국인 불법체류자 A(27)씨를 긴급체포해 조사하고 있다고 19일 밝혔다. A씨는 지난 18일 오전 11시 10분쯤 서귀포시 대정읍 소재 주택에 침입해 소지하고 있던 흉기로 B(57·여)씨를 위협하고 금품을 갈취하려고 한 혐의를 받고 있다. A씨는 또 같은 날 오전 11시 25분쯤 첫 번째 범행 장소 인근 택시회사 사무실에도 침입해 흉기로 C(46·여)씨를 위협한 혐의도 받고 있다. A씨는 피

해자 B씨가 "돈을 줄 테니 살려만 달라"며 흉기를 들고 있는 A씨의 손목을 애원하며 잡자 놀라 달아난 것으로 알려졌다. 이어 두 번째 범행 때도 피해자 C씨가 주변에 도움을 요청하며 고성을 지르자 달아나 버렸다고 경찰은 전했다. 신고를 받고 출동한 경찰은 사건 발생 3시간여 만에 서귀포시 대정읍에 있는 숙소에서 자는 A씨를 체포했다. 경찰 조사 결과 A씨는 불법체류자로 "술에 취해 기억이 없다"며 범행을 부인하는 것으로 알려졌다. 경찰은 추가 조사를 마치고 구속영장을 신청할 예정이다.

(수원=연합뉴스) 류ㅇㅇ 기자 = 경기 수원남부경찰서는 외국인 여성이 일하는 퇴폐 마사지 업소에 손님인 척 들어가 금품을 빼앗은 혐의(특수강도)로 20대 남성 3명을 붙잡았다고 5일 밝혔다. A(25)씨와 B(24)씨, C(24)씨 등 3명은 지난 1월부터 2월까지 외국인 여성이 일하는 원룸 형태의 수도권 일대 퇴폐 마사지 업소에 손님으로 가장하고 들어가 8차례에 걸쳐 현금과 귀금속 등 2300만원 상당의 금품을 빼앗은 혐의를 받고 있다. 이들은 2인 1조로 움직이며 피해자를 주먹으로 때릴 것처럼 위협해 화장실에 가둔 뒤 범행한 것으로 조사됐다. 피해 여성들은 성매매 사실이 밝혀지면 강제 출국 등 자신들도 피해 볼 것을 걱정해 수사 기관에 신고하지 못한

것으로 알려졌다. A씨 등은 경찰 조사에서 "훔친 돈을 유흥비로 썼다"고 진술했다고 경찰은 전했다. 경찰 관계자는 "사회적 약자를 이용하는 민생침해 범죄와 관련해 엄정하게 법 집행을 하겠다"고 설명했다.

(정선=연합뉴스) 박영서 기자 = 강원랜드 카지노에서 돈을 잃고 인근 전당포에서 강도질을 한 50대가 경찰에 붙잡혔다. 강원 정선경찰서는 특수강도상해 혐의로 A(56)씨에 대해 구속영장을 신청했다고 28일 밝혔다. A씨는 전날 오후 8시 50분께 사북읍 전당포에서 60대 주인 B씨에게 가스총을 들이대며 돈을 내놓으라고 위협하고, B씨를 때린 혐의를 받는다. 이를 발견한 B씨의 남편이 달려 나오자 달아난 B씨는 인근 모텔에 숨어있다가 2시간 만에 검거됐다. A씨는 전당포에서 돈을 빌릴 수 있는지 물어보며 내부 상황을 살핀 뒤 불과 2분 만에 다시 들어와 범행을 저질렀다. 경찰은 A씨가 강원랜드에서 돈을 잃고 범행한 것으로 보고 있다. 그러나 A씨는 "돈을 잃긴 했으나 강도질을 할 정도는 아니다"라며 "B씨가 기분 나쁘게 이야기해 범행했다"고 진술한 것으로 알려졌다. 가스총 소지 경위에 있어서는 20년 전에 폐차장에서 주웠다고 진술하고 있으나, 조회 결과 2개월 전 실제 주인이 분실신고를 했던 것으로 드러났다. 경찰은 A씨를 상대로 사건 경위를 조사하고 있다.

모범 답안

　강원 춘천경찰서는 자동현금인출기에서 돈을 인출한 주부의 현금을 빼앗아 오토바이를 타고 달아난 혐의(특수강도)로 A모(35)씨와 B모(33)씨를 체포했다고 8일 밝혔다. 경찰에 따르면 이들은 지난 7일 오후 3시 30분쯤 춘천 퇴계동 C은행 앞 현금인출기에서 주부 D모(53)씨가 인출한 현금 100만원을 빼앗아 오토바이를 타고 달아난 혐의를 받고 있다. 당시 도주하다 신호 대기 중이던 택시를 들이받고 쓰러진 A씨 일행은 인근 주민들에 의해 붙잡힌 것으로 전해졌다. 경찰은 신고를 받고 출동해 이들을 현장에서 체포했으며 날치기 당한 현금 100만원은 고스란히 주부 D씨에게 돌려줬다고 밝혔다. 경찰은 A씨 일행이 최근 춘천에서 빈번히 발생하고 있는 오토바이치기와 관련이 있는지의 여부와 함께 이들의 오토바이 구입 경비에 대해서도 조사 중이다. 한편, A씨 일행은 자신들이 초범임을 주장하고 있는 것으로 알려졌다.

알아둡시다

입건(立件)
수사 기관이 수사를 개시하여 정식 형사 사건이 되는 것. 일반적으로는 경찰의 사건 일지에 사건을 접수하고 기록하는 순간부터 '입건이 된다'고 표현한다. 말하자면 사건이 공식적인 기록으로 남겨진다는 것이다. 그렇다고 입건이 되면 피의자 모두가 형사 처벌을 받는 것은 아니다. 사건이 경미한 경우(예를 들어 피의자가 피해액을 전부 보상하고 손해 배상에도 합의한 경우)에는 피해자와의 합의에 따라 사건이 종결된다.

용의자(容疑者)와 피의자(被疑者), 영장 신청과 반려, 그리고 기각
범인이라는 심증은 있지만 물증이 없는 경우, 수사 대상자는 용의자로 분류되며 수사 대상자의 범행에 대한 물적 증거가 있는 경우, 용의자는 피의자가 된다. 일반적으로 용의자의 경우에는 정식 입건을 하지 않고 내사(內査)를 통해 증거를 모으며 조사를 진행한다. 그리고 물증을 확보하게 되면 용의자를 체포해 입건한다. 하지만 증거가 충분하지 못할 경우에는 구속 영장을 검찰에 청구할 수 없고 또 검찰에 청구한다손 치더라도 검찰이 이를 경찰에 돌려보내(이러한 행위를 '반려'라고 한다) 증거 보강을 지시할 수도 있다. 설령 검찰이 구속 영장을 다시 영장 전문 판사에게 신청한다 하더라도 영장 판사에 의해 구속 영장 신청이 기각될 수도 있다. 이 때문에 경찰과 검찰은 피의자의 신체를 구속하는 영장 청구에 신중을 기하기 마련이다. 결국, 범인이 48시간 이상 체포되기 위해서는 구속 영장 청구가 경찰로부터 검찰을 거쳐 법원으로 건네지고 법원이 최종적으로 구속 영장을 발부해야 비로소 피의자의 신체에 대한 구속이 이뤄질 수 있다.

긴급 체포(緊急 逮捕)
피의자가 적어도 3년 이상의 징역 등에 해당하는 죄를 저질렀다고 의심되는 가운데 증거를 인멸할 염려가 있거나 도망갈 염려가 있는 경우, 영장 없이 피의자를 체포할 수 있다. 하지만 구속 영장이 없다면 48시간까지만 피고인을 구속할 수 있다.

뉴스 작성의 기초

09
살인기사 작성하기

9. 살인기사 작성하기

I

  드디어 살인 기사다. 살인 기사는 사회부의 경찰팀이 담당하는 사고 기사 가운데 그 비중이 가장 크다. 더불어서, 사안(事案)의 경중에 따라 전국적인 이목을 집중시키기에 폭발적인 잠재력을 지닌 대상이기도 하다. 이러한 살인 기사는 예전의 경우, 경찰에서 출입 기자들에게 그 사실을 알려줌으로써 언론에 보도되곤 했으나, 조국 전 법무부 장관의 불명예 퇴진 이후로는 '피의 사실 공표죄'가 엄격하게 시행되는 바람에 그 보도량이 대폭 줄어들었다. '피의 사실 공표죄'란 검찰이나 경찰 등 범죄 수사에 관한 직무를 행하는 자가 수사 과정에서 알게 된 피의 사실을 기소 전에 공표하는 바람에 발생하는 죄를 뜻한다. 여기에서 '기소'란 검사가 범죄 사건에 대해 재판정에서 유죄를 가리기 위해 법원에 재판을 청구하는 '소'(訴)를 제기하는 것으로 '공소'(公訴)라고도 한다. 참고로 기소, 공소에서 사용되는 한자어 소(訴)는 말씀 '언'(言)과 물리칠 '척'(斥)으로 구성된 회의자(會意字)[1]로서 '상대를 배척하고자 하는 말'이라는 뜻을 지녔다.

  그리하여 이제는 범죄를 수사하는 형사가 관할 검사에게 기소를 제기하도록 요청해 검사가 기소를 제기하는 시점 이전까지는 범죄 사실과 관련된 피의자의 피의, 또는 피해자의 피해 사실을 공표할 수 없게 되었다. 조국 전

---

[1] 이미 만들어진 둘 이상의 한자를 합해 새로운 뜻을 나타낸 한자

법무부 장관의 사퇴 이전까지만 해도 이 제도가 있었지만 사실상 유명무실했는데-기소 주체인 검찰이 경찰 또는 검찰에서 흘린 정보에 대해 이 혐의를 스스로 적용한 적이 단 한 번도 없었기에-조국 전 장관의 사퇴 이후부터는 검찰에서 피의 사실이 공표되지 않도록 내부를 단속하는 바람에 이제는 경찰이 살인 사건과 관련된 피의자를 체포한 후, 검찰에 의해 기소가 행해지기 이전에는 언론에 해당 사실을 알려주지 않는다. 물론, 이러한 경우는 살인 사건뿐만 아니라 강도, 절도 등의 범죄 사건에도 똑같이 적용된다.

그렇다면, 언론은 검찰에서 소를 제기하는 기소 이전까지의 살인 사건을 전혀 보도할 수 없는 것일까? 정답은 '아니올시다'이다. 앞서 언급한 것처럼 이제는 SNS를 통해 살인 사건이 빠르게 퍼지고 있기에 기자들은 유명 온라인 커뮤니티 등을 포함해, 청와대 청원 게시판, 페이스북, 트위터 등을 매일 정기적으로 점검하면서 피해자 가족이나 지인 등이 올린 살인 사건의 억울한 사연들을 찾아다닌다. 비록 경찰과 검찰에서는 사건을 알려주지 않는다 하더라도 온라인 등을 통해 직접 알게 된 사건을 취재해 범죄를 재구성하고 현재 진행 중인 상황을 보도하며 해당 사건에 대한 경찰과 검찰의 반응을 물어 기사를 작성하는 것이 요즘의 뉴스 제작 방식인 것이다. 그런 면에서 볼 때, 과거에는 경찰이나 검찰이 정치적 목적 등으로 기소 사건을 언론에 흘리면서 여론을 형성하고 호도하려 했다면 이제는 피해자나 피해자 가족들이 직접 언론에 사건을 제보하면서 여론을 형성하는 시대로 접어들어다 할 수 있겠다. 때문에, 과거 어느 때보다도 사회부 경찰 기자들은 대형 커뮤니티 포털 사이트나 각종 SNS 등을 예의주시하며 새로운 제보나 청원이 없는지를 끊임없이 검색하고 있다.

그럼, 이제부터 본격적으로 살인 사건 작성 연습에 들어가도록 해보자. 다음의 사건 일지를 토대로 여섯 문장의 기사를 작성해 보도록 하자.

II

살인 사건 일지 1 (오늘 아침 경찰 발표)

언제: 어제(14일) 낮 12시 10분경
어디서: 서울 영등포구 대방동의 한 주택가
누가: 김해송(61·사업)
누구를: 안수찬(63·건축)
어떻게: 흉기로 두 차례 찔러 살해함.
영등포경찰서:
  1) 김해송은 안수찬이 빚을 갚지 않았다고 함.
  2) 채무는 10년간 총 2억원 가량이라고 함.
  3) 안수찬은 피습 당시, 인근 병원으로 옮겨졌음. 하지만 도착 10분 뒤, 병원에서 과다 출혈로 사망함.
  4) 둘은 서로 오래전부터 알고 지냈다고 함.
  5) 김해송은 안수찬이 사업에 투자하면 빌라 1채를 준다고 했는데 그게 벌써 10년 전이고 아직까지 빌라는커녕, 원금도 돌려받지 못했다고 진술함.
  6) 김해송은 사건 발생 직후, 인근의 시민들이 신고를 해 출동한 경찰에 의해 현장에서 체포됨.
  7) 살인 무기는 식칼이며 김해송이 언제 어디서 구입했는지 추궁 중임.
  8) 김해송은 겁만 줄려고 했는데 안수찬이 오히려 칼을 빼앗으려고 덤벼들어 이를 저지하는 과정에서 우발적으로 찔렀다고 말하고 있는 상황임.

먼저, 리드이다. 리드에서 가장 중요한 사실은 누가 누구를 '왜' 죽였는지 밝히는 것이다. 절도나 강도 사건이 대부분 금전적 곤란으로 인해 발생하는 것과 달리, 살인 사건은 그 이유가 천차만별이다. 개인적인 원한에 의한 살인에서부터 우발적 살인은 물론, 청부 살인 등에 이르기까지 살인 사건은 그 원인이 무척 다양하기에 만일 이를 빼놓은 채 리드 기사를 작성한다면 독자와 시청자들에게 오히려 궁금증만 제공하는 우를 범할 수 있다.

이와 함께 이 사건의 경우에는 그 발생 시간대에 주목하는 것도 중요하다. 앞서 언급한 절도, 강도 사건과 마찬가지로 만일 살인이 대낮에 발생했다면 이 역시 중요한 기사 가치를 지닌다. 이 사건의 경우에는 한낮에 발생한 데다 목격자들도 많았을 것으로 추정되기에 언론사에서 취재 요청을 하면 해당 경찰서에서는 확인된 사실 위주로 기자들에게 브리핑 또는 취재 협조를 할 수 있다. 그런 면에서 위의 사건 일지는 경찰에서 기자들에게 제공하는 브리핑이라 할 수 있겠다. 그럼, 리드 기사를 보도록 하자.

1번 문장:
서울 영등포경찰서는 빚을 갚지 않는다는 이유로 지인을 대낮에 살해한 60대 남성을 체포했다고 15일 밝혔다.

먼저 리드 문장에서는 누가 누구를 어떠한 이유로 살해했는지 밝혀야 한다. 하지만 경찰이 주어가 되어야 하는 까닭에 글의 전개는 "경찰이 → 어떤 이유로 → 피해자를 살해한 → 피의자를 → 언제 체포했다"와 같은 순서로 정보 제공이 이뤄져야 한다. 매년 학생들의 글을 받아보면 "빚을 갚지 않아 피해자를 살해한"이라는 표현을 자주 만나곤 한다. 하지만, 이는 피의자가 경찰 체포 후, 일방적으로 진술한 것으로서 진위는 아직 밝혀지지 않았기에 언론에서는 "~했다는 이유로"라는 표현을 동원함으로써 오보의 위험성에서 벗어나고자 한다.

덧붙이자면 살인 기사의 경우에는 리드에서 이미 사람을 죽였다고 기술하고 있기에 굳이 괄호를 이용한 범죄명을 추가하지 않는다. 더불어 살인 기사의 리드에서는 피의자를 'A(61)씨'로 직접 지칭하기도 하지만 예시에서처럼 그냥 나이대와 성별을 뭉뚱그려 제공하기도 한다. 그럼, 두 번째 문장이다.

2번 문장:
서울 영등포경찰서는 빚을 갚지 않는다는 이유로 지인을 대낮에 살해한 60대 남성을 체포했다고 15일 밝혔다. 경찰에 따르면 A(61)씨는 지난 14일 오후 12시 10분쯤 서울 영등포구 대방동의 한 주택가에서 빚을 갚지 않는다는 이유로 지인 B(63)씨를 흉기로 찔러 살해한 혐의를 받고 있다.

두 번째 문장의 전개 방식은 강도 기사에서 연습했던 것과 동일하다. 단지 차이가 있다면, 절도나 강도 사건의 경우에는 금액이 두 번째 문장에서 자세히 설명되는 데 반해 살인 기사에서는 금액이 거론되지 않는다는 것이다. 왜 그럴까? 이는 죽은 자가 말이 없기 때문이다. 생각해 보자. 현재 피해자가 피의자에게 2억원을 빚졌다는 사실은 어디까지나 살인자의 입에서 나온 말이다. 따라서 살인자의 말을 믿고 리드에 "2억원을 갚지 않았다는 이유로"라는 표현을 그대로 적어 넣을 수는 없는 노릇이다. 만일 사실이 아닐 경우, 그 후폭풍은 고스란히 경찰과 언론이 감당해야 하는데, 경찰은 피의자가 한 말이라고 기자에게 전했을 뿐, "2억원이 맞다"라는 사실을 확인해 준 적은 없기에, 결국 모든 책임을 기자가 져야 한다. 따라서 이럴 경우, 기자는 기사에서도 말미에 "피의자는 피해자에게 얼마를 빌려줬다고 주장하고 있다" 등과 같은 표현을 반드시 넣어야 한다.

여러 번 강조했다시피 두 번째 문장은 리드 문장을 보다 자세히 기술해야 하기에 분량 관계상 앞서 누락된 정확한 살인 시간과 살인 장소, 그리고 살인 수법이 피해자의 나이 정보와 함께 제되고 있다.

이번엔 세 번째 문장을 보도록 하자.

3번 문장:
서울 영등포경찰서는 빚을 갚지 않는다는 이유로 지인을 대낮에 살해한 60대 남성을 체포했다고 15일 밝혔다. 경찰에 따르면 A(61)씨는 지난 15일 낮 12시 10분쯤 서울 영등포구 대방동의 한 주택가에서 빚을 갚지 않는다는 이유로 지인 B(63)씨를 흉기로 찔러 살해한 혐의를 받고 있다. <u>경찰은 B씨가 두 차례 흉기에 찔려 인근 병원으로 옮겨져 치료를 받았으나 과다 출혈로 사망했다고 밝혔다.</u>

세 번째 문장은 피해자가 구체적으로 어떻게 살해됐는지를 기술하면 된다. 학생들을 지도하다보면 종종 세 번째 문장에서 시민들의 신고 정황을 먼저 제공하는 경우를 만나게 된다. 예를 들어 다음의 기사를 보도록 하자.

서울 영등포경찰서는 빚을 갚지 않는다는 이유로 지인을 대낮에 살해한 60대 남성을 체포했다고 15일 밝혔다. 경찰에 따르면 A(61)씨는 지난 15일 낮 12시 10분쯤 서울 영등포구 대방동의 한 주택가에서 빚을 갚지 않는다는 이유로 지인 B(63)씨를 흉기로 찔러 살해한 혐의를 받고 있다. 경찰은 사건을 목격한 행인의 신고를 받고 출동해 현장에서 A씨를 현행범으로 긴급 체포했다고 전했다.

물론, 이러한 전개도 나쁘지는 않다. 하지만, 두 번째 문장에서 지인을 살해한 정황에 대해 개괄적인 정보를 제공했을 뿐, 피해자가 어디에서 어떻게 사망하게 됐는지에 대한 구체적인 설명이 누락돼 있어 세 번째 문장에서 이에 관한 정보를 제공하지 않는다면 독자와 시청자들은 살인 사건에 대해 피상적으로 막연하게 인지할 뿐이다. 따라서, 시민들의 신고에 관한 정보 제공에 앞서 흉기에 찔린 피해자가 어떤 식으로 심각한 부상을 당한 후에 현장에서 사망했는지, 아니면 거세게 저항하다 숨졌는지, 또는 심각한 부상을 입고 병원으로 이송되던 도중에 숨졌는지 등에 대한 추가 정보를 제공하는 것이 더욱 중요하다. 이는 사람이 사망했기에 피해자의 사망 경위를 자세하게 기술하는 것이 살인 사건에서 매우 중요하기 때문이다.

이번엔 네 번째 문장이다.

4번 문장:

서울 영등포경찰서는 빚을 갚지 않는다는 이유로 지인을 대낮에 살해한 60대 남성을 체포했다고 15일 밝혔다. 경찰에 따르면 A(61)씨는 지난 15일 낮 12시 10분쯤 서울 영등포구 대방동의 한 주택가에서 빚을 갚지 않는다는 이유로 지인 B(63)씨를 흉기로 찔러 살해한 혐의를 받고 있다. 경찰은 B씨가 두 차례 흉기에 찔려 인근 병원으로 옮겨져 치료를 받았으나 과다 출혈로 사망했다고 밝혔다. <u>경찰은 사건을 목격한 행인의 신고를 받고 출동해 현장에서 A씨를 현행범으로 긴급 체포했다고 전했다.</u>

앞서 역삼각형 기사 작성 양식의 특징을 설명하면서, 중요도에 따라 사실을 순서대로 배치해야 한다고 언급한 바 있다. 따라서, 시민들의 신고보다 피해자의 사망을 둘러싼 정황이 더욱 중요하기에 세 번째 문장에서는 피해자의 신변에 관한 정보를 앞서 전달한 후, 네 번째 문장에서 살인을 저지른 범인이 어떻게 체포됐는지를 기술해야 한다. 그럼, 다섯 번째 문장과 여섯 번째 문장을 보도록 하다.

5번 & 6번 문장:

서울 영등포경찰서는 빚을 갚지 않는다는 이유로 지인을 대낮에 살해한 60대 남성을 체포했다고 15일 밝혔다. 경찰에 따르면 A(61)씨는 지난 15일 낮 12시 10분쯤 서울 영등포구 대방동의 한 주택가에서 빚을 갚지 않는다는 이유로 지인 B(63)씨를 흉기로 찔러 살해한 혐의를 받고 있다. 경찰은 B씨가 두 차례 흉기에 찔려 인근 병원으로 옮겨져 치료를 받았으나 과다 출혈로 사망했다고 밝혔다. 경찰은 사건을 목격한 행인의 신고를 받고 출동해 현장에서 A씨를 현행범으로 긴급 체포했다고 전했다. <u>A씨는 건축업계에 종사하던 B씨와 오래 전부터 알고 지낸 사이인 것으로 조사됐다. 경찰은 A씨가 "B씨가 사업에 투자하면 빌라 1채를 준다고 해서 10년간 2억원을 빌려 주었는데 빌라도 돈도 못 받았다"고 진술했다고 전했다.</u>

여기에서 두 문장을 같이 제공한 이유는 역삼각형의 기사 양식에 따라 상대적으로 가장 덜 중요한 두 가지의 정보들이 다섯 번째와 여섯 번째 문장으로 배치되기 때문이다. 다시 말해, 순서상 서로 위치가 바뀌어도 문맥의 흐름에는 그다지 큰 지장이 없는 주변적 문장들이 살인 기사의 말미를 형성하게 된다는 것이다. 정리하자면, 리드에서 결론을 말한 다음에 이를 상세하게 기술한 문장이 뒤따른 후, 시간의 흐름에 따라 전개된 사건들이 세 번째와 네 번째 문장에서 다뤄지고 나면, 다섯 번째와 여섯 번째 문장에서는 피의자와 피해자 간의 금전 관계 등에 대한 이야기가 등장하게 된다.

그럼, 두 번째 살인 사건 일지를 보도록 하자.

III

살인 사건 일지 2 (오늘 아침 경찰 발표)

언제: 어제(26일) 오후 10시
어디서: 충청북도 청주시 분평동 권소연씨 하숙방
누가: 최영만(25·무직)
누구를: 권소연(25)
어떻게: 스타킹으로 목 졸라 살해
목격자: 이웃집 주민 김길자(65·여)
    1) 막 소리 지르는 소리가 들리더니 거친 몸싸움 비슷한 소리가 요란하게 남.
    2) 112에 전화한 후 기다리니 잠시 뒤 잠잠해짐.
    3) 헤어진 남자 친구가 집요하게 연락한다는 불평을 권소연씨로부터 들은 기억이 있다고 경찰에서 밝힘.
최영만: 1) 작년 이맘때 소개팅으로 만났는데 최근 다른 남자가 생겼으니 헤어지자고 말함.
    2) 한 달 전부터 계속 한 번만 만나 달라고 했으나 전화를 끊거나 협박을 함.
    3) 오늘도 한 번만 만나기 위해 찾아 왔다가 문을 열어 주었기에 들어가서 대화를 하던 도중, 자꾸 나를 비하하고 경멸하는 말을 해서 순간 화가 나 살인을 저지름.
사건 정황:
    1) 권소연씨는 현장에서 사망함.
    2) 경찰들이 들이닥쳤을 때는 시신 옆에서 최영만이 앉아 담배를 피우고 있었음.
청주 경찰서:
    1) 최영만을 체포해 계획적인 살인이었는지 우발적인 살인이었는지에 대해 조사 중임.
    2) 최영만이 집안에 어떻게 들어갔는지에 대해서도 조사 중임.

이 사건 일지를 토대로 다섯 문장의 살인 기사를 작성해 보도록 하자. 먼저, 리드이다.

1번 문장:
충북 청주경찰서는 헤어진 여자친구를 목 졸라 숨지게 한 A(25)씨를 체포

<u>했다고 27일 밝혔다.</u>

　매년 학생들에게 이 살인 기사의 리드 작성을 훈련시키면 '헤어진 여자친구'라는 문구를 1년간 사귀다가 한달 전에 헤어진 등과 같이 길게 늘이는 경우를 만나게 된다. 하지만 더욱 중요한 사실은 살인 이유를 기술하면서 '헤어진 여자 친구가 자신을 비하한다는 이유로'와 같이 리드를 작성하는 경우도 자주 접한다는 것이다. 문제는 이러한 표현이 자칫 피해자의 명예를 비롯해 피해자 가족들에게 심각한 2차 피해를 안겨줄 수 있다는 것이다.
　앞서 언급된 "빚을 갚지 않는다는 이유로"라는 문구와 달리, "자신을 비하한다는 이유로"라는 문구는 피해자에게도 일정 부분 책임을 전가하며 가해자의 변명을 기사화할 수 있기에 가해자의 진술을 리드에 기사화하는 것은 절대적으로 피해야 한다. 이는 앞의 살인 사건이 세대 갈등이나 성, 인종이나 지역 감정 등 사회적으로 민감한 이슈에 의한 살인 사건이 아닌 외견상, 채권자와 채무자 사이의 갈등에 기반한 반면, 이 살인 사건은 성을 둘러싼 살인 사건이기에 남성 가해자의 말을 그대로 옮기는 것은 대단히 신중하게 시행되어야 한다는 것이다.
　죽은 자는 말이 없고 오직 산 자만이 사건을 진술하는 상황에서 성폭력 피의자의 진술을 곧이곧대로 믿고 이를 리드에 옮겨 쓸 수는 없다. 기자로서 자신이 파악할 수 있는 사실은 한 남자가 전 여자 친구의 목을 졸라 살해했다는 것이다. 따라서, 피의자가 어떤 이유를 내세우건 간에 그의 변명은 제목이나 리드에서 일절 거론되어서는 안 되며 단지 그가 살인을 한 사실 자체만 간결하게 보도되어야 한다.
　그럼, 두 번째 문장을 보도록 하자.

2번 문장:

충북 청주경찰서는 헤어진 여자친구를 목 졸라 숨지게 한 A(25)씨를 체포했다고 27일 밝혔다. <u>경찰에 따르면 A씨는 지난 26일 오후 10시쯤 충북 청주에 위치한 전 여자친구 B모(25)씨의 집에서 B씨를 (스타킹으로) 목 졸라 숨지게 한 혐의를 받고 있다.</u>

앞서 연습한 바와 같이 살인 기사의 두 번째 문장은 경찰 보고임을 앞세워 리드 기사를 좀 더 자세히 풀어주는 것이다. 여기에서는 살인 시간과 살인 방법에 대해 자세히 기술하고 있다. 경우에 따라서는 범행 도구를 기술하기도 하고 또 모방 범죄를 우려해 기술하지 않기도 한다. 그런 이유로 '스타킹'이라는 범죄 도구의 앞뒤에 괄호를 넣어 보았다. 하지만 장소의 경우는 2차 피해를 우려해 자세하게 제공하지 않기에 유념하기 바란다. 만일 장소를 지나치게 자세히 제공할 경우, 피해자의 신상을 주변인 등이 특정할 수도 있다. 그렇게 되면 일반적인 살인 사건과 달리, 남녀 간의 문제로 발생하는 살인 사건에서는 여성 피해자와 그 가족들에게 2차 피해가 가해질 확률이 높아지게 된다. 이번엔 세 번째 문장으로 넘어가 보도록 하자.

3번 문장:

충북 청주경찰서는 헤어진 여자친구를 목 졸라 숨지게 한 A모(25)씨를 체포했다고 27일 밝혔다. 경찰에 따르면 A씨는 지난 26일 오후 10시쯤 충북 청주에 위치한 전 여자친구 B모(25)씨의 집에서 B씨를 목 졸라 숨지게 한 혐의를 받고 있다. <u>경찰은 몸싸움 하는 듯한 소리가 들린다는 이웃의 신고를 받고 출동해 A씨를 현장에서 체포했으며 도착했을 당시, B씨는 이미 사망</u>

<u>한 상태였다고 밝혔다.</u>

　세 번째 문장 역시, 살인 기사의 역삼각형 작성 양식에 따라 피해자의 사망에 얽힌 정황을 설명하고 있다. 하지만 앞서 연습한 살인 사건 일지와 달리, 이번에는 피해자가 현장에서 사망했기에 앞선 살인 사건에서 네 번째 문장에 제공됐던 신고 접수 및 피의자 체포 상황을 시간 순서에 따라 피해자 사망 정보와 함께 다뤘다.
　이제 네 번째 문장이다.

　4번 문장:
　충북 청주경찰서는 헤어진 여자친구를 목 졸라 숨지게 한 A모(25)씨를 체포했다고 27일 밝혔다. 경찰에 따르면 A씨는 지난 26일 오후 10시쯤 충북 청주에 위치한 전 여자친구 B모(25)씨의 집에서 B씨를 목 졸라 숨지게 한 혐의를 받고 있다. 경찰은 몸싸움 하는 듯한 소리가 들린다는 이웃의 신고를 받고 출동해 A씨를 현장에서 체포했으며 도착했을 당시, B씨는 이미 사망한 상태였다고 밝혔다. <u>경찰은 조사에서 A씨가 "대화를 하던 도중, B씨가 나를 경멸하는 말을 해서 화가 나 살인을 저질렀다"고 진술했다고 전했다.</u>

　언론사에 따라, 또는 기자에 따라서는 피의자의 진술을 넣어주기도 하고 넣어주지 않기도 한다. 이는 피의자의 진술에 대한 신빙성을 기자와 언론사가 담보할 수 없기 때문이다. 그럼에도 불구하고 국민의 알 권리를 앞세워 피의자의 진술을 기술할 때에는 반드시 "피의자가 이런 식으로 진술했다"라는 경찰의 전언(傳言)을 문장에 넣어야 한다. 그렇지 않고 경찰을 주어로 사용하지 않은 채 "대화를 하던 도중 ~ 저질렀다"라고 기술한다면 기자가 직접 피의자를 인터뷰해 그의 진술을 들은 것으로 독자와 시청자들이 오해할 수 있다. 따라서, 피의자 진술처럼 민감한 정보는 반드시 그 출처를 달아 기술하도록 하자. 이와 함께 경찰을 거론하지 않고 곧바로 "피의자는 ~라고 진술했다"고 작성해도 이 또한 피해자 가족들에게 심각한 2차 피해로 작용할 수 있다. 앞서 설명한 것처럼 죽은 자는 말이 없기에 살아 있는 범인이 하는 말만 그대로 내보낸다는 것은 한쪽의 이야기만 일방적으로 독자와 시청자들에게 전달하는 꼴이 되기 때문이다.

그럼, 마지막 문장이다.

5번 문장:

충북 청주경찰서는 헤어진 여자친구를 목 졸라 숨지게 한 A모(25)씨를 체포했다고 27일 밝혔다. 경찰에 따르면 A씨는 지난 26일 오후 10시쯤 충북 청주에 위치한 전 여자친구 B모(25)씨의 집에서 B씨를 목 졸라 숨지게 한 혐의를 받고 있다. 경찰은 몸싸움 하는 듯한 소리가 들린다는 이웃의 신고를 받고 출동해 A씨를 현장에서 체포했으며 도착했을 당시, B씨는 이미 사망한 상태였다고 밝혔다. 경찰은 조사에서 A씨가 "대화를 하던 도중, B씨가 나를 경멸하는 말을 해서 화가 나 살인을 저질렀다"고 진술했다고 전했다. <u>경찰은 A씨의 범행이 계획적이었는지와 더불어 A씨가 B씨의 집에 어떻게 들어가게 되었는지에 대해서도 조사하고 있다.</u>

마지막 문장은 경찰이 범인을 체포한 이후의 조사 정황을 전달하는 전형적인 글이다. 그럼, 세 번째 살인 사건 일지를 보도록 하자.

IV

살인 사건 일지 3 (오늘 아침 경찰 발표)

언제: 어제(17일) 밤 8시55분
어디서: 경상북도 울산 남구 무거동 롯데마트 사거리 롯데마트 건너편
누가: 김진홍 (순대 노점상·55)
누구를: 오석환 (붕어빵 노점상·49)
어떻게: 식칼로 찔러 살해함.
체포 과정:
　　1) 둘 다 영업을 끝내고 노점상 정리를 마친 후 심하게 말다툼 하는 중이었음.
　　2) 갑자기 김진홍이 자신의 노점에서 식칼을 가져와 오석환의 배와 옆구리를 수 차례 찌름.
　　3) 비명 소리를 들은 인근 시민들은 혼비백산해 도망감.
　　4) 현장의 목격자 가운데 몇 명이 112로 신고함.
　　5) 신고 후 5분 만에 현장에 도착한 경찰은 피 묻는 식칼을 손에 든 채 현장에 주저앉아 있던 김진홍을 발견함.
　　6) 출동 경찰관은 4명이며 두 명이 김진홍에게 총을 겨눈 채, 식칼을 버릴 것을 종용함.
　　7) 이후, 식칼을 버린 김진홍은 현장에서 긴급 체포됨.
경찰 조사:(오늘 아침 발표)
　　현재 김씨의 살인 동기를 조사 중. 평소 둘 사이의 관계가 대단히 나빴다는 사실을 파악함. 발단은 서로 상대방의 음식 맛을 놓고 비방한 것이었음. 최근 오씨의 순대 장사가 잘 된 것이 김씨를 자극한 것으로 보임. 현재 김씨의 컴퓨터와 휴대폰 검색 기록 등을 살피고 있음. 식칼의 구입 경로와 함께 구입 시기 등을 조사 중임. 김씨의 살인이 우발적이었는지, 계획적이었는지에 대해서도 조사 중임.

그럼, 이 사건 일지를 토대로 다섯 문장의 살인 기사를 작성해 보도록 하자. 먼저, 리드이다.

1번 문장:

경북 울산 남구경찰서는 평소 사이가 좋지 않던 동료 노점상을 흉기로 찔러 살해한 50대 남성을 긴급체포했다고 18일 밝혔다.

앞서 연습한 대로 먼저 리드 문장에서는 누가 누구를 어떠한 이유로 살해

했는지 밝혀야 한다. 그리하여 리드 문장의 전개는 "경찰이 → 어떤 이유로 → 피해자를 살해한 → 피의자를 → 언제 체포했다"와 같은 순서로 이루어지고 있다. 더불어서 살인 이유 역시, 독자와 시청자들이 충분히 짐작할 수 있는 문구로서 언론에서 전형적으로 사용하는 글귀인 "평소 사이가 좋지 않던"이라는 표현을 동원했다. 한편, 학생들의 기사를 받다 보면 '동료 노점상'이라는 표현을 생각하지 못해 '순대를 팔던 노점상이 붕어빵을 팔던 노점상'이라고 길게 서술하는 것을 접하곤 한다. 따라서 이러한 표현에 익숙해지기 위해서는 언론 기사를 많이 접함으로써 언론에서 사용하는 용어에 익숙해지는 것이 중요하다.

그럼, 두 번째 문장을 보도록 하자.

2번 문장:
경북 울산 남구경찰서는 평소 사이가 좋지 않던 동료 노점상을 흉기로 찔러 살해한 50대 남성을 긴급체포했다고 18일 밝혔다. <u>경찰에 따르면 A씨(55)는 지난 17일 오후 8시 55분쯤 경북 울산 남구 무거동의 한 사거리에서 B씨(49)씨를 흉기로 찔러 살해한 혐의를 받고 있다.</u>

두 번째 문장 역시, 앞서 연습했던 대로 주어로 등장하는 피의자가 정확하게 언제, 어디에서 피해자를 어떻게 살해했는지 기술하고 있다. 언론에 따라서는 롯데마트 앞 사거리를 L마트 앞 사거리로 표현하기도 하고 또 B마트로 표기한 후, 피해자는 알파벳 순서에 따라 C씨로 적기도 한다. 그럼, 세 번째 문장을 보도록 하자.

3번 문장:

경북 울산 남구경찰서는 평소 사이가 좋지 않던 동료 노점상을 흉기로 찔러 살해한 50대 남성을 긴급체포했다고 18일 밝혔다. 경찰에 따르면 A씨(55)는 지난 17일 오후 8시 55분쯤 경북 울산 남구 무거동의 한 사거리에서 B씨(49)씨를 흉기로 찔러 살해한 혐의를 받고 있다. <u>경찰은 살인을 목격한 시민들의 신고를 받고 출동해 현장에 있던 A씨를 긴급 체포했다고 전했다.</u>

세 번째 문장은 리드 문장의 뒷부분인 범인 체포에 대해 기술하고 있다. 경찰이 신고를 접수한 정황과 함께 어디에서 피의자를 체포했는지 전달하는 것이 세 번째 문장 작성의 요지이다.

이번엔 네 번째 문장이다.

경북 울산 남구경찰서는 평소 사이가 좋지 않던 동료 노점상을 흉기로 찔러 살해한 50대 남성을 긴급체포했다고 18일 밝혔다. 경찰에 따르면 A씨(55)는 지난 17일 오후 8시 55분쯤 경북 울산 남구 무거동의 한 사거리에서 B씨(49)씨를 흉기로 찔러 살해한 혐의를 받고 있다. 경찰은 살인을 목격한 시민들의 신고를 받고 출동해 현장에 있던 A씨를 긴급 체포했다고 전했다. <u>A씨와 B씨는 사건이 난 현장에서 각자 순대와 붕어빵 노점상을 운영하며 평소 사이가 좋지 않았던 것으로 파악됐다.</u>

네 번째 문장에서부터는 경찰이 범인을 체포한 후, 범인을 조사하는 과정에서 알게 된 사실을 경찰의 시각에서 순차적으로 제공하는 것이 요령이다. 이에 따라 경찰이 가장 먼저 조사를 하게 되는 살인 동기에 관한 정보를 앞세우는 것이 필요하다. 독자와 시청자들 역시, 살인 동기가 무척 궁금할 터이기에.

마지막으로 다섯 번째 문장이다.

경북 울산 남구경찰서는 평소 사이가 좋지 않던 동료 노점상을 흉기로 찔러 살해한 50대 남성을 긴급체포했다고 18일 밝혔다. 경찰에 따르면 A씨(55)는 지난 17일 오후 8시 55분쯤 경북 울산 남구 무거동의 한 사거리에서 B씨(49)씨를 흉기로 찔러 살해한 혐의를 받고 있다. 경찰은 살인을 목격한 시민들의 신고를 받고 출동해 현장에 있던 A씨를 긴급 체포했다고 전했다. A씨와 B씨는 사건이 난 현장에서 각자 순대와 붕어빵 노점상을 운영하며 평소 사이가 좋지 않았던 것으로 파악됐다. <u>경찰은 A씨의 컴퓨터와 휴대폰 검색 기록 등을 살피며 A씨의 살인이 우발적이었는지 계획적인지에 대해 조사 중이다.</u>

앞서 언급한 것처럼 경찰이 범인을 조사하는 대상의 흐름은 일반적으로 살인 동기에서 살인 계획으로 옮겨간다. 이에 따라 다섯 번째 문장에서는 피의자의 범행이 계획적이었는지, 우발적이었는지를 밝히는 것이 일반적이다.

그럼, 다음의 연습 문제를 통해 스스로 다섯 문장으로 된 살인 기사를 작성해 보도록 하자. (모범 답안은 241페이지에 있음)

V

연습문제

언제: 어제(29일) 밤 9시
어디서: 춘천 석사동 백두아파트, 518동 301호
누가: 박태홍 (춘천시 석사동·35·무직)
누구를: 아버지 박환석(63)
어떻게: 목 졸라 살해함.
체포 과정:
1) 평소 집에서 빈둥거리는 아들이 못마땅해 잔소리를 퍼붓던 아버지가 이날 술을 마시고 귀가해서 컴퓨터 게임을 하던 아들을 보고 다시 잔소리를 시작함.
2) 이에 화가 난 박씨가 아버지에게 소리를 지르며 방에서 나가라고 소리치자 아버지는 아들의 머리를 세게 때림.
3) 순간 격분한 박씨는 아버지의 목을 조름. 이 상황을 목격한 박씨의 엄마 이옥자(60)씨가 바로 경찰에 신고함.
4) 경찰이 출동했을 때는 아버지가 이미 죽은 뒤였고 박씨는 도망감.
춘천 경찰서: 1시간 만에 뒷동산 약수터에 숨어 있던 박씨를 검거함.
박태홍 (경찰 인터뷰임):
"순간 눈이 뒤집혔다. 잠시 미쳤던 것 같다. 어머니와 가족들, 그리고 아버지에게 너무 죄송하다. 죽고 싶다."
송복순 (56·이웃) (경찰 인터뷰임):
"평소에도 부자간의 다툼이 심했다. 특히 아들이 하루 종일 방안에서 컴퓨터 게임만 했기에 아버지가 항상 잔소리를 입에 달고 살았다."
이옥자 (60) (경찰 인터뷰임):
"하늘이 무너지는 것 같다. 남편은 죽고 아들은 살인자가 됐다. 세상을 살아갈 자신이 없다."

여기서 잠깐: 연합뉴스 살인 사건 기사 예제들

다음은 살인 기사 작성 시 참고할 만한 연합뉴스 예제이다.

　(울산=연합뉴스) 김○○ 기자 = 울산 중부경찰서는 자신을 무시한다며 동료를 흉기로 찔러 숨지게 한 40대 남성에 대해 19일 구속영장을 신청했다. 경찰에 따르면 A(41)씨는 지난 1일 오전 8시쯤 울산 북구 B(46)씨 집에서 B씨를 흉기로 찔러 살해한 혐의를 받고 있다. 두 사람은 같은 인력사무소에 다니는 일용직 근로자로 당일 B씨 집에서 함께 술을 마시다가 서로 시비가 붙었던 것으로 드러났다. A씨는 조사에서 B씨가 자신을 무시하는 듯한 말과 행동을 해 기분이 나빠 범행했다는 취

지로 진술했다고 경찰은 밝혔다. 앞서 경찰은 지난 16일 오전 "심한 냄새가 난다"는 신고를 받고 출동해 B씨 집에서 B씨 시신을 발견했다. 경찰은 방범용 폐쇄회로(CC)TV 분석과 동료 근로자 탐문 등을 통해 A씨를 특정하고 추적해 지난 18일 오후 경북 경주에서 A씨를 붙잡았다.

(인천=연합뉴스) 홍○○ 기자 = 인천의 한 아파트에서 7살 딸을 목 졸라 숨지게 한 어머니에 대해 경찰이 구속영장을 신청했다. 인천 서부경찰서는 살인 혐의로 A(43)씨의 구속영장을 신청했다고 16일 밝혔다. A씨는 15일 오전 11시쯤 인천시 서구 한 아파트에서 딸 B(7)양을 보자기로 목 졸라 숨지게 한 혐의를 받고 있다. 그는 경찰에서 "딸이 소화기 계통 질환을 유전으로 물려받아 고통스러워했다"며 "고통을 끊어주려고 죽였다"고 진술했다. 그는 범행 3시간여 만인 당일 오후 2시 30분쯤 인근 지구대에서 "아이가 말을 듣지 않아서 보자기로 목을 졸랐다"고 했다가 진술을 번복했다. A씨의 남편은 그가 평소 우울증을 앓아왔다고 진술했으나 실제로 정신과 치료를 받은 전력이 있는지는 아직 확인되지 않았다고 경찰은 밝혔다. 경찰은 A씨가 의료기관에서 실제 소화기 계통 질환 진단을 받았는지도 확인하고 있다. A씨는 범행 당시 B양과 단둘이 집 안에 있었고, 함께 거주하는 남편과 중학생 딸, 시누이는 직장과 학교 등에 갔던 것으로 파악됐다. 경찰 관계자는 "A씨는 불안해하는 모습을 보이긴 하지만 정신질환으로 치료를 받은 전력이 아직은 확인되지 않았다"며 "혐의가 무거워 구속영장을 신청했다"고 말했다.

(영동=연합뉴스) 이○○ 기자 = 아버지를 살해하고 사고사로 위장한 50대가 경찰 수사 끝에 5개월 만에 범행을 자백했다. 충북 영동경찰서는 존속살해 혐의로 A(56)씨에 대해 구속영장을 신청했다고 17일 밝혔다. 경찰에 따르면 A씨는 지난해 12월 16일 오전 11시 20분쯤 영동군에 있는 아버지 B(76)씨의 축사에서 일했다. A씨는 아버지가 2.5t 덤프트럭 적재함 밑에서 차량 상태를 확인할 때 적재함을 내려 숨지게 했다. 범행 직후 A씨는 사건 현장을 떠나 약 5km 떨어진 집으로 도주했다. B씨는 트럭 적재함에 깔려 숨진 채 발견됐다. 당시 경찰 조사에서 A씨는 "아버지가 평소에 자주 고장이 났던 트럭을 수리하다가 변을 당한 것으로 보인다"고 주장했었다. A씨 진술의 신빙성을 의심한 경찰은 축사 인근 폐쇄회로(CC)TV를 분석하는 등 5개월가량 수사했다. 경찰은 사건 당일 A씨가 축사에 있었음을 밝혀내고 지난 16일 그를 긴급체포했다. 경찰 추궁 끝에 A씨는 범행을 자백했다. A씨는 "아버지가 평소에 무시하는 말을 많이 했다"며 "사건 당일에도 언쟁하다가 홧김에 살해했다"고 진술했다. 경찰은 A씨를 상대로 정확한 범행 동기 등을 조사하고 있다.

연습문제 모범 답안

　강원 춘천경찰서는 컴퓨터 게임을 하던 자신에게 잔소리를 한다는 이유로 아버지를 목 졸라 숨지게 한 A씨를 체포했다고 30일 밝혔다. 경찰에 따르면 A(35)씨는 지난 29일 오후 9시쯤 강원 춘천시 석사동에 위치한 한 아파트에서 컴퓨터 게임을 하던 자신에게 잔소리를 한다는 이유로 아버지 B(63)씨를 목 졸라 숨지게 한 혐의를 받고 있다. 경찰은 사건을 목격한 B씨 아내의 신고로 현장에 출동했지만 B씨는 이미 사망한 뒤였으며 1시간 만에 뒷동산 약수터에 숨어있던 A씨를 체포했다고 전했다. 경찰은 평소 집에서 컴퓨터 게임만 하고 빈둥거리는 A씨를 못마땅하게 여긴 아버지 B씨가 항상 잔소리를 했으며 부자간의 다툼이 심했다고 밝혔다. 경찰은 A씨가 "순간 눈이 뒤집혔다. 잠시 미쳤었던 것 같다. 어머니와 가족들, 그리고 아버지에게 너무 죄송하다. 죽고 싶다"고 진술했다고 밝혔다.

뉴스 작성의 기초

10
법원기사 작성하기

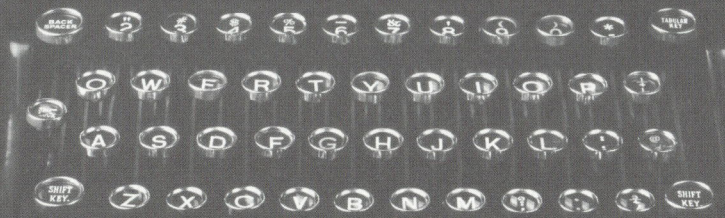

10. 법원기사 작성하기

I

 앞서 사회부는 일반적으로 경찰 기자와 법조팀, 시청팀, 사회정책팀(혹은 부처팀) 등으로 나뉜다고 설명한 바 있다. 이 가운데 경찰 기자와 검찰 및 법원을 출입하는 법조팀은 상호 협력적인 관계를 유지하며 기사를 공동으로 작성하곤 한다. 이유는 사건·사고를 접수하는 경찰이 검찰의 지휘 아래에서 수사를 진행하기 때문이다. 따라서 경찰과 검찰 출입 기자의 취재 협력 매커니즘을 이해하기 위해서는 먼저 경찰의 피의자 구속 및 검찰의 피의자 기소, 그리고 판사의 피의자 형벌 선고에 관한 일련의 흐름을 살펴보는 것이 필요하다.

 앞서 연습한 대로 경찰이 절도, 강도, 살인 등의 혐의로 특정 피의자를 체포했다고 가정해 보자. 경찰에 체포된 피의자는 48시간까지 경찰서 유치장에 구금될 수 있다. 하지만 경찰이 48시간 이내에 검찰에 법원에의 구속영장 청구를 신청하면, 법원이 피의자의 구속영장 발부 여부를 결정하는 순간까지 피의자를 계속 구금할 수 있다. 이럴 경우, 피의자는 경찰서 유치장에 48시간 이상 갇혀 있어야 한다. 물론, 경찰이 피의자를 체포해 구금할 수 있는 경우는 대단히 제한적이다. 민주주의 국가에서는 개개인의 방어권을 적극적으로 보호하기에 경찰은 피의자가 현행범인 동시에 주거가 일정하지 않거나 도망칠 우려가 있을 경우 등에 한해서만 긴급체포 및 구금을 시행할 수 있다.

 한편, 경찰의 영장 청구 신청을 받은 검찰이 법원에 피의자의 구속영장을 청구하면 법원에서는 검찰로부터 구속영장 청구를 받은 24시간 안에 통상적으로 피의자의 심문 날짜와 심문 시간을 정한다.[1] 피의자에 대한 심문 이후, 판사가 검찰의 구속영장 청구를 기각하면 피의자는 곧바로 풀려나게 된다. 하지만 판사가 구속영장을 발부할 경우, 피의자는 계속해서 경찰서 유치장에 구금되며, 경찰은 체포일로부터 10일 안에 피의자를 검찰에 넘겨야 한다. 경찰이 피의자를 검찰에 넘긴다는 것은 피의자의 신병과 관련 서류를 함께 보내는 것을 의미하며 법률 용어로는 '송치'(送致)라고 한다. 더불어 검찰에서 피의자와 함께 관련 서류를 인도받는 것은 '인치'(引致)라고 한다. 피의자의 송치가 이뤄졌다는 뜻은 피의자의 관할 주체가 경찰에서 검찰로 바뀌었다는 것을 의미한다.

덧붙이자면, 검찰은 피의자를 경찰서 유치장에서 검찰 관할의 구치소로 옮긴 후, 최대 20일 이내에 법원에 공소를 제기해야 하며 이후, 2개월씩 세 번에 걸쳐 총 6개월까지 피고인을 구속할 수 있다. 이는 1심 재판에서의 선고가 검찰 측의 공소 제기로부터 반드시 6개월 이내에 이뤄져야 하기 때문이다. 피의자가 경찰에 체포된 후, 법원의 구속영장 발부에 따라 경찰에 구속되면 1심 선고 전까지 최장 6개월 30일(경찰 유치장 10일 + 검찰 구치소 20일 + 검찰 구치소 2개월 + 검찰 구치소 2개월 + 검찰 구치소 2개월), 즉 7개월 동안 구속될 수 있다(그림 5 참조). 여기에서 피의자를 피고인으로 지칭한 까닭은 검찰이 공소를 제기하는 순간부터 피의자의 신분이 피고인으로 바뀌기 때문이다. 더불어 법원에서 금고, 징역 등의 유죄 선고가 이뤄지면 비로소 피고인은 구치소가 아닌 형무소로 옮겨져 옥살이를 하게 된다.

---

1 일반적으로는 검찰이 구속영장을 오전에 청구하면 오후 2시, 점심부터 오후 2시까지 접수하면 당일 오후 4시, 오후 4시 이후에 청구하면 다음날 오전 10시 정도에 심문 날짜와 시간이 정해진다.

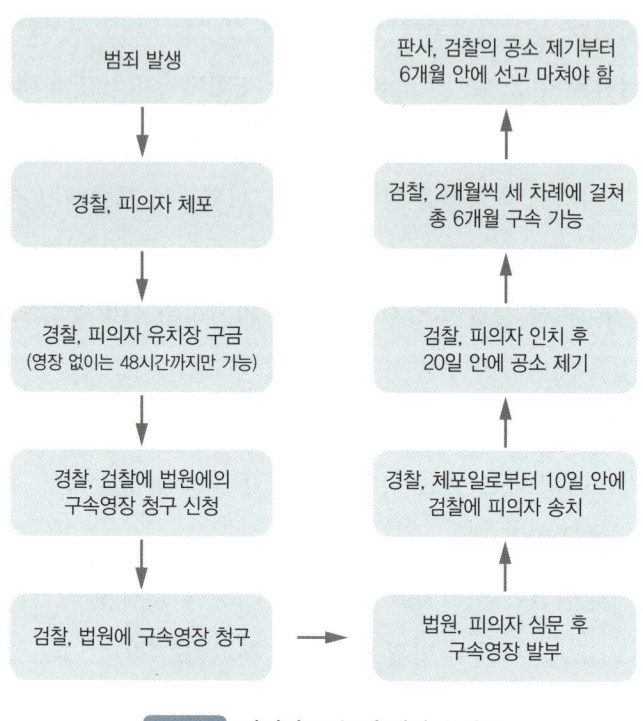

그림 5 피의자 구속 및 재판 순서도

　그렇다고 모든 1심 재판들이 검찰의 공소 제기 이후로부터 반드시 6개월 안에 끝나는 것은 아니다. 다시 말해, 피의자의 유치장 및 구치소 수감이 반드시 7개월만에 종료된다는 것은 아니라는 것이다. 검찰이 '추가 구속'을 실시한다면 구치소 수감이 다시 최대 6개월까지 더 늘어날 수 있기 때문이다. '추가 구속'이란 경찰의 구속영장 청구 당시에 없었던 혐의가 검찰의 기소 과정에서 새롭게 추가되는 경우로서 이때는 새로운 혐의에 대해 새로운 구속 기간이 추가된다. 실제로 박근혜 전 대통령의 1차 구속 당시, 구속영장에는 롯데, SK 그룹 뇌물 혐의가 적용되지 않아 검찰이 이 부분에 대해 추가 구속을 법원에 요청했고 이것이 받아들여져 박 전 대통령은 1심의 구속 기간이 6개월에서 1년으로 연장된 바 있다.

각설하고, 사회부 경찰 기자가 다뤄야 하는 부분은 범죄 사건이 경찰에서 검찰로 넘어가는 순간까지이며 이 과정에서 세간의 관심을 끄는 사건들은 일반적으로 1) '경찰의 피의자 체포,' 2) '경찰의 피의자 구속영장 청구 신청,' 3) '법원의 피의자 구속영장 발부 또는 기각,' 4) '피의자의 검찰 송치' (구속 송치) 등 네 가지이다. 엄밀히 말해 법원의 피의자 구속영장 발부는 법조 기자의 영역에 속하지만 예외적인 경우를 제외하면 대부분, 사건 초부터 뉴스의 맥락을 잘 알고 있는 경찰 기자가 구속영장 발부 기사를 소화한다.

그럼, 10장에서는 법원 기사와 관련돼 사회부 경찰 기자들이 가장 많이 다루는 1) '법원의 피의자 구속영장 발부'와 2) '경찰의 피의자 검찰 송치' (구속 송치), 그리고 3) '법원 약식명령' 등 세 가지의 기사 작성법에 대해 알아보도록 하자. 참고로 '법원 약식명령'이란 범죄의 정도가 무겁지 않아 검사의 제출 서류만 보고 판사가 선고하는 징계에 관한 것이다. 그럼, 먼저 구속영장 발부 일지를 보고 기사를 작성해 보도록 하자.

II

피의자 구속영장 발부 일지

언제: 6일 오후 8시 40분
어디서: 서울중앙지법
누가: 홍길동 영장전담 부장판사
누구에 대해: 박강복(35)
무엇을: 구속영장

어떻게: 발부했다.
서울중앙지법:
    박강복씨에 대한 구속 전 피의자 심문인 영장실질심사를 벌였으며, 피의자의 도주 우려가 있어 피의자에 대한 구속영장을 발부하게 됐음.
사건 개요:
    박강복씨는 지난 4일 오후 8시 30분쯤 서울 서초구 서초동의 한 아파트에서 한아름(30)씨 복부를 흉기로 수차례 찔러 살해한 후, 아파트 19층 높이에서 떨어뜨렸음. 박강복씨는 동거녀였던 한아름씨가 이별을 요구하자 격분해 이 같은 범행을 저질렀다고 경찰에서 진술했음. 경찰은 박강복씨와 주민들의 신고를 받고 출동해 현장에서 박강복씨를 체포함.

위의 구속영장 발부 일지를 토대로 다섯 문장의 기사를 작성해 보도록 하자. 먼저 리드이다.

<u>법원이 이별을 통보한 연인을 흉기로 수차례 찌른 뒤 아파트 19층에서 내던진 30대 남성에 대해 (6일) 구속영장을 발부했다.</u>

첫머리 문장은 살인 기사의 리드와 대단히 흡사하다. 살인 기사 리드와 다른 점이 있다면 살인 기사의 경우, 주어가 '서울 XX경찰서'인데 반해 법원 기사는 주어가 '법원'이라는 점이다. 이와 함께 살인 기사의 첫머리가 "(경찰은) 무슨 혐의로 XX를 체포했다고 며칠 밝혔다" 또는 "(경찰은) 무슨 혐의로 XX에 대한 구속영장을 며칠 청구했다"로 마무리 짓는 반면, 법원 기사는 "XX에 대해 며칠 구속영장을 발부했다"로 끝을 맺는다.

구속영장 발부기사는 당일 발생한 사건을 당일에 보도하는 까닭에 두 번째 문장에서 발부 시간을 자세히 언급하므로 첫문장에서는 구속영장 발부 날짜를 생략하기도 한다. 이에 따라 앞서 제시한 사례에서는 '6일'이라는 날짜를 괄호 안에 넣음으로써 날짜 정보를 생략할 수 있음을 알려주고 있다.

그럼, 다음 문장을 보도록 하자.

법원이 이별을 통보한 연인을 흉기로 수차례 찌른 뒤 아파트 19층에서 내던진 30대 남성에 대해 (6일) 구속영장을 발부했다. 서울중앙지법 홍길동 영장전담 부장판사는 6일 오후 8시 40분쯤 A씨에 대해 "도망할 염려가 있다"는 이유로 구속영장을 발부했다.

두 번째 문장에서는 어느 법원의 어떤 영장전담 판사가 며칠 몇 시에 피의자인 누구에 대해 어떤 이유로 구속영장을 발부했는지의 정보를 제공하는 것이 핵심이다. 대부분의 언론사에서는 일반적으로 영장전담 판사의 이름을 제시하고 있으며 피의자는 성만 제공하거나 A씨와 같이 영문 이니셜을 사용해 표현한다. 이와 함께 두 번째 문장에서는 첫 문장을 자세히 풀어쓰기보다 구속영장을 발부했다는 사실과 함께 그 이유를 제시한다. 덧붙이자면, 법원 기사에서는 "도망갈 염려가 있다"는 표현 대신, "도망을 할 염려가 있다"는 서술의 준말인 "도망할 염려가 있다"라고 관행적으로 작성한다.

이제 세 번째 문장을 보도록 하자.

법원이 이별을 통보한 연인을 흉기로 수차례 찌른 뒤 아파트 19층에서 내던진 30대 남성에 대해 6일 구속영장을 발부했다. 서울중앙지법 홍길동 영장전담 부장판사는 6일 오후 8시 40분쯤 A씨에 대해 "도망할 염려가 있다"는 이유로 구속영장을 발부했다. A씨는 지난 4일 오후 8시 30분쯤 서초구 서초동의 한 아파트에서 동거하던 B씨 복부를 흉기로 수차례 찔러 살해하고 B씨의 시신을 아파트 19층에서 떨어뜨린 혐의를 받는다.

역시, 살인 기사와 마찬가지로 세 번째 문장에서는 첫 번째 문장을 더욱 자세히 풀어주는 것이 필요하다. 이에 따라 세 번째 문장에서는 피의자가 범행을 저지른 지역과 날짜 및 시간, 그리고 범행 당시의 정황을 제공하는 것이 핵심이다.

그럼, 네 번째 문장이다.

법원이 이별을 통보한 연인을 흉기로 수차례 찌른 뒤 아파트 19층에서 내던진 30대 남성에 대해 6일 구속영장을 발부했다. 서울중앙지법 홍길동 영장전담 부장판사는 6일 오후 8시 40분쯤 A씨에 대해 "도망할 염려가 있다"는 이유로 구속영장을 발부했다. A씨는 지난 4일 오후 8시 30분쯤 서초구 서초동의 한 아파트에서 동거하던 B씨 복부를 흉기로 수차례 찔러 살해하고 B씨의 시신을 아파트 19층에서 떨어뜨린 혐의를 받는다. <u>A씨는 자신과 주민 등의 신고를 받고 출동한 경찰에 의해 현행범으로 체포됐다.</u>

피의자에 대한 혐의가 기술된 다음에는 범인이 어떻게 해서 체포되었는지에 대해 설명하는 것이 자연스럽다. 피의자의 범행이 발생한 이후부터는 경찰의 시점에서 시간의 흐름에 따라 기술하는 것이 독자들의 이해를 돕는 데 매우 효과적이기 때문이다.

다음은 다섯 번째 문장이다.

법원이 이별을 통보한 연인을 흉기로 수차례 찌른 뒤 아파트 19층에서 내던진 30대 남성에 대해 6일 구속영장을 발부했다. 서울중앙지법 홍길동 영장전담 부장판사는 6일 오후 8시 40분쯤 A씨에 대해 "도망할 염려가 있다"

는 이유로 구속영장을 발부했다. A씨는 지난 4일 오후 8시 30분쯤 서초구 서초동의 한 아파트에서 동거하던 B씨 복부를 흉기로 수차례 찔러 살해하고 B씨의 시신을 아파트 19층에서 떨어뜨린 혐의를 받는다. A씨는 자신과 주민 등의 신고를 받고 출동한 경찰에 의해 현행범으로 체포됐다. <u>경찰 조사 결과, A씨는 B씨가 이별을 요구하자 격분해 이같은 범행을 저지른 것으로 조사됐다.</u>

네 번째 문장에서 피의자에 대한 경찰의 체포를 언급했다면, 다섯 번째 문장에서는 경찰이 피의자 조사를 통해 밝힌 사실, 즉 살인 이유를 기술하는 것이 글맛을 부드럽게 하는 요령이다. 드디어 마지막 문장이다.

법원이 이별을 통보한 연인을 흉기로 수차례 찌른 뒤 아파트 19층 높이에서 내던진 30대 남성에 대해 6일 구속영장을 발부했다. 서울중앙지법 홍길동 영장전담 부장판사는 6일 오후 8시 40분쯤 A씨에 대해 "도망할 염려가 있다"는 이유로 구속영장을 발부했다. A씨는 지난 4일 오후 8시 30분쯤 서초구 서초동의 한 아파트에서 동거하던 B씨 복부를 흉기로 수차례 찔러 살해하고 B씨의 시신을 아파트 19층에서 떨어뜨린 혐의를 받는다. A씨는 자신과 주민 등의 신고를 받고 출동한 경찰에 의해 현행범으로 체포됐다. 경찰 조사 결과, A씨는 B씨가 이별을 요구하자 격분해 이같은 범행을 저지른 것으로 조사됐다.
한편, A씨는 이날 오후 3시 14분쯤 구속 전 피의자 심문(영장실질심사)을 받고 나온 뒤 기자들과 만나 "(동거하던 여자친구가) 바람을 피웠다. 같이 죽으려다 못 죽어서 신고했다"며 "유족분들께 죄송하다"고 밝혔다.

언론사에 따라서는 피의자가 밝힌 인터뷰 내용을 세 번째 문장에 배치하기도 한다. 이는 구속영장이 발부된 데 따른 피의자의 반응을 빠르게 대비시키기 위함에서다. 하지만, 법원과 경찰에서 제공한 기사를 순서대로 배치한 다음, 후반부에 영장 발부에 대한 당사자의 이야기를 듣는 것으로서 결이 서로 다른 정보 사이의 구획을 나누는 것이 훨씬 자연스럽게 여겨진다. 그럼에도 만일, 구속영장 발부에 대해 피의자가 강하게 반발하거나 뉴스 가치를 지닌 인터뷰가 발생할 때에는 해당 내용의 일부를 리드에 넣거나 두 번째 또는 세 번째 문장에서 언급할 수 있다. 따라서 기사 작성자는 구속영장 발부를 둘러싼 뉴스 가치를 잘 판단해 이를 기사에 반영해야 한다.

그럼, 두 번째 기사로 넘어가도록 해 보자. 이번에는 구속 송치에 관한 기사이다. 구속 송치란 앞서 설명한 대로 구속영장이 발부된 피의자가 경찰에서 검찰로 인계되는 사건이다.

III

피의자 검찰 송치(구속 송치) 일지
언제: 19일 오전 10시
누가: 래퍼 홍서방(21 · 예명 홍시)
어떻게: 검찰에 구속 송치됐다.
서울 서초경찰서: 홍서방씨를 무면허운전, 음주측정 거부, 공무집행 방해, 상해 등 4가지 혐의로 검찰에 구속 송치했음.
사건 개요:
    홍길동 최고당 의원의 아들인 홍서방씨는 지난달 18일 서초구 반포동 성모병원 사거리에서 벤츠 차량을 몰다가 다른 차에 부딪히는 교통사고를 냈다. 홍씨는 신고를 받고 출동한 교통경찰관의 음주측정 요구에 불응하고 경찰관의 머리를 들이받은 혐의를 받고 있으며, 지난 12일 서울 중앙지법에서 열린 구속 전 피의자 심문(영장실질심사)에 "사죄하는 마음으로 변론을 포기하겠다"는 뜻을 밝히며 불출석한 끝에 당일 구속됐다.

참고 사항:
　　홍서방씨는 재작년 9월, 서울 마포구 인근에서 술을 마신 뒤 운전을 하다가 단속에 걸리자 조수석에 있던 친구와 자리를 바꿔앉았으며 이후, 운전자 바꿔치기(범인도피교사) 및 음주운전 혐의 등으로 기소돼 작년 6월 징역 1년 6개월에 집행유예 2년을 확정받았음. 하지만 아직 집행유예 기간이 끝나지 않는 가운데 다시 음주 측정에 불응하고 경찰관의 머리를 들이받았음.

이번에는 위의 구속 송치 일지를 토대로 여섯 문장의 기사를 작성해 보도록 하자. 먼저 리드이다.

<u>집행유예 기간에 음주측정을 거부하고 경찰관을 폭행한 래퍼 홍서방(21·예명 홍시)씨가 검찰에 구속 송치됐다.</u>

가장 중요한 사실은 세간의 이목을 집중시킨 피의자가 경찰에서 검찰로 인계됐다는 것이다. 따라서 리드에서는 'A씨'와 같이 영문 이니셜을 사용한 가명이 아닌 본명을 전부 거론하며 "피의자가 드디어 경찰에서 검찰로 구속 송치됐다"는 사실을 기술해야 한다. 하지만, 사건 정황을 잘 모르는 독자들도 배려해서 그간의 사건을 간략하게 정리하는 요령이 필요하다. 더불어 살인 기사에서 연습한 바와 같이, 리드는 간략하게 작성해야 하는 까닭에 "경찰관의 머리를 들이받은"과 같은 자세한 설명은 뒤에서 제공하는 것이 바람직하다. 이와 함께, 피의자의 이름만 제공하면 독자들 중에서는 피의자가 누구인지 특정할 수 없기에 그의 직업과 함께 예명을 괄호 안에 제공함으로써 피의자의 인적 사항을 보도하는 세심함이 필요하다. 만일 홍서방씨가 일반인이었을 경우에는 음주 운전에 따른 체포 정도에서 보도가 마무리되며 구속 송치 등에 대한 후속 보도는 뉴스 가치가 사실상 매우 낮기에 언론에서는

이를 추가적으로 다루지 않는다.

이번엔 두 번째 문장이다.

집행유예 기간에 음주측정을 거부하고 경찰관을 폭행한 래퍼 홍서방(21·예명 홍시)씨가 검찰에 구속 송치됐다. <u>서울 서초경찰서는 홍씨를 무면허운전, 음주측정 거부, 공무집행 방해, 상해 등 4가지 혐의로 검찰에 구속 송치했다고 19일 밝혔다.</u>

두 번째 문장에서는 경찰에서 피의자를 검찰에 구속송치하면서 피의자에게 적용한 혐의를 기술하는 것이 핵심이다. 여기에서는 피의자의 혐의가 여러 개여서 모두 일일이 열거했다. 참고로, 언론사에서는 나열을 할 때 열거한 명사의 맨 뒤에 관행적으로 '등'이라는 의존명사를 덧붙인다. 이는 '등'이라는 의존명사가 열거한 대상이 복수임을 나타내기 때문이다. 따라서 피의자에게 적용된 혐의를 모두 적었다고 해서 '등'을 빼면 글맞이 조금 어색해질 수 있으니 염두에 두기 바란다. 물론, '등'을 빼고 기사를 작성해도 문법적으로는 아무런 하자가 없다. 그럼, 다음의 예를 통해 그 글맞의 차이를 느껴 보자.

서울 서초경찰서는 홍씨를 무면허운전, 음주측정 거부, 공무집행 방해, 상해의 4가지 혐의로 검찰에 구속 송치했다고 19일 밝혔다.

다시, 세 번째 문장을 보자.

집행유예 기간에 음주측정을 거부하고 경찰관을 폭행한 래퍼 홍서방(21·예명 홍시)씨가 검찰에 구속 송치됐다. 서울 서초경찰서는 홍씨를 무면허운전, 음주측정 거부, 공무집행 방해, 상해 등 4가지 혐의로 검찰에 구속 송치했다고 19일 밝혔다. 홍길동 최고당 의원의 아들인 홍씨는 지난달 18일 서초구 반포동 성모병원 사거리에서 벤츠 차량을 몰다가 사고를 냈다.

세 번째 문장에서는 피의자가 구속된 배경에 대해 기술하는 것이 핵심이다. 이에 따라, 세 번째 문장에서는 래퍼인 동시에 국회의원 아버지를 둔 홍씨의 인적 사항에 대한 자세한 정보와 함께, 그가 어떻게 해서 사고를 냈는지에 대한 설명을 제공하고 있다.

이번엔 네 번째 문장이다.

집행유예 기간에 음주측정을 거부하고 경찰관을 폭행한 래퍼 홍서방(21·예명 홍시)씨가 검찰에 구속 송치됐다. 서울 서초경찰서는 홍씨를 무면허운전, 음주측정 거부, 공무집행 방해, 상해 등 4가지 혐의로 검찰에 구속 송치했다고 19일 밝혔다. 홍길동 최고당 의원의 아들인 홍씨는 지난달 18일 서초구 반포동 성모병원 사거리에서 벤츠 차량을 몰다가 사고를 냈다. 그는 음주운전에 따른 집행 유예 기간 중에 다시 음주운전을 하다 적발됐으며 경찰관의 음주측정 요구에 불응하고 경찰관의 머리를 들이받은 혐의를 받고 있다.

일반적인 절도, 강도, 살인 기사에서 두 번째 문장이 리드의 앞부분을 자세히 설명하는 것과 달리, 구속 송치 기사에서는 세 번째나 네 번째 문장이 피의자의 혐의를 기술하는 것이 상례이다.

그럼, 다섯 번째 문장을 보도록 하자.

집행유예 기간에 음주측정을 거부하고 경찰관을 폭행한 래퍼 홍서방(21·예명 홍시)씨가 검찰에 구속 송치됐다. 서울 서초경찰서는 홍씨를 무면허운전, 음주측정 거부, 공무집행 방해, 상해 등 4가지 혐의로 검찰에 구속 송치했다고 19일 밝혔다. 홍길동 최고당 의원의 아들인 홍씨는 지난달 18일 서초구 반포동 성모병원 사거리에서 벤츠 차량을 몰다가 사고를 냈다. 그는 음주운전에 따른 집행 유예 기간 중에 다시 음주운전을 하다 적발됐으며 경찰관의 음주측정 요구에 불응하고 경찰관의 머리를 들이받은 혐의를 받고 있다.
<u>홍씨는 지난 12일 서울중앙지법에서 열린 구속 전 피의자 심문(영장실질심사)에 "사죄하는 마음으로 포기하겠다"는 뜻을 밝히며 불출석했고, 같은 날 구속됐다.</u>

다섯 번째 문장은 음주 운전만으로는 좀처럼 구속되지 않는 음주 운전자가 어떻게 해서 경찰에 구속이 됐는지를 알 수 있는 설명문이다. 일반적으로 민주주의 국가에서는 개인의 방어권 행사를 적극적으로 보장하기에 범죄를 현장에서 저지른 현행범이나 전과가 있는 경우, 거주지·직업 불명 등으로 도주 우려가 높은 경우를 제외하면 경찰이 피의자의 인신을 구속하지 않는 것이 통상적이다. 물론, 이러한 관례는 음주 운전자의 경우, 영장 판사에 의해 구속영장 발부가 기각되기 쉽고 또 그러한 사실을 아는 검찰이 경찰의 구속영장 발부 신청을 받아들이지 않는 경우가 전반적으로 어우러지며 형성된 것이다.
그리하여 음주 운전으로 집행유예를 선고받은 피의자가 집행유예 기간

중에 다시 음주 운전을 했다 하더라도 경찰에서 피의자의 음주 운전에 대한 증거 자료만 확보했다면 피의자를 집으로 돌려보내는 것이 일반적이다. 홍서방씨의 경우에도 2차 음주운전 적발 당시, 경찰을 가격하는 바람에 현행범으로 체포되긴 했지만 간단한 조사를 받은 후 집으로 돌려 보내졌다. 그리고 다음의 문장에서 소개하는 것처럼, 영장판사의 구속영장 실질심사를 통해 구속영장이 발부된 이후에 홍씨는 마침내 경찰에 구속됐다.

드디어 마지막 문장이다.

집행유예 기간에 음주측정을 거부하고 경찰관을 폭행한 래퍼 홍서방(21·예명 홍시)씨가 검찰에 구속 송치됐다. 서울 서초경찰서는 홍씨를 무면허운전, 음주측정 거부, 공무집행 방해, 상해 등 4가지 혐의로 검찰에 구속송치했다고 19일 밝혔다. 홍길동 최고당 의원의 아들인 홍씨는 지난달 18일 서초구 반포동 성모병원 사거리에서 벤츠 차량을 몰다가 사고를 냈다. 그는 음주운전에 따른 집행 유예 기간 중에 다시 음주운전을 하다 적발됐으며 경찰관의 음주측정 요구에 불응하고 경찰관의 머리를 들이받은 혐의를 받고 있다.

홍씨는 지난 12일 서울중앙지법에서 열린 구속 전 피의자 심문(영장실질심사)에 "사죄하는 마음으로 포기하겠다"는 뜻을 밝히며 불출석했고, 같은 날 구속됐다. 홍씨는 2021년 9월 서울 마포구 인근에서 음주운전을 한 뒤 운전자를 바꿔치기한 혐의로 기소돼 징역 1년6개월에 집행유예 2년을 선고받은 바 있다.

마지막 문장은 홍씨가 맨 처음에 저지른 범죄에 대한 소개이다. 이에 따라 여섯 번째 문장에서는 과거에 어떠한 사유로 기소가 돼 얼마만큼의 형량을 언도받았는지에 대한 설명이 부가적으로 제공되고 있다. 참고로 여기에서 2021년이라고 거론된 시기는 본서가 출판된 2023년을 기준으로 재작년에 집행유예 받은 점을 고려한 것이다.

그럼, 이번엔 법원의 약식명령에 대한 기사 작성법이다. 먼저 다음의 사건 일지를 보도록 하자.

IV

법원 약식명령 일지
언제: 9월 15일 오전 10시
누가: 서울동부지법 형사39단독 공정해 부장판사
누구에게: 정주행 미래차그룹 회장의 장남, 정지선(22)
어떻게: 벌금 900만원의 약식명령을 내림.
서울 광진경찰서:
　　지난 7월 24일 만취 상태로 차량을 운전하다 오전 4시45분쯤 서울 광진구 강변북로 청담대교 램프에서 가드레일을 들이받음. 이 사고로 정씨가 탄 SUV FV900(자동차 명의는 정주행 미래차그룹 회장임)의 운전석쪽 범퍼와 타이어 등이 심하게 파손됐지만 다른 차량 피해나 인명 피해는 없었음. 시민 신고를 받고 출동해 청담대교 진입로 인근에 멈춰있던 정씨의 차량을 발견했으며 당시 정씨의 혈중 알콜 농도는 면허취소 기준인 0.08%를 2배 정도 넘는 0.164%였음. 정씨는 약 3.4km를 운전한 것으로 조사됨.

위의 약식명령 일지를 토대로 다섯 문장의 기사를 작성해 보도록 하자. 먼저 리드이다.

<u>새벽 시간대 만취한 상태로 차를 몰다가 사고를 낸 미래차그룹 정주행 회장의 장남(인 정지선씨가)이 벌금 900만원의 약식명령을 받았다.</u>

이 기사의 리드에서는 피의자가 벌금 얼마의 약식 명령을 받았는지에 대한 정보를 제공하는 것이 관건이다. 하지만, 정지선씨가 900만원의 약식 명령을 받았다고 보도한다면 독자와 시청자들은 의례 궁금할 수밖에 없다. 이에 따라 정창철씨가 누구인지에 대한 설명, 즉 미래차그룹 정주행 회장의 장남이라는 사실과 함께, 그가 왜 약식명령을 받게 되었는지에 대한 이유도 함께 설명하는 것이 중요하다. 괄호 안에 정지선씨의 이름을 넣은 이유는 리드 문장에서 그의 이름을 바로 밝혀도 되고 정주행 미래차그룹 회장의 아들이라는 점만 밝혀도 괜찮기 때문이다. 그럼, 두 번째 문장을 보도록 하자.

새벽 시간대 만취한 상태로 차를 몰다가 사고를 낸 미래차그룹 정주행 회장의 장남이 벌금 900만원의 약식명령을 받았다. 서울동부지법 형사39단독(공정해 부장판사)은 도로교통법 위반(음주운전) 혐의로 기소된 정지선(22)씨에 대해 지난달 15일 벌금 900만원의 약식명령을 내렸다고 15일 밝혔다.

두 번째 문장은 약식명령과 관련된 전형적인 기사 작성 문법을 따르고 있다. 먼저 약식명령을 내린 법원의 소재지와 함께 재판의 종류 및 재판장의 이름을 제공하는 것이 핵심이다. 여기에서 '서울동부지법'이라 함은 '서울동부 지방법원'의 준말이며 '형사39'는 배당된 형사 재판의 번호를, '단독'은 한 명의 판사에 의해 진행되는 재판을 뜻한다. 참고로, 우리나라의 사법부는 대법원, 고등법원, 지방법원의 3단계로 구성돼 있으며 대법원 아래에는 서울, 대전, 대구, 부산, 광주, 수원고등법원이 편재해 있다. 또한 고등법원은 지방법원을 하부조직으로 거느리고 있으며 서울고등법원은 서울중앙지방법원을 비롯해, 서울동부, 서울서부, 서울남부, 서울북부, 의정부, 인천, 춘천지방법원 등을 관할하고 있다. 한편 언론에 따라서는 "서울동부지법 형사39단독(공정해 부장판사)"으로 쓰기보다 "서울동부지법 형사39단독 공정해 부장판사는"으로 기사를 작성하기도 한다.

이번엔 세 번째 문장이다.

새벽 시간대 만취한 상태로 차를 몰다가 사고를 낸 미래차그룹 정주행 회장의 장남이 벌금 900만원의 약식명령을 받았다. 서울동부지법 형사39단독(공정해 부장판사)은 도로교통법 위반(음주운전) 혐의로 기소된 정지선(22)씨에 대해 지난달 15일 벌금 900만원의 약식명령을 내렸다고 5일 밝혔다. <u>약식명령은 비교적 혐의가 가벼운 경우, 정식 재판 없이 벌금·과료·몰수 등의 형벌을 내리는 절차다.</u>

세 번째 문장은 '약식명령'이라는 법률 용어가 무엇인지 잘 모르는 독자들을 위해 제공하는 설명글이다. 언론사와 기자에 따라서는 일반인들에게 다소 생경할 수 있는 용어를 풀어주기도 하고 생략하기도 한다. 다음은 네 번째 문장이다.

새벽 시간대 만취한 상태로 차를 몰다가 사고를 낸 미래차그룹 정주행 회장의 장남이 벌금 900만원의 약식명령을 받았다. 서울동부지법 형사39단독(공정해 부장판사)은 도로교통법 위반(음주운전) 혐의로 기소된 정지선(22)씨에 대해 지난달 15일 벌금 900만원의 약식명령을 내렸다고 5일 밝혔다. 약식명령은 비교적 혐의가 가벼운 경우, 정식 재판 없이 벌금·과료·몰수 등의 형벌을 내리는 절차다. 정씨는 지난 7월 24일 오전 4시 45분쯤 광진구 강변북로 청담대교 진입로에서 술에 취한 채 가드레일을 들이받는 사고를 냈다.

네 번째 문장은 벌금형의 약식명령을 받은 피고인이 벌금형을 받게 된 이유를 소개하고 있다. 이에 따라 기사에서는 피고인이 언제 어디에서 어떤 종류의 사고를 냈는지에 대한 상황이 자세히 소개되고 있다.

이제 다섯 번째 문장이다.

서울동부지법 형사39단독(공정해 부장판사)은 도로교통법 위반(음주운전) 혐의로 기소된 정지선(22)씨에 대해 지난달 15일 벌금 900만원의 약식명령을 내렸다고 5일 밝혔다. 약식명령은 비교적 혐의가 가벼운 경우, 정식 재판 없이 벌금·과료·몰수 등의 형벌을 내리는 절차다. 정씨는 지난 7월 24일 오전 4시 45분쯤 광진구 강변북로 청담대교 진입로에서 술에 취한 채 가드레일을 들이받는 사고를 냈다. 당시 정씨의 혈중알코올농도는 면허취소 수준(0.08%)의 2배가 넘는 0.164%였다.

다섯 번째 문장은 음주 정도에 대한 설명을 제공하고 있다. 덧붙이자면 언론에서는 피고인의 음주 경중을 독자들에게 보다 쉽게 알리기 위해 통상적으로 면허 취소(0.08%) 또는 면허 정지(0.03%)에 해당하는 혈중알코올 농도를 괄호안 정보로서 제시한다. 드디어 마지막 문장이다.

서울동부지법 형사39단독(공정해 부장판사)은 도로교통법 위반(음주운전) 혐의로 기소된 정지선(22)씨에 대해 지난달 15일 벌금 900만원의 약식명령을 내렸다고 5일 밝혔다. 약식명령은 비교적 혐의가 가벼운 경우, 정식 재판 없이 벌금·과료·몰수 등의 형벌을 내리는 절차다. 정씨는 지난 7월 24일 오전 4시 45분쯤 광진구 강변북로 청담대교 진입로에서 술에 취한 채 가드레일을 들이받는 사고를 냈다. 당시 정씨의 혈중알코올농도는 면허취소 수준(0.08%)의 2배가 넘는 0.164%였다.

<u>한편, 정씨가 사고를 낸 차량은 미래차 SUV FV900으로 정주행 회장 명의인 것으로 알려졌다.</u>

역삼각형 기사 작성법에서 마지막 문장은 중요도에서 가장 떨어지는 정보를 배치하는 것이라고 앞서 설명한 바 있다. 이에 따라, 약식명령 일지에 있는 다수의 사실들 가운데에서 기사 가치가 있으면서도 중요도 면에서는 그 무게가 가장 떨어지는 대상으로 사고 차량의 소유주에 대한 정보를 꼽아보았다.

그럼, 연습 문제를 통해 피의자 구속영장 발부와 피의자 검찰 송치, 그리고 법원 약식명령에 대한 기사들을 작성해 보도록 하자. (정답은 266쪽에 있음)

피의자 구속영장 발부 일지
언제: 8일 오전 10시 10분
어디서: 춘천지법
누가: 박문수 영장전담 부장판사
누구에 대해: 민주노총 공공운수노조 화물연대 간부 전우치(39)와 임꺽정(37)
무엇을: 구속영장
어떻게: 발부했다.

춘천지법:
: 전우치 및 임꺽정에 대한 구속 전 피의자 심문인 영장실질심사를 벌였으며, 피의자들이 도망할 우려가 있다고 여겨 구속영장을 발부하게 됐음.

사건 개요:
: 전우치씨와 임꺽정씨는 지난 5일 '암반수맥주' 경기 이천공장 앞에서 운임 30% 인상, 휴일 근무 운송료 지급, 차량 광고비와 세차비 지급 등을 요구하며 불법 집회를 벌임. 그 과정에서 화물차 20여 대를 동원해 '암반수맥주' 강원공장으로 이어지는 유일한 출입도로인 암반수교를 화물차로 막으며 암반수교를 점거해 주류 상품 출고를 방해한 혐의임. 이에 따라 암반수맥주 측은 이천 경찰서에 불법집회 해산을 위한 경찰력 동원을 요청했으며 이천 경찰서측은 공공운수노조 화물연대의 농성 현장에서 전우치씨와 임꺽정씨를 업무방해 등의 혐의로 긴급체포했음. 한편, 전우치씨와 임꺽정씨는 구속 전 피의자 심문(영장실질심사)을 받고 나온 뒤 기자들과 만난 자리에서 "유가 폭동으로 생존권이 절대적으로 위협받고 있다"며 "운임료 인상 등을 위한 투쟁을 이어나가겠다"고 밝힘.

VI

피의자 검찰 송치 (구속 송치) 일지

언제: 16일 오전 9시
누가: 최인달(45)
어떻게: 검찰에 구속 송치됐다.
대구 북부경찰서: 최인달씨를 특수강도 혐의로 검찰에 송치했음.

사건 개요:
: 최인달씨는 7일 오후 11시 20분쯤 대구 북구 대현동의 한 노래방에서 손님이 없는 틈을 타 흉기로 주인을 위협하며 현금과 휴대전화 등 100만원 상당의 금품을 빼앗아 달아난 혐의임. 경찰은 CCTV 분석과 탐문 수사를 토대로 최인달의 도주 경로를 파악한 끝에 범행 이틀만인 9일 오후, 서구의 한 건물 옥상에서 최인달씨를 붙잡았음.

VII

법원 약식명령 일지

언제: 3일 오후 2시30분

> 누가: 서울중앙지법 형사27부 단독 대조영 부장판사
> 누구에게: 가수 황진이(32)
> 어떻게: 벌금 100만원의 약식명령을 내림.
> 서울 종로경찰서:
>> 서울 종로구 삼청동에 사는 황진이씨는 옆집이 지붕을 1m 가량 높이는 공사를 해 자신의 조망권을 침해했다며 옆집과 마찰을 빚어왔음. 그러던 중 지난 2월, 이웃집 대문에 기왓장을 던졌으며 이웃집의 고소로 경찰에 입건됐음. 검찰의 청구를 받은 법원에서는 재물손괴 혐의로 황씨를 벌금 100만원에 약식기소했음.
>> 황진이: (약식명령 이후 기자들과 만난 자리에서) "사회적으로 물의를 일으켜서 미안하다. 이웃과는 화해했으며 앞으로는 공인으로서 더욱 조심해서 행동하겠다."

여기서 잠깐:
연합뉴스 피의자 구속 영장 발부 및 피의자 검찰 송치 (구속 송치), 그리고 약식명령에 대한 기사 예제들

다음은 피의자 구속 영장 발부 및 피의자 검찰 송치, 그리고 약식명령 대한 기사 작성시 참고할 만한 언론사 예제들이다.

(한겨레) 최ㅇㅇ기자 = 지난해 가을 대규모 도심 집회를 연 윤택근 전국민주노동조합총연맹(민주노총) 수석부위원장의 구속영장이 발부됐다. 서울중앙지법 김상우 영장전담 부장판사는 4일 윤택근 민주노총 수석부위원장의 집회 및 시위에 관한 법률, 감염병예방법 위반, 일반교통방해 등 혐의 구속영장을 발부했다. 김 판사는 "증거 인멸과 도망의 우려가 있다"고 영장 발부 사유를 밝혔다. 이날 함께 영장실질심사를 받은 최국진 민주노총 조직쟁의실장은 "구속의 필요성과 상당성을 인정하기 어렵다"며 영장이 기각됐다.

이들은 지난해 10월20일 서울 서대문 네거리에서 2만7천여명(주최 쪽 추산)이 참가하는 민주노총 총파업 집회를 열었다. 윤 부위원장은 구속 중이던 양경수 위원장 직무를 대행하며 총파업을 주도했다. 또한 지난해 11월 종로구 동대문 일대에서 열린 전국노동자대회를 주최한 혐의도 적용됐다. 당시 서울시는 민주노총의 집회 신고를 '쪼개기 불법 집회'로 보고 금지했으며, 경찰도 차벽 설치와 경력 배치를 통해 집회 원천 차단에 나섰다. 민주노총은 코로나19를 빌미로 집회·시위의 자유를 제한하고 있다고 반발해왔다.

(무안=연합뉴스) 장아름 기자 = 지역민에게 대량의 명절 선물을 돌린 혐의를 받는 이승옥 전 강진군수가 구속 상태로 검찰에 넘겨졌다. 전남경찰청 반부패경제범죄수사1대는 공직선거법 위반 혐의로 이 전 군수를 구속 송치하고 관련자 20명을 불구속 송치했다고 10일 밝혔다. 이 전 군수 등은 지난해 초 설을 앞두고 이장, 새마을지도자 등 800여명에게 3천500만원 상당의 사과 선물을 하는 등 수년간 명절 선물을 돌린 혐의를 받고 있다. 피의자 중 이 전 군수를 비롯해 12명이 전·현직 공직자로 확인됐다. 경찰은 앞서 지난해 12월 이 전 군수에 대한 사전구속영장을 신청했으나 법원은 그가 당시 현직 단체장으로 도주 우려가 없고 방어권 보장이 필요하다며 기각했다. 경찰은 다른 명절에도 지속적으로 선물을 보낸 증거 등을 추가로 확보해 영장을 재신청했고 이 전 군수는 지난달 27일 구속됐다.

(부산=연합뉴스) 박ㅇㅇ 기자 = 부산 사하경찰서는 부산은행 한 영업점 대리급인 20대 직원 A씨를 특정경제범죄 가중처벌 등에 관한 법률(횡령) 혐의로 전날 구속 송치했다고 10일 밝혔다. A씨는 올해 초부터 지난달까지 해외에서 들어오는 외환 자금을 고객 계좌로 입금하지 않고 지인의 계좌에 넣는 수법으로 빼돌린 혐의를 받는다. A씨는 10회에 걸쳐 총 19억원 2천만원을 횡령했으며 이 중 일부는 다시 계좌에 채워 넣은 것으로 확인됐다. A씨는 횡령한 돈을 파생상품 등에 투자해 대부분 손실을 봤으며 현재 남아있는 금액은 거의 없는 것으로 알려졌다. 부산은행은 내부 상시 감사시스템으로 횡령 사실을 적발했으며 지난 1일 A씨를 경찰에 고발했다. 부산은행은 또 A씨와 함께 횡령 사건이 발생한 해당 영업점의 지점장과 부지점장을 대기발령하고 자체 진상조사와 재발방지책 마련에 나섰다.

(인천=연합뉴스) 최은지 기자 = 길을 가던 다문화 가정 2세에게 신종 코로나바이러스 감염증(코로나19) 관련 혐오 발언을 한 50대 남성 2명이 재판에 넘겨져 벌금 100만원의 약식명령을 받았다. 인천지법 약식80단독 황지애 판사는 모욕 혐의로 기소된 A(56)씨와 B(52)씨에게 각각 벌금 100만원의 약식명령을 내렸다고 11일 밝혔다. 약식명령은 혐의가 무겁지 않은 사건에서 공판 없이 벌금이나 과료 등 명령을 내리는 절차다. A씨 등은 지난해 10월 27일 오후 11시께 인천시 계양구 한 길거리에서 다문화 가정 2세 C(29·여)씨에게 코로나19 관련 혐오 발언을 한 혐의를 받고 있다. 이들은 지나가다가 눈을 마주친 C씨에게 "야, 코로나!"라며 소리를 지르거나 "얘네 다 불법 체류자 아니냐. 남의 땅에 와서 피곤하게 산다"는 등의 발언을 한 것으로 조사됐다. 방글라데시 국적 아버지와 한국 국적 어머니 사이에서 태어난 C씨는 이주인권단체 73곳과 함께 이들을 인천지검에 고소했다. 그는 당시 연

기자회견에서 "코로나19로 예민한 시기에 인종 차별을 당하니 인권이 짓밟힌 것 같았다"며 "피부색이 다르다고 차별하는 일을 멈춰달라"고 호소하기도 했다. C씨를 변론한 이현서 변호사는 "이주민에 대한 코로나19 관련 혐오 발언이 모욕에 해당한다는 사실을 법원에서 인정한 것"이라고 말했다.

(서울=연합뉴스) 박형빈 기자 = 전직 프로야구 선수 임창용씨가 지인에게 돈을 빌리고 갚지 않은 혐의로 벌금 100만원을 선고받았다. 23일 법조계에 따르면 서울중앙지법 형사27단독 신세아 판사는 전날 사기 혐의로 기소된 임씨에게 벌금 100만원의 약식명령을 내렸다. 앞서 검찰은 지난달 말 임씨를 같은 금액으로 약식명령을 청구했다. 약식명령은 비교적 혐의가 가벼운 사안에 정식 공판을 열지 않고 벌금·과료·몰수 등 형벌을 내리는 절차다. 임씨는 지난해 7월께 알고 지내던 30대 여성에게 2천500만원을 빌린 뒤 이 가운데 1천500만원을 갚지 않은 혐의로 수사를 받았다. 임씨는 1995년 해태 타이거즈(현 KIA 타이거즈)에 입단해 24년간 선수 생활을 한 뒤 2019년 은퇴했다.

모범 답안 1

　법원이 다리를 점거한 채, 주류 상품의 출고를 막으며 불법 집회를 한 민주노총 공공운수노조 화물연대 간부들에게 8일 구속영장을 발부했다. 춘천지법 박문수 영장전담 부장판사는 8일 오전 10시 10분쯤 공공운수노조 화물연대 간부인 전우치씨와 임꺽정씨에 대해 "죄를 범했다고 의심할만한 상당한 이유가 있고 도망할 염려가 있다"는 이유로 구속영장을 발부했다. 전우치씨와 임꺽정씨는 지난 5일, 화물차 20여 대를 동원해 암반수맥주 강원공장으로 이어지는 유일한 출입 도로인 암반수교를 점거하며 주류 상품의 출고를 방해한 혐의를 받는다. 이들은 당일, 농성현장에서 업무방해 등의 혐의로 경찰에 긴급체포됐다. 당시, 화물연대는 운임 30% 인상, 휴일 근무 운송료 지급, 차량 광고비와 세차비 지급 등을 요구한 것으로 알려졌다.

한편, 이들은 이날 오전 구속 전 피의자 심문(영장실질심사)을 받고 나온 뒤 기자들과 만난 자리에서 "유가폭동으로 생존권이 절대적으로 위협받고 있다"며 "운임료 인상 등을 위한 투쟁을 이어나가겠다"고 밝혔다.

모법 답안 2

노래방 주인을 흉기로 위협해 금품을 훔쳐 달아난 40대가 검찰에 송치됐다. 대구 북부경찰서는 특수강도 혐의로 A(45)씨를 구속 송치했다고 16일 밝혔다. A씨는 지난 7일 오후 11시 20분께 대구 북구 대현동 한 노래방에서 흉기로 주인을 위협해 현금과 휴대전화 등 100만원 상당의 금품을 훔쳐 빼앗아 달아난 혐의를 받고 있다. A씨는 법무부와 경찰의 추적 끝에 도주 하루 만에 서구의 한 건물 옥상에서 붙잡혔다.

모법 답안 3

이웃집 대문에 기왓장을 던진 가수 황진이씨가 벌금 100만원의 약식명령을 받았다. 서울중앙지법 형사27단독(대조영 부장판사)은 재물손괴 혐으로 기소된 가수 황진이(32)씨에 대해 벌금 100만원의 약식명령을 내렸다고 3일 밝혔다. 서울 종로구 삼청동에 사는 황씨는 옆집이 지붕을 1m가량 높이는 공사를 해 자신의 조망권을 침해했다며 마찰을 빚던 중 지난 2월 이웃집 대문에 기왓장을 던진 것으로 전해졌다. 한편, 황진이씨는 이날 오후 약식명령을 받고 나온 뒤 기자들과 만난 자리에서 "사회적으로 물의를 일으켜서 미안하다. 이웃과는 화해했으며 앞으로는 공인으로서 더욱 조심해서 행동하겠다"고 밝혔다.

뉴스 작성의 기초

2023년 5월 25일 발행

지은이 | 심 훈
발행인 | 유제구
발행처 | 파워북
주 소 | 경기도 고양시 일산동구 호수로 358-25
       동문타워 2차 529호
전 화 | (02) 730-1412
팩 스 | (031) 908-1410
등 록 | 1997. 1. 31. 제2014-000067호

정 가 18,000원
ISBN 978-89-8160-508-7 (03710)

잘못된 책은 바꿔드립니다.